法治乡村
的治理机制与路径构建

王裕根 ◎ 著

中国社会科学出版社

图书在版编目（CIP）数据

法治乡村的治理机制与路径构建／王裕根著 . —北京：中国社会科学
出版社，2022.7

ISBN 978-7-5227-0293-3

Ⅰ.①法… Ⅱ.①王… Ⅲ.①农村—社会主义法治—研究—中国

Ⅳ.①D920.0

中国版本图书馆 CIP 数据核字（2022）第 091789 号

出 版 人	赵剑英
责任编辑	梁剑琴
责任校对	郝阳洋
责任印制	郝美娜

出　　版	中国社会科学出版社
社　　址	北京鼓楼西大街甲 158 号
邮　　编	100720
网　　址	http：//www.csspw.cn
发 行 部	010-84083685
门 市 部	010-84029450
经　　销	新华书店及其他书店

印刷装订	北京君升印刷有限公司
版　　次	2022 年 7 月第 1 版
印　　次	2022 年 7 月第 1 次印刷

开　　本	710×1000　1/16
印　　张	14
插　　页	2
字　　数	237 千字
定　　价	88.00 元

序　言

习近平总书记指出："加强法治乡村建设是实施乡村振兴战略、推进全面依法治国的基础性工作。"① 推进法治乡村建设有助于实现乡村有效治理，助推乡村振兴战略实施，也是全面依法治国背景下推进基层治理法治化、实现基层治理体系和治理能力现代化的必然要求。"法治乡村"是具有高度中国特色的实践性概念，它蕴含了法治的一般理念，也涵盖了中国传统乡村社会结构对法治的制约与支撑，由此在实践层面深入分析法治乡村建设乃至乡村社会治理的现实机制，有助于准确定位法治乡村建设的行动路径。

法治乡村的一个重要侧面是乡村矛盾纠纷化解的法治化。实地调研发现，乡村矛盾纠纷化解的方式和途径有多种，主要依据不同类型乡村矛盾纠纷来决定。乡村矛盾纠纷化解的目的是维护基层社会稳定。基层政府的党政体制优势为基层社会稳定提供了体制基础，但法治在这个过程中如何发挥作用、基层政府如何采用法治方式化解矛盾纠纷，依然在法治乡村建设中占据重要位置。通过具体分析不同矛盾纠纷的性质及其化解方式和策略，可以具体分析法治融入乡村矛盾纠纷化解的行动路径。

结合乡村社会矛盾纠纷的综合治理实践，可以发现乡村矛盾纠纷综合治理生产了一种内在秩序。乡村内在秩序生产本质上是一种治理机制，这种治理机制需要依靠法律，但更加强调与法律以外其他手段综合利用，侧重各种措施配合与协同。区别于国家法律所代表的外在秩序，这种内在秩序具有弱法律性、强协同性和强治理性。内在秩序生产是乡村社会综合治理实践多方面的产物。乡村社会的内在秩序生产意味着法律在乡村社会发挥作用过程中存在自身的局限性。在法治乡村建设过程中，必须注意乡村社会内在秩序的生成机制，而其中最为重要的是要将法治思维和法治方式

---

① 习近平：《论坚持全面依法治国》，中央文献出版社 2020 年版，第 274 页。

融入乡村社会的内在秩序生产中。充分注意乡村社会的内在秩序，也是乡村司法过程中必须关注的现实问题，尤其是人民法庭在参与构建基层社会法治秩序过程中，需要注意这种内在秩序背后的社会环境和结构。

当前转型期乡村社会，基层群众对法律需求越来越高，但与此同时农村公共法律服务资源在城乡之间非均衡分布。在农村公共法律服务资源城乡供给不均衡的背景下，基层群众"信访不信法"的心理结构还存在，这也是法治乡村建设过程中需要直面的问题。法治乡村建设背景下，准确理解信访法治化，全面把握依法分类治理基层群众信访矛盾纠纷和利益诉求与坚持群众路线之间的张力，是实现基层社会依法治理的关键。当然，群众信访诉求存在不同类型，依法处理不同类型信访利益诉求本身也存在诸多现实困境，这也涉及法治手段与走群众路线之间的调和。

只有准确把握法治融入乡村社会治理的治理机制，才能寻求法治乡村建设的基本路径。为了有效回应法治融入乡村社会治理的现实困境和问题，本书试图结合法治乡村建设的最新要求，从培养农村"法律明白人"、创新人民法庭参与法治乡村建设路径以及构建党建引领"三治融合"的治理模式等角度探索法治乡村建设的行动路径。

从现实层面看，大力培养农村"法律明白人"既是法治宣传教育的重要创新，也是法治乡村建设中的一项基础性工作。基于实地调研发现，培养农村"法律明白人"是一项系统性和协同性的法治宣传教育工程，涉及县域社会综合治理的多方面财力和人力投入。其中，农村骨干"法律明白人"培养是重点工作，通过抓住乡村社会的"关键少数"，能够带动基层群众生产生活在法治轨道上运行。从培养目标来看，培养"法律明白人"目的是激励"法律明白人"参与乡村社会治理、促进基层社会治理法治化。然而在培养路径和方式层面，当前也存在一些现实困境，例如面对农村流动人口不断增加、法律宣传方式无法与基层群众生产生活相适应等问题，还需要根据实际提出解决问题的办法，不断改进"法律明白人"培养模式和方式，提高农村"法律明白人"培养的实效性和针对性，从而为实现法治乡村目标奠定坚实的社会基础。

人民法庭是法治乡村建设中法治供给的主体性力量。人民法庭通过采用巡回法庭、以案释法、田间审判等方式"送法下乡"，目的是推进国家法律在基层社会落地。本书试图结合人民法庭在乡村社会中的现实定位，梳理乡村社会的人民法庭在不同时期的职能定位和结构演变，并分析乡村司法的社会环境和结构制约，以全面把握乡村人民法庭参与法治乡村建设所面临的问题，最后试图从体制和制度层面提出人民法庭参与乡村社会治理的优化路径，以最大限度释放人民法庭助推法治乡村建设的能量。

党的十九届五中全会提出要健全党组织领导下的自治、法治与德治相结合的城乡治理体系，这也就意味着法治乡村建设要在农村基层党组织的政治引领下贯彻自治、法治、德治"三治融合"的原则。从法理的角度看，乡村社会自治、法治与德治"三治融合"体现了法律的空间、文化以及善治之维，这三重维度为构建"三治融合"治理体系提供了理论依据。其中法律的善治之维也是乡村社会"三治融合"的最终目标。推进法治乡村建设需要根据具体村庄实际总结提炼路径，才能逐渐形成示范效应。本书试图结合村庄"三治融合"的典型经验分析党建引领自治、法治与德治"三治融合"的现实路径，探究其与不同村庄内生的治理资源和治理方式的逻辑关联，分析法治乡村建设中农村基层党建引领的不同模式，以提炼一般路径。

目　　录

第一章　法治乡村的理论内涵

法治乡村与法治国家、法治政府、法治社会共同构成中国特色社会主义法治话语体系中的重要组成部分。2020 年 3 月，中央全面依法治国委员会印发的《关于加强法治乡村建设的意见》明确了法治乡村的具体任务，并提出了阶段性法治乡村建设目标，引领着法治乡村建设的基本方向。加强法治乡村建设是促进基层治理体系和治理能力现代化的重要手段，从历史和现实层面准确定位法治乡村的理论内涵十分重要。通过准确定位法治乡村的理论内涵有助于理解法治乡村的基本任务、目标定位和行动方向。

第一节　法治乡村的基本概念

一　"法治乡村"的提出

法治乡村作为法治领域的一个具体形态，蕴含了法治的基本内涵。关于法治的内涵，国外法律思想家都已有探讨。亚里士多德认为，法治至少应该包括两种含义：已成立的法律获得普遍的服从，而大家所服从的法律又是良好的法律。[①] 亚里士多德对法治的理解可以概括为守法之治和良法之治两个基本层面。后来英国著名宪法学家戴雪提出了法治的三要素：(1)"人民唯独受法律治理"，犯罪与否皆由法律决定，"再无别物可将此人治罪"。(2)"人民在法律前之平等"，所有人都受到法律平等对待。(3) 个人的权利是宪法赖以建立的基础。[②] 这些法律思想家对法治的经典

---

① ［古希腊］亚里士多德：《政治学》，吴寿彭译，商务印书馆 1983 年版，第 167—168、199 页。

② ［英］戴雪：《英宪精义》，雷宾南译，中国法制出版社 2001 年版，第 244—245 页。

界定后来成为衡量一个国家或社会是否为法治状态的重要标准。然而，法治在不同国家或者社会中的具体表现形态和实现方式不一样，这主要因为不同国家的国情、政治体制、历史传统及社会土壤等方面存在差异。

自 1999 年我国宪法确立了依法治国的基本方略以来，我国法治建设进入了一个新的阶段。党的十八大提出，法治是治国理政的基本方式。党的十八届四中全会通过的《中共中央关于全面依法治国若干重大问题的决定》，标志着我国迈向了全面依法治国的新征程，社会生活方方面面都将进入法治轨道。与其他国家所不一样的是，我国的法治形态是中国特色社会主义理论指导下的法治，其中最为本质的一点就是坚持中国共产党的领导。党的领导是中国特色社会主义最本质的特征。全面依法治国必须坚持党的领导。习近平总书记指出："每一种法治形态背后都有一套政治理论，每一种法治模式当中都有一种政治逻辑，每一条法治道路底下都有一种政治立场。我们要坚持的中国特色社会主义法治道路，本质上是中国特色社会主义道路在法治领域的具体体现；我们要发展的中国特色社会主义法治理论，本质上是中国特色社会主义理论体系在法治问题上的理论成果；我们要建设的中国特色社会主义法治体系，本质上是中国特色社会主义制度的法律表现形式。"① 在中国特色社会主义法治理论指导下，我们国家形成了符合中国实际的法治概念和话语体系。区别于西方国家关于法治的概念界定，我们国家对法治的概念界定具有中国特色。例如，"法治国家""法治社会""法治乡村"等相关概念在发达国家基本不存在，这些概念的存在极富中国实践特色。正是在这些概念体系下，逐步形成了中国特色社会主义法治话语体系。习近平总书记指出："中国是一个法治国家，中国法治有中国特色，我们需要借鉴国外法治有益经验，但不能照搬别国模式和做法。最好不要用你们那套模式来套我们。我们要坚持从我国国情和实际出发，正确解读中国现实、回答中国问题，提炼标识性学术概念，打造具有中国特色和国际视野的学术话语体系，尽快把我国法学学科体系和教材体系建立起来。"② 因此，准确理解中国特色社会主义法治理论下的法治相关概念需要置身于中国国情和实际，不能完全照搬西方国家

---

① 中央文献研究室编：《习近平关于全面依法治国论述摘编》，中央文献出版社 2015 年版，第 34—35 页。

② 习近平：《论坚持全面依法治国》，中央文献出版社 2020 年版，第 176 页。

关于法治的理论解读。尤其是对法治乡村的理解，既要看到法治的一般理念，也要结合中国农村社会结构具体分析，还要把握中国文化结构和体制结构在法治乡村建设中的重要内涵。

"法治乡村"的概念最早出现在 2018 年中共中央、国务院《关于实施乡村振兴战略的意见》中，它作为乡村振兴战略中"治理有效"的重要手段与乡村自治、德治、平安乡村一并提出来。在此之前，党的十九大报告提出，"加强基层基础工作，健全自治、法治、德治相结合的乡村治理体系"①。当然，健全自治、法治、德治相结合的乡村治理体系，必须置于党的领导下，这在 2019 年中共中央办公厅、国务院办公厅《关于加强和改进乡村治理的指导意见》中得到明确表达："健全党组织领导的自治、法治、德治相结合的城乡基层治理体系。"② 因此可以得出，法治乡村建设是为了实现乡村治理有效，进而推进乡村振兴战略。然而在法治乡村建设中，又必须从乡村治理体系的角度去定位，也即健全乡村治理体系，除了需要法治之外，还必须依靠自治、德治，只有自治、法治和德治三者结合起来才能健全乡村治理体系，实现乡村善治。善治本身作为一种治理状态，是乡村治理有效的一种理想形式。如果乡村实现了治理有效，那么就能够更好地为乡村振兴奠定坚实基础。

二　法治乡村与法治社会、法治中国的逻辑联系

(一) 法治乡村与法治社会

乡村是中国社会中的一个重要层次和场域。在法治社会建设中，推进多层次多领域依法治理需要关注乡村社会。与乡村社会相对应的是城镇社会，二者在人际关系密度、交往规则、生活方式等方面都存在差异。然而，《法治社会建设实施纲要 (2020—2025)》中并没有区分农村和城市，而是把农村和城市作为整体来设计法治社会的具体任务。但是，法治乡村是法治社会建设中的重要场域。例如，《法治社会建设实施纲要 (2020—2025)》中明确指出，推进社会治理法治化，开展法治

---

① 习近平：《决胜全面建成小康社会　夺取新时代中国特色社会主义伟大胜利》，人民出版社 2017 年版，第 32 页。

② 《关于加强和改进乡村治理的指导意见》，2019 年 6 月 23 日，http://www.gov.cn/zhengce/2019-06/23/content_5402625.htm，2022 年 1 月 19 日。

乡村创建活动。

在推进法治社会建设过程中，需要关注其中的一些重点领域，其中乡村社会是法治社会的重要场域。乡村社会属于基层社会。基层是国家政权与社会接触的一线，既是国家权力延伸的末梢，也是民众进入政权体系的入口。法治社会建设在基层落地、法治体系的矛盾在基层显现、基层干部群众法治观念相对落后、社会转型带来的大量社会矛盾在基层凸显，因此乡村社会是法治社会的主要场域。① 这就意味着法治社会建设的要求大都也是法治乡村建设的重要要求。

从建设原则上看，法治社会建设必须坚持法治、德治、自治相结合的原则，这一原则也是法治乡村建设的原则。首先在自治层面，从整个社会来看，有些自治组织和人民团体在法治社会建设中发挥了重要作用，而在农村，村民自治组织是宪法明确规定享有自治权的基层组织。其次在德治层面，弘扬和践行社会主义核心价值观是对整个社会所提出的要求，其中当然也包括乡村社会，尤其是乡村社会的道德传统要融入社会主义核心价值观的发展中。因此法治社会建设和法治乡村建设都必须坚持自治、法治与德治相统一的原则。

法治乡村和法治社会都要统一于全面依法治国。全面依法治国是一个系统性工程，涉及方方面面，其中推进基层社会治理法治化是全面依法治国的重要内容，也是法治乡村和法治社会的重要任务。

（二）法治乡村与法治中国

法治乡村是在更微观层面贯彻落实法治中国战略部署。一方面，从实现国家治理体系和治理能力现代化的角度看，基层治理是国家治理的基石，法治乡村是基层治理的重要手段，因此推进基层治理体系和治理能力现代化是实现国家治理体系和治理能力现代化的基础工程。2021 年 7 月中共中央、国务院《关于加强基层治理体系和治理能力现代化建设的意见》提出，实现基层治理体系和治理能力现代化要推进基层法治和德治建设。农村社区是基层治理的重要场域，推进法治乡村建设是实现基层治理体系和治理能力现代化的重要手段。因此，法治乡村建设有利于促进基层治理体系和治理能力现代化，而以法治保障基层治理体系和治理能力现代化，也是落实法治中国战略的具体体现，进而推进国家治理体系和治理

---

① 陈柏峰：《中国法治社会的结构及其运行机制》，《中国社会科学》2019 年第 1 期。

能力现代化。另一方面，从法治乡村的具体内容部署来看，法治乡村建设是为贯彻落实法治中国的宏观制度设计而提出的具体战略部署。法治中国是在坚持中国特色社会主义法治理论指导下，以中国特色社会主义法治体系"五大体系"为主体框架，围绕"五大体系"做出具体部署安排，把中国特色社会主义法治体系的"总抓手"作用落细落实。① 法治中国战略部署是从国家整体层面部署的顶层法治设计，具体在乡村社会如何落实国家法治战略，则涉及法治乡村的具体任务部署。关于法治乡村建设的任务部署比较详细地体现在中央全面依法治国委员会印发的《关于加强法治乡村建设的意见》中，这份文件涉及的法治乡村建设任务是落实法治中国战略部署的再细化。

第二节　乡村治理的法治话语流变

改革开放后，我国的法制建设进入了新的探索阶段。农业农村工作一直是我们党的重要工作。在此背景下，我们党关于农村社会的治理政策以及法治工作也曾经历过不同时期的探索。"中央1号文件"反映出不同年份中央对农业农村的顶层制度设计，其中也包括农村治理政策和相关法治建设方针的探索，以"中央1号文件"为文本，系统梳理不同时期农村法制建设的相关政策内容（详见表1-1），有助于在历史层面认识当前法治乡村建设的目标方向。

表1-1　历年"中央1号文件"有关农村法治或社会治理的政策梳理

序号	年份	文件名	文件内容摘编
1	1982	中共中央批转《全国农村工作会议纪要》	我们必须动员各方面的力量，采取一切行之有效的方法，在广大农村开展深入的思想政治教育和政策教育，并把这种教育经常化，不断对农民灌输社会主义思想，为建设具有高度精神文明和高度物质文明的新农村而努力。 同时，作为基层政权，特别是公社、大队还要做好社会救济、教育卫生、计划生育、民兵训练、治安保卫、民事调解等各项工作，保护社会主义经济，保证国家法律、法令的执行

① 《法治中国建设规划（2020—2025）》，中国法制出版社2021年版，第40页。

序号	年份	文件名	文件内容摘编
2	1983	《当前农村经济政策的若干问题》	加强立法工作。建议国家机关对农村各类经济形式及其活动，加强法制管理，制定相应的法规。同时，对过去的有关法令、法规，要一一进行清理，宜留则留，宜废则废。所有立法都要以适当形式布告周知，以便做到有法可依，违法必究
3	1984	《关于1984年农村工作的通知》	党在农村的政策越放宽，商品经济越发展，就越需要加强农村思想政治工作和文化教育工作。 在工作中要注意划清界限，不可把政策允许的经济活动同不正之风混同起来，不可把农民一般性偏离经济政策的行为同经济犯罪混同起来。对经济上的问题，主要采用加强引导和管理的办法解决；对思想上的问题，主要用正面教育的办法解决，都不可简单从事。……保证党的各项政策的实施和各项经济任务的完成
4	1985	《关于进一步活跃农村经济的十项政策》	农村干部的作风有明显的改善，受到了群众的拥护。但是在少数地方，形式主义、摆花架子，浮夸不实，以权谋私等不正之风也出现苗头。……使农村经济改革健康地进行，争取在建设社会主义的伟大事业中，不断取得新的胜利
5	1986	《关于一九八六年农村工作的部署》	继续推进农村改革和商品经济发展，加强基层干部队伍建设
6	2004	《关于促进农民增加收入若干政策的意见》	要加强对农村基层干部的培训，增强宗旨意识和法制、政策观念，增进与农民群众的感情，提高他们带领农民增收致富的自觉性。 同时，要按照中央的部署和要求，加强农村基层组织建设、精神文明建设和民主法制建设，做好农村其他各项工作，为农民增收提供有力的组织保障、智力支持和安定的社会环境
7	2005	《关于进一步加强农村工作提高农业综合生产能力若干政策的意见》	扩大农村基层民主，完善村务公开、政务公开和民主管理，建立健全村党组织领导的充满活力的村民自治机制，切实维护农民的民主权利。推进农村法制建设，加强农村普法教育，搞好农业综合执法。做好新形势下的农村群众工作，妥善处理各种社会矛盾，关心农村困难群众生产生活，营造和谐的社会氛围
8	2006	《关于推进社会主义新农村建设的若干意见》	健全村党组织领导的充满活力的村民自治机制，进一步完善村务公开和民主议事制度，让农民群众真正享有知情权、参与权、管理权、监督权。……加强农村法制建设，深入开展农村普法教育，增强农民的法制观念，提高农民依法行使权利和履行义务的自觉性
9	2007	《关于积极发展现代农业扎实推进社会主义新农村建设的若干意见》	深入开展平安农村建设，加强农村警务建设，搞好农村社会治安综合治理，保持农村安定有序。在农村广泛开展法制宣传教育，增强群众的法律意识，引导农民以理性合法的方式表达利益诉求，依法行使权利、履行义务

续表

序号	年份	文件名	文件内容摘编
10	2008	《关于切实加强农业基础建设进一步促进农业发展农民增收的若干意见》	农村社会结构深刻转型，兼顾各方利益和搞好社会管理难度加大，要进一步完善乡村治理机制。完善村民民主决策、民主管理、民主监督制度，充分发挥农民群众在村级治理中的主体作用。……坚持和完善"一事一议"制度。切实推行村务公开，建立答疑纠错的监督制度。深入开展农村普法教育，增强农村基层干部和群众的法制观念。 在党组织领导下，培育和发展服务"三农"的社会组织，发挥其在扩大群众参与、反映群众诉求方面的积极作用，实现政府行政管理和基层群众自治有效良性互动。鼓励有条件的村建立与农民生产生活密切相关的公益服务员制度
11	2009	《关于2009年促进农业稳定发展农民持续增收的若干意见》	加强农民民主法制建设和精神文明建设，深入推进政务公开、村务公开和党务公开。高度重视农村社会稳定工作，妥善解决农村征地、环境污染、移民搬迁、集体资产处置等引发的突出矛盾和问题，做好农村信访工作，搞好农村社会治安综合治理
12	2010	《关于加大统筹城乡发展力度进一步夯实农业农村发展基础的若干意见》	发展和完善党领导的村级民主自治机制，规范村级民主选举、民主决策、民主管理、民主监督程序。完善党和政府主导的维护群众权益机制，切实解决好农村征地、环境污染、移民安置、集体资产管理等方面损害农民利益的突出问题。加强农村法制教育，畅通农村信访渠道，引导农民群众依法理性表达合理诉求、维护自身权益。推进农业综合执法
13	2011	《关于加快水利改革发展的决定》	建立健全水法规体系，抓紧完善水资源配置、节约保护、防汛抗旱、农村水利、水土保持、流域管理等领域的法律法规，全面推进水利综合执法
14	2012	《关于加快推进农业科技创新持续增强农产品供给保障能力的若干意见》	推进以党组织为核心的农村基层组织建设，完善农村基层自治机制，健全农村法制，加强和创新农村社会管理，确保农村社会和谐稳定
15	2013	《关于加快发展现代农业　进一步增强农村发展活力的若干意见》	不断推进农村基层民主政治建设，提高农村社会管理科学化水平，建立健全符合国情、规范有序、充满活力的乡村治理机制。 坚持党和政府主导，依法维护、统筹兼顾广大农民群众多种利益，畅通和规范诉求表达、利益协调、权益保障渠道，加强农村信访工作，引导群众依法理性维护自身权益。通过人民调解、行政调解、司法调解等有效途径，妥善处理农村各种矛盾纠纷
16	2014	《关于全面深化农村改革加快推进农业现代化的若干意见》	强化党组织的领导核心作用，巩固和加强党在农村的执政基础，完善和创新村民自治机制，充分发挥其他社会组织的积极功能。……探索不同情况下村民自治的有效实现形式。 健全农村治安防控体系，充分发挥司法调解、人民调解的作用，维护农村社会和谐安定

序号	年份	文件名	文件内容摘编
17	2015	《关于加大改革创新力度加快农业现代化建设的若干意见》	必须始终坚持把解决好"三农"问题作为全党工作的重中之重，靠改革添动力，以法治作保障，加快推进中国特色农业现代化。 在有实际需要的地方，扩大以村民小组为基本单元的村民自治试点，继续搞好以社区为基本单元的村民自治试点，探索符合各地实际的村民自治有效实现形式。进一步规范村"两委"职责和村务决策管理程序，完善村务监督委员会的制度设计，健全村民对村务实行有效监督的机制，加强对村干部行使权力的监督制约，确保监督务实管用。 农村是法治建设相对薄弱的领域，必须加快完善农业农村法律体系，同步推进城乡法治建设，善于运用法治思维和法治方式做好"三农"工作。同时要从农村实际出发，善于发挥乡规民约的积极作用，把法治建设和道德建设紧密结合起来。 继续推进农村改革试验区工作。深化行政执法体制改革，强化基层执法队伍……统筹城乡法律服务资源，健全覆盖城乡居民的公共法律服务体系，加强对农民的法律援助和司法救助。 深入开展农村法治宣传教育，增强各级领导、涉农部门和农村基层干部法治观念，引导农民增强学法尊法守法用法意识。健全依法维权和化解纠纷机制，引导和支持农民群众通过合法途径维权，理性表达合理诉求。依法加强农民负担监督管理。依靠农民和基层的智慧，通过村民议事会、监事会等，引导发挥村民民主协商在乡村治理中的积极作用
18	2016	《关于落实发展新理念加快农业现代化实现全面小康目标的若干意见》	加强乡镇服务型政府建设。研究提出深化经济发达镇行政管理体制改革指导意见。依法开展村民自治实践，探索村党组织领导的村民自治有效实现形式。深化农村社区建设试点工作，完善多元共治的农村社区治理结构。在有实际需要的地方开展以村民小组或自然村为基本单元的村民自治试点。建立健全务实管用的村务监督委员会或其他形式的监督机构。发挥好村规民约在乡村治理中的积极作用。深入开展涉农信访突出问题专项治理。加强农村法律服务和法律援助
19	2017	《关于深入推进农业供给侧结构性改革加快培育农业农村发展新动能的若干意见》	完善村党组织领导的村民自治有效实现形式，加强村务监督委员会建设，健全务实管用的村务监督机制，开展以村民小组、自然村为基本单元的村民自治试点工作。深化农村社区建设试点。强化农村社会治安管理、法律宣传教育服务和信访工作
20	2018	《关于实施乡村振兴战略的意见》	推动乡村治理重心下移，尽可能把资源、服务、管理下放到基层。 深入推进综合行政执法改革向基层延伸，创新监管方式，推动执法队伍整合、执法力量下沉，提高执法能力和水平。建立健全乡村调解、县市仲裁、司法保障的农村土地承包经营纠纷调处机制。加大农村普法力度，提高农民法治素养，引导广大农民增强尊法学法守法用法意识。健全农村公共法律服务体系，加强对农民的法律援助和司法救助。提升乡村德治水平。深入挖掘乡村熟人社会蕴含的道德规范，结合时代要求进行创新，强化道德教化作用。完善县乡村三级综治中心功能和运行机制

续表

序号	年份	文件名	文件内容摘编
21	2019	《关于坚持农业农村优先发展做好"三农"工作的若干意见》	建立健全党组织领导的自治、法治、德治相结合的领导体制和工作机制，发挥群众参与治理主体作用。开展乡村治理体系建设试点和乡村治理示范镇创建。加强自治组织规范化制度化建设，健全村级议事协商制度，推进村级事务公开，加强村级权力有效监督。指导农村普遍制定或修订村规民约。推进农村基层依法治理，建立健全公共法律服务体系。加强农业综合执法
22	2020	《关于抓好"三农"领域重点工作 确保如期实现全面小康的意见》	健全乡村治理工作体系。坚持县乡村联动，推动社会治理和服务重心向基层下移，把更多资源下沉到乡镇和村，提高乡村治理效能。……行政村是基本治理单元，要强化自我管理、自我服务、自我教育、自我监督，健全基层民主制度，完善村规民约，推进村民自治制度化、规范化、程序化。扎实开展自治、法治、德治相结合的乡村治理体系建设试点示范，推广乡村治理创新性典型案例经验。坚持和发展新时代"枫桥经验"，进一步加强人民调解工作，做到小事不出村、大事不出乡、矛盾不上交。……推行领导干部特别是市县领导干部定期下基层接访制度，积极化解信访积案。组织开展"一村一法律顾问"等形式多样的法律服务
23	2021	《关于全面推进乡村振兴加快农业农村现代化的意见》	开展乡村治理试点示范创建工作。创建民主法治示范村，培育农村学法用法示范户。加强乡村人民调解组织队伍建设，推动就地化解矛盾纠纷。深入推进平安乡村建设。建立健全农村地区扫黑除恶常态化机制
24	2022	《关于做好2022年全面推进乡村振兴重点工作的意见》	推进更高水平的平安法治乡村建设。创建一批"枫桥式公安派出所""枫桥式人民法庭"。常态化开展扫黑除恶斗争，持续打击"村霸"。防范黑恶势力、家族宗族势力等对农村基层政权的侵蚀和影响。依法严厉打击农村黄赌毒和侵害农村妇女儿童人身权利的违法犯罪行为。加强农村法治宣传教育。加强基层社会心理服务和危机干预，构建一站式多元化矛盾纠纷化解机制

1982年至今，中共中央、国务院共发布24个以农业、农村和农民为主题的"中央1号文件"。这一系列文件是党中央根据农村发展实践中出现的新问题而制定，反映了不同时期乡村治理过程中所面临的新形势和新任务，更体现出国家推进乡村治理和法治乡村建设的政策改革新方向。因此，回顾四十年来"中央1号文件"的演变与发展，综合分析中央对于法治乡村建设乃至乡村治理体系的探索经验，总结乡村政策演进过程中法治乡村建设的变化特点，可以为推进基层治理体系和治理能力现代化提供历史借鉴。具体来看，主要有以下几方面演变特征。

第一，法治乡村建设在不同时期的任务不一样，这主要与当时国家发展的情势和国家对法律功能的认识有关。改革开放初期，我国乡村法制体系相对不健全，相比城市法制建设而言处于落后地位，农民法制意识薄弱、农业立法工作复杂、农村普法执法困难等问题阻碍着乡村法制建设的发展。1982 年后，"中央 1 号文件"对乡村法制建设给予高度关注，并立足基本国情，根据不同历史时期乡村发展的实践特点制定推动法制在乡村社会发展的政策措施，这其中主要体现为以下三个历史阶段：

第一个历史阶段是 1982—1986 年，当时农村社会以经济体制改革作为主线，农村法制建设主要是为了保障社会主义经济的发展。这一时期，我国改革开放刚刚起步，经济发展处于一个较为缓慢的阶段。因而，需要在农村解决经济体制改革问题，充分调动广大农民的生产积极性。1984年"中央 1 号文件"明确指出："不可把政策允许的经济活动同不正之风混同起来，不可把农民一般性偏离经济政策的行为同经济犯罪混同起来。"同时，在稳定和完善生产责任制的基础上，要求在法律层面上放松对于农村商业活动的管制及其他妨碍农产品进入市场的因素。

第二个历史阶段是 2004—2012 年，该阶段着眼于乡村社会综合治理，不断推进农村法制建设。2004 年"中央 1 号文件"中首次提出要"加强农村民主法制建设"，而后近十年内"法制"便成为乡村治理的关键词汇。通过 2004—2012 年的"中央 1 号文件"可以看出，这一时期的法制主要通过开展普法教育、搞好农业综合执法、增强法制观念等手段来实现乡村综合治理。也就是说，相较于改革开放初期，法律的作用不止于为经济发展提供保障，也日益成为完善乡村治理体系的重要机制。

第三个历史阶段是党的十八大至今，在全面推进依法治国背景下，提出健全自治、法治、德治相结合的乡村治理体系。2015 年"中央 1 号文件"专设一章节论述乡村法治建设，明确指出"以法治作保障，加快推进中国特色农业现代化"。与此同时，2019 年"中央 1 号文件"谈道："建立健全党组织领导的自治、法治、德治相结合的领导体制和工作机制，发挥群众参与治理主体作用。"这表明乡村治理除了依靠法治，还要大力推进农村道德建设与村民自治实践发展。乡村法治是现代法治在乡村社会的输入，而村民自治与村庄道德价值是乡村本土性治理资源。自治、法治、德治三者有机结合，和谐共存，构建"三治合一"的乡村治理体系，才能实现乡村善治。

第二，注重发挥并强化农村基层党组织在法治乡村建设乃至乡村治理体系构建中的领导核心作用。通过 24 个"中央 1 号文件"可以看到，

"坚持和加强党对乡村工作的领导"是"三农"问题一以贯之的工作态度。具体来看，这其中分成以下两个层面：

第一个层面是强化党组织在乡村基层组织的领导核心地位，推进党领导下的基层政治体制改革。自 2004 年"中央 1 号文件"提出"要按照中央的部署和要求，加强农村基层组织建设"后，强化党组织在基层政治体制建设的领导核心地位的话语表达每次都置于乡村治理篇的开头部分。如 2006 年"中央 1 号文件"谈到要"健全村党组织领导的充满活力的村民自治机制"，2010 年"中央 1 号文件"中指出"发展和完善党领导的村级民主自治机制"，2019 年进一步提出"建立健全党组织领导的自治、法治、德治相结合的领导体制和工作机制"。梳理其中的内容可以发现，这些关键性词句在基层政治体制改革的不同方面都强调了党组织的领导地位，强调指出始终坚持党组织在乡村基层政治建设中总揽全局、协调各方的领导核心作用。由此可见，发挥党组织的领导核心地位是乡村治理顶层设计的核心内容，只有不断夯实党在农村执政的组织基础，强化政治和组织建设，才能为实现乡村治理现代化提供坚强保障。

第二个层面是加强党的农村基层干部队伍建设，改善党员干部的工作作风。党员干部的先锋模范作用体现出农村基层党组织的战斗堡垒作用。党员队伍建设是农村基层党组织在推进基层政治体制改革过程中的重要环节。在这一层面，2004 年"中央 1 号文件"指出"要加强对农村基层干部的培训，增强宗旨意识和法制、政策观念"，随后在接下来的文件中从人才选用机制与责任监督机制上对基层干部队伍建设做出要求。例如在人才选用上，2018 年"中央 1 号文件"提到"注重吸引高校毕业生、农民工、机关企事业单位优秀党员干部到村任职，选优配强村党组织书记"。还比如在责任监督上，2014—2020 年连续七年"中央 1 号文件"都在乡村治理中提出要持续全面从严治党，落实对基层干部的监督问责机制，既要求增强基层干部的法治观念，也提出要着力改善农村基层干部作风。同时还强调通过推行监督制度，加大基层小微权力腐败惩处力度，不断加强基层党员干部的党风廉政建设。

第三，坚持村民自治原则，推进基层社会治理民主化和法治化。实行村民自治制度是我国宪法明确规定的基层群众自治制度之一。村民自治制度是人民群众在参与社会治理过程中发挥主体性作用的重要制度。村民自治是实现乡村治理有效的重要制度载体。2006 年"中央 1 号文件"《关于推进社会主义新农村建设的若干意见》中指出，"健全村党组织领导的充满活力的村民自治机制"，此后村民自治实践在社会主义新农村建设中不断深化，并日益规范化和法治化。然而，中国是一个历史悠久的农耕文明国家，且幅员辽阔，环境各异，使得不同地区的乡村实践情况也是千差万别。因此，2014年"中央1号文件"指出："完善和创新村民自治机制，充分发挥其他社会组织的积极功能。……探索不同情况下村民自治的有效实现形式"。也就是说，需要依靠基层群众自己对乡村社会进行有效治理，根据乡村生产生活的实际进行村民自治，从而不断创新村民自治的有效形式。此后的"中央1号文件"也要求乡村社会不断创新村民自治的有效形式。如2015年"中央1号文件"中提出"扩大以村民小组为基本单元的村民自治试点"，而后在2016年新增"依法开展村民自治实践……深化农村社区建设试点工作，完善多元共治的农村社区治理结构"。2020年又提出要"扎实开展自治、法治、德治相结合的乡村治理体系建设试点示范"。从村民小组试点到农村社区试点，再发展至如今的"三治合一"试点，这一系列政策话语流变充分体现了创新村民自治形式在乡村治理过程中的重要地位。

第四，日益强调法治在乡村矛盾纠纷化解乃至社会综合治理中的重要作用。进入新时代以来，乡村法治已取得一定的成效，但也必须看到的是，中国农村社会是一个相对复杂、封闭性与人情关系网络相交织的结构体系，而国家法律法规代表着一种全新的价值体系，一定程度上与部分乡村社会中的民间传统习惯相冲突。虽然这种冲突并不具备激烈的对抗性，但也由于价值规则上存在一定差异以及国家法律对乡俗民约的忽视使得二者之间产生一定的断裂与分割，从而导致基层群众矛盾纠纷有时不能得到完全解决。因此，党的十九大后，面对乡村治理实践出现的新变化，中共中央着眼于推动国家法与民间法相融合、创新乡村执法司法、推动建立乡村纠纷长效解决机制，提出"坚持和发展新时代'枫桥经验'，进一步加强人民调解工作，做到小事不出村、大事不出乡、矛盾不上交"。在此要求下，面对基层群众日益多元化的司法诉求，创新司法队伍的工作模式并提升其参与乡村矛盾纠纷化解的行动能力是乡村治理改革以及乡村法治建设的重要方向。与此同时，中央也日益强调农村法治供给的保障。从2015年开始，"中央1号文件"提出要"建立健全乡村公共法律服务体系"，这意味着，推进法治乡村建设需要为基层群众提供司法救助、法律咨询等便捷的法律服务。2020 年"中央 1 号文件"进一步明确提出要组织开展"一村一法律顾问"等形式多样的法律服务，同时还提出要通过激活相关政府机构或民间服务组织的公共法律服务体系，最大限度地满足基层群众化解矛盾纠纷的法律需求。

随着经济社会的发展变革，中国农村社会也处于转型发展之中，透过中央历年所发布的"中央 1 号文件"可以看到我国乡村治理秩序的变化与特点。以"中央 1 号文件"为切入点，结合不同历史时代的基本国情，细致爬梳不同时期乡村治理政策的特点和实践，有助于整体把握乡村治理的发展逻辑，为今后推动乡村治理现代化提供丰富的历史经验。

第三节　法治乡村的现实定位

习近平总书记指出："加强法治乡村建设是实施乡村振兴战略、推进全面依法治国的基础性工作。要教育引导农村广大干部群众办事依法、遇事找法、解决问题用法、化解矛盾靠法，积极推进法治乡村建设。"①2018 年"中央 1 号文件"《关于实施乡村振兴战略的意见》首次提出"法治乡村"的基本概念之后，法治日益嵌入乡村治理体系之中。当前，在法治乡村建设领域，中央也都出台了一系列指导意见（详见表 1-2），为法治乡村建设擘画了蓝图。因此，立足党的十八大以来法治乡村领域相关文件，全面把握法治乡村建设在全面推进依法治国中的基础地位，对于进一步理解全面推进依法治国的战略意义、推进基层治理法治化具有重要意义。从中央出台的文件来看，法治乡村的现实定位主要体现在以下几个方面。

第一，从现实意义上看，加强法治乡村建设是推进基层治理法治化的必然要求，是全面落实依法治国方略的具体体现。2014 年 10 月，中共中央《关于全面推进依法治国若干重大问题的决定》指出，"全面推进依法治国，基础在基层，工作重点在基层"②。这表明，在新时代背景下，全面推进依法治国必须推进基层治理法治化。基层治理法治化要求将乡村社会生活轨迹纳入到法治轨道上来，但在乡村社会中，农民群体占大多数，并且仍然是中国社会结构中最为广泛的社会群体，其生活方式离法治的要

---

① 习近平：《论坚持全面依法治国》，中央文献出版社 2020 年版，第 274 页。
② 《关于全面推进依法治国若干重大问题的决定》，人民出版社 2014 年版，第 36 页。

求还有一定距离。中国农村社会对宗亲关系的重视使其成为奉行"人情"原则的血缘社会,同现代社会的"理性"相抵触。① 因此,为使法治融入乡村社会生活中,并在乡村社会形成良好的法治环境,需要加快法治乡村建设,不断消融民间传统与现代国家法之间的冲突,从而在深度上推进基层社会治理法治化。因此从法治乡村建设的现实定位来看,法治乡村建设是基层治理法治化的重要组成部分,也为全面推进依法治国奠定坚实基础。

第二,从作用定位上看,法治乡村建设是乡村振兴的重要一环。2018年"中央1号文件"中,党中央立足于实施乡村振兴战略,精准定位乡村振兴的基础是治理有效。② 而在这份文件中,中央提出的乡村治理体系分为建设法治乡村、建设平安乡村、提升乡村德治水平、深化村民自治实践、加强基层党组织建设五个方面。综合来看,法治乡村贯穿于每一方面。一是法治乡村要求建立健全乡村治理法治化的长效机制。在这一机制下,通过推动基层干部严格依照法定程序进行综合行政执法,规范村民在生产生活实践中对民主权利的行使,不断提升乡村德治水平,进而为实现乡村振兴提供治理基础。二是法治乡村促进乡村治理理念的变革。通过建设法治乡村,强化基层党员干部的法治思维和法治方式,不断增强基层干部群众的尊法学法守法用法意识,并通过法治方式增强基层党组织的组织动员能力,进而为推进乡村振兴战略提供坚强的组织基础。

第三,从实践路径上看,法治乡村建设要坚持党领导下自治、法治和德治相结合。2019年"中央1号文件"在乡村治理工作中提到要"建立健全党组织领导的自治、法治、德治相结合的领导体制和工作机制"③,而在2020年,中央则对法治乡村建设进一步指出"坚持和加强党对法治乡村建设的领导,坚持农村基层党组织领导地位"和"坚持法治与自治、德治相结合"两项基本原则。④ 梳理其中内容可以发现,法治乡村要在党组织领导下实现自治、法治和德治相结合。由此可见,在建设法治乡村的

---

① 杨善华、侯红蕊:《血缘、姻缘、亲情与利益——现阶段中国农村社会中"差序格局"的"理性化"趋势》,《宁夏社会科学》1999 年第 6 期。

② 《关于实施乡村振兴战略的意见》,《人民日报》2018 年 2 月 5 日第 1 版。

③ 《关于坚持农业农村优先发展做好"三农"工作的若干意见》,《人民日报》2019 年 1 月 3 日第 2 版。

④ 《关于加强法治乡村建设的意见》,2020 年 3 月 25 日,http://www.moj.gov.cn/pub/sfbgw/qmyfzg/202003/t20200325_150392.html,2021 年 1 月 21 日。

过程中，要始终坚持党组织总揽全局、协调各方的领导核心地位，通过强化政治和组织保障，发挥乡村传统道德价值与村民自治实践的作用，同时依靠法治使乡村本土治理资源与国家外部规范力量有机结合，构建法治、自治与德治"三治合一"的乡村治理体系，为实现乡村善治提供坚实基础。

第四，从顶层设计上看，法治乡村是促进基层治理体系和治理能力现代化的重要手段，也是夯实国家治理体系和治理现代化基础的必然要求。伴随着基层治理现代化进程的加快，《关于坚持和完善中国特色社会主义制度 推进国家治理体系和治理能力现代化若干重大问题的决定》中指出要"健全党组织领导的自治、法治、德治相结合的城乡基层治理体系"①。这就从国家治理现代化的角度对基层治理提出了新的要求。而《关于加强基层治理体系和治理能力现代化建设的意见》中进一步指出："基层治理是国家治理的基石，统筹推进乡镇（街道）和城乡社区治理，是实现国家治理体系和治理能力现代化的基础工程"②。这也就意味着推进基层治理现代化是实现国家治理现代化的基础。而在推进基层治理现代化的过程中，离不开法治保障。加快法治乡村建设是推进基层治理体系和治理能力现代化在乡村社会中的具体举措，通过加强法治乡村建设，有助于巩固和提升基层治理体系和治理能力现代化，进而夯实国家治理体系和治理现代化的基础。

表1-2		党的十八大以来法治乡村的相关文件		
序号	时间	文件名	发文单位	主要内容
1	2014年10月24日	《关于全面推进依法治国若干重大问题的决定》	中共中央	指出"全面推进依法治国，基础在基层，工作重点在基层。发挥基层党组织在全面推进依法治国中的战斗堡垒作用"
2	2018年2月5日	《关于实施乡村振兴战略的意见》	中共中央、国务院	呈现了乡村振兴战略布局五个方面。指出"治理有效是乡村振兴的基础"

---

① 《关于坚持和完善中国特色社会主义制度 推进国家治理体系和治理能力现代化若干重大问题的决定》，《人民日报》2019年11月6日第1版。

② 《关于加强基层治理体系和治理能力现代化建设的意见》，《人民日报》2021年7月12日第1版。

续表

序号	时间	文件名	发文单位	主要内容
3	2019 年 6 月 23 日	《关于加强和改进乡村治理的指导意见》	中共中央办公厅、国务院办公厅	其主要内容是围绕乡村振兴如何实现治理有效做出具体部署
4	2019 年 10 月 23 日	《关于坚持和完善中国特色社会主义制度推进国家治理体系和治理能力现代化若干重大问题的决定》	中共中央	提出"构建基层社会治理新格局""社会治理共同体"的理念
5	2020 年 3 月 25 日	《关于加强法治乡村建设的意见》	中央全面依法治国委员会	就法治乡村的具体任务做出部署
6	2021 年 4 月 26 日	《关于加强社会主义法治文化建设的意见》	中共中央办公厅、国务院办公厅	强调法治文化进农村
7	2021 年 7 月 12 日	《关于加强基层治理体系和治理能力现代化建设的意见》	中共中央、国务院	主题是基层治理体系和治理能力现代化，除了自治、法治、德治方面之外，包括了乡镇（街道）治理能力、智慧治理等方面
8	2021 年 4 月 26 日	《农业农村部关于全面推进农业农村法治建设的意见》	农业农村部	就农业农村领域的立法与执法任务做出规定，同时还对中央确定的相关法治建设目标进行再细化

第二章　乡村矛盾纠纷综合治理
及其实践机制

中共中央、国务院《关于实施乡村振兴战略的意见》中明确指出，"乡村振兴，治理有效是基础"①。对于基层政府（本书指乡镇政府）而言，如何进行有效治理从而实现乡村振兴战略目标已成为新时代的重要任务。长期以来，加强和创新社会治理方式、维护社会稳定是基层政府的重要责任。当前，伴随着社会的转型发展，各类社会矛盾和利益纠纷不断增加，并日益呈现出多样化和复杂化特征，这给基层政府加强基层社会治理带来了新挑战。实践中，基层政府常常要用综合治理（简称综治）的方式化解一些重大矛盾纠纷和突发事件，这常常表现为社会治安领域的综合治理。综合治理将调动多方主体和单位的力量参与重大矛盾纠纷处置，并采取法律、政治、经济、教育等多种手段，开展多元化方式治理。综治的目的在于"治"，并构成中国法治建设实践的重要特征。② 为了有效应对和化解基层社会的重大矛盾纠纷和突发事件，基层政府大都成立了综治办（政法办）、信访办、维稳办等组织机构，具体负责日常的综治维稳工作。

针对基层政府综治维稳的方式、手段及现状，不同学者提出了不同的看法。有学者认为，基层政府与上级政府之间的权责不对等给基层政府带来了巨大的维稳目标考核压力③。也有学者认为，由于常规性治理资源比较短缺，使得基层政府在综合治理的工作中遵循"事件性治理"逻辑，

---

① 《关于实施乡村振兴战略的意见》，《人民日报》2018年2月5日第1版。
② 喻中：《论"治—综治"取向的中国法治模式》，《法商研究》2011年第3期。
③ 贺雪峰：《行政体制中的责权利层级不对称问题》，《云南行政学院学报》2015年第4期。

并在处理重大矛盾纠纷和突发事件时，基层政权往往呈现出"应急性"特征①。而有学者则进一步指出，基层政府在处理和化解重大矛盾纠纷时，常常采用各种非正式手段维护社会稳定，这些手段常常带有"反法制性"②，将出现"维稳恐惧症"和"越维越不稳的怪圈"③。从社会稳定基本态势来看，有学者指出，通过垄断政治权力和暴力机器来维护社会稳定的方式是一种"刚性维稳"④，但也有学者认为，政治权力高压下的"刚性稳定说"不能完全解释我国社会基本稳定的形成原因。事实上，之所以中国社会的基本面是稳定的，是因为在全国范围内执政党组织体系和国家政权组织结构的治理是有效的，而通过采用法治维稳的方式，基层政府完全有可能跳出运动式维稳而迈向制度性维稳。⑤

上述学者从不同角度分析了基层政府综治维稳的机制及其影响，但不够系统和全面，仍存在以下几个方面的问题值得进一步探讨。首先，如果说采用综治手段进行维稳导致"越维越不稳"的怪圈，但从现有实践经验来看，我国社会却总体上保持稳定，那么为什么基层政府却能总体上保持社会的稳定呢？其次，如果说基层政府与上级政府存在权责不对等的情况，并且时常面临上级维稳考核的压力，那么基层政府又是如何运用综治的手段保持社会稳定呢？最后，为什么基层政府能够采用综治手段化解重大矛盾纠纷，基层政府综治机制的运行条件是什么呢？上述这些问题需要结合具体实践展开经验分析。

应当看到的是，即便基层政府长期处于权责不对等的体制中，但仍能通过综治的手段和方式化解一些重大矛盾和纠纷，从而保持基层社会的总体稳定。这说明，基层政府采取综治的手段和方式化解重大矛盾纠纷与突发事件有一定的合理性。因此，要系统全面地认识综治维稳的机制及其功

①　欧阳静：《"做作业"与事件性治理：乡镇的"综合治理"逻辑》，《华中科技大学学报》（社会科学版）2010 年第 6 期。

②　陈柏峰：《农民上访的分类治理研究》，《政治学研究》2012 年第 1 期。

③　金太军、赵军锋：《基层政府"维稳怪圈"：现状、成因与对策》，《政治学研究》2012年第 4 期。

④　于建嵘：《从刚性稳定到韧性稳定——关于中国社会秩序的一个分析框架》，《学习与探索》2009 年第 5 期。

⑤　吴鹏生：《中国社会稳定形势的基本评价——兼与国内一些学者商榷》，《人文杂志》2015 年第 5 期。

能，最好的办法就是摈弃那些"维稳不稳权"的道德话语和价值判断，并置身于基层政府的行动逻辑，考虑其化解矛盾纠纷时所处的场域环境，经验性地认识基层矛盾纠纷的综治机制。

通过研究发现，基层政府考虑到维护地方社会稳定、矛盾纠纷本身的复杂性和延伸性以及单一解决手段和方式的局限性等情况，通常要采用综合治理的方式化解矛盾纠纷。基层政府开展综合治理，意味着国家权力进入基层社会的秩序生产中，这回应了转型期基层矛盾纠纷综合治理的需要。而党政体制为基层政府开展综合治理提供了权威性资源，并支配综合治理的实践，产生了相应的制度优势。在实践层面，综合治理实践的机制表现为基层政府领导的注意力传递、临时机构的非科层化治理以及基层社会的关系资源整合等方面，正是这些机制使得基层政府能够应对上级政府综治维稳的目标考核压力。①

第一节　"条块"管辖中的综治工作

"综治治理"工作最早是在 1991 年 2 月 19 日提出，当时中共中央、国务院做出《关于加强社会治安综合治理的决定》，明确了社会治安综合治理的指导思想、基本原则、主要任务和工作措施。同年 3 月 21 日，中央决定成立中央社会治安综合治理委员会，作为协助党中央、国务院领导全国社会治安综合治理工作的常设机构，② 下设办公室，负责综治工作日常事宜。2018 年 3 月，中央进行机构改革，不再设立中央社会治安综合治理委员会及其办公室，其有关职责交由中央政法委员会承担。在中央层面，可以看出政法和综治工作已经合二为一。但在最底层的乡镇一级政权，其直面基层社会多元化和复杂化的矛盾纠纷，政法综治工作仍是一项系统而全面的工作，其覆盖面比较大，不仅包括乡镇机关部门和社会团体，还包括企业、医院、学校、农村、社区等单位的综治工作。

---

① 王裕根：《论乡村社会的内在秩序及其生产机制》，《求实》2017 年第 8 期；王裕根：《基层政府综合治理的体制基础与实践机制》，《中国农村研究》2018 年第 1 期。

② 《全国社会治安综合治理工作大事记（2001）》，《人民公安报》2002 年 4 月 11 日第 6 版。

一　"条"上的业务考评

2018 年以前，乡镇综治工作主要对接县（区、市）级的政法委员会（政法委）和社会治安综合治理委员会（综治委）①的工作。在乡镇一级，一般会按照上级的要求成立综治委，设立办公室，又称综治办②，具体负责协调乡镇综治工作的日常事宜，其中综治委的主任一般由乡镇党政主要负责同志担任，综治办主任则由乡镇党委分管政法工作的副职领导担任。以笔者 2016 年调研的 J 县 X 镇为例，该镇成立的镇社会治安综合治理委员会由该镇镇长担任主任，下设办公室，综治委办公室总共只有 2 人，其中一位由镇里主管政法工作的党委委员担任办公室主任，另一位科员担任办公室副主任，具体负责综治工作的组织协调事宜。根据《中央社会治安综合治理委员会关于加强社会治安综合治理基层基础工作的意见》，综治办的工作主要包括贯彻落实上级综治维稳重大决策部署、组织协调解决本地区的矛盾纠纷、指导和监督乡镇各单位与村社的综治工作以及调查研究本地区的治安形势特点等方面。这些工作要求都是各级综治办的要求，为了落实这些工作要求，乡镇一级政权在组织机构上大都沿袭上级综治部门的要求进行设置，目的是对接和完成上级综治工作任务和指标，进行"做作业"。③

乡镇综治办受县一级综治办业务上的指导，并接受上级业务上的

---

① 政法委是党的职能机构部门，负责协调、指导政法各部门开展具体业务，而综治委是党和政府进行社会管理、部署社会管理的重大决策、进行社会综合治理、监督考核各综治单位工作的协调机构，下设综治办公室（综治办）负责日常的工作。从中央层面来看，2018 年以前，中央政法委员会与中央社会治安综合治理委员二者其实是合署办公，中央政法委员会的书记兼任中央社会治安综合治理委员会的主任，因为综治委的工作主要是维护社会稳定、开展社会治安综合治理，这与政法委工作的任务和目标相似。有学者认为，前者是一个务虚机构，后者是一个务实机关，二者一般是合署办公。参见侯猛《党与政法关系——以政法委员会为研究中心》，《法学家》2013 年第 2 期。

② 在基层调研发现，有些乡镇把综治部门称为维稳办或者政法办，还有些乡镇称为信访办，大部分乡镇称为综治办。一般而言，在基层乡镇中信访办、综治办、维稳办大都合署办公，并以综治中心的模式运行。

③ 欧阳静：《"做作业"与事件性治理：乡镇的"综合治理"逻辑》，《华中科技大学学报》（社会科学版）2010 年第 6 期。

考评。以笔者调研的 J 县 X 镇来看，县一级综治办每年都会对下面的乡镇综治工作进行考评，主要从组织建设、基础建设以及工作实效等方面进行量化打分，实行倒扣分制。按照 J 县对乡镇的考评规定（见表 2-1），综治工作主要考评平安系列创建工作、网格化管理工作以及扫黑除恶工作等项目，主要通过查台账、看文件、看工作记录、会议记载以及实地走访群众的方式进行打分评价，并明确规定了扣分项目。考核结果直接影响乡镇干部提拔晋升、绩效考核。如果年度综治工作考核合格，乡镇干部可以在年底多加一个月的工资。这些制度上的考评激励与奖惩是乡镇综治干部进行行为决策的外在动因，并且影响着乡镇综治干部在处理本地区纠纷矛盾时的决策行为，也即乡镇综治干部在处理一般社会纠纷时会根据考核的权重大小，分清矛盾纠纷的轻重缓急程度进行处理。

表 2-1　　　　　　　J 乡镇（管理区）综治工作检查考评计分

项目	落实综治领导责任制情况	平安系列创建工作	网格化工作	特殊人群和流动人口管理工作	重点整治、扫黑除恶工作	综治基层基础建设
分值	11 分	20 分	20 分	17 分	20 分	12 分

二　"块"上的统一领导

在本乡镇范围内，综治办是考核本行政区域范围内各村社、单位综治工作的机构，对各单位、村社的综治工作实行党政同责。为此，乡镇党委和政府在年初会召集各单位、村社开会，布置年度综治任务和目标，并且乡镇各单位以及农村、社区主要负责人每年都必须与乡镇主要负责人签署目标责任书。目标责任书主要是围绕年度工作要点展开。根据《2016 年 J 县 X 镇社会管理综合治理工作要点》的要求，"各村社和镇直单位要建立党政一把手负总责社会管理责任体系；落实包案责任，严格落实矛盾纠纷和重大不稳定因素定期排查报告制度；建立矛盾纠纷化解包案责任考核制，并将结果记录干部考核实绩，做到'小事不出村、大事不出镇'和'纠纷不出行业系统、矛盾不上交'；健全领导干部综治工作实绩档案、将各级党政领导干部和领导班子抓平安建设的实绩要列入干部述职和政绩考核的内容；严格执行综治考核奖惩、年终考核制度，实行'一票否决制'和重大案件领导责任查究制"①。这些工作要点基本上是根据上级综治部门的工作要求而制定，正如 X 镇主管综治工作的党委委员这样说道："我们的工作和上面的工作是一脉相承的，上面检查我们，我们就督办下面。"这表明在"压力型体制"② 面前，综治工作以层层分解、任务发包的形式落实到了乡镇区域内的每一个单位部门，各单位部门的主要负责人是综治工作的第一责任人，对各单位综治工作主要考评各单位领导的责任。

综治工作往往与地方维稳工作紧密联系在一起，综治维稳工作是乡镇党委政府的中心工作。维稳工作坚持"属地管理"原则，实行"条块结合、以块为主"的管理模式，并且根据 1992 年《中央社会治安综合治理委员会关于实行社会治安综合治理一票否决权制的规定（试行）》规定，县级以上综治部门可以对乡镇维稳工作直接行使"一票否决权"。在实践中，"一票否决"的标准往往会根据上访人数判定，通常情况下每年县综治办只要留有乡镇里面一次上访记录，该乡镇的综治工作考核分数即为零分，而达到超过五人次的群访则是"一票否决"，即该乡镇无资格参加年度内的综合考评。此外，在一些关系到社会稳定的事项，如果乡镇党政领导干部处理不当将进行问责。2009 年中央颁布的《关于实行党政问责领导干部问责的规定》第 5 条规定，对于群体性事件、突发事件处置失当，导致事态恶化，造成恶劣影响的，要对党政领导干部进行问责。在"压力型体制"下，上级党委政府对乡镇党委政府综治维稳工作的政治任务高度重视，以致采用"一票否决制"来考核乡镇党委政府的维稳工作，并在实践中不断形成了"搞定就是稳定、摆平就是水平"的治理逻辑，这种治理逻辑在有些学者看来是一种"稳定政治"。③ 为了社会稳定，在"稳定压倒一切"的话语以及"一票否决事项"考核压力下，乡镇党委政府不得不采取一切手段把矛盾化解在基层，纠纷解决在当地，做到矛盾责任不上交，而这样做不一定真正维护了社会稳定，反而可能使基层政府职

---

① 资料来源于笔者 2016 年 11 月在湖北省 J 县 X 镇调研。

② 杨雪冬：《压力型体制：一个概念的简明史》，《社会科学》2012 年第 11 期。

③ 容志、陈奇星：《"稳定政治"：中国维稳政治的政治学思考》，《政治学研究》2011 年第 5 期。

能受到一定削弱。① 但在中国条块管辖关系的现状下，综治工作虽属"块块管理"，但通过对条条上的考核压力，实现了社会总体稳定。②

第二节 乡村矛盾纠纷综合治理

一 基层政府综合治理的个案呈现

（一）林权纠纷的基本概况

案例1：江西省中部 Y 县 T 乡的周村，是一个宗族性村庄，有不同的房头之分。周某胜和周某兴是该村村民，却不属于同一个房头。两个房头在村里面都联系着十多户"自家人"，每个房头有 100 多号人，势力相当。两个房头之间因为田地、山林之间的纠纷历来斗争比较厉害，相互暗自较劲，有时甚至一触即发。两个房头的摩擦最早源于退耕还林补助款的发放事宜。那是在 2006 年，当时周某兴任周村支部书记，在落实退耕还林政策时违规操作，以权谋私，后来周某胜经过省长手机热线进行信访。信访函转到县里面后，县委副书记组织县林业局、综治办以及乡镇党委政府进行联合调查。调查发现，周某兴不按县里文件要求，没有经过招投标手续，直接承包了周某胜所在小组的退耕还林项目，导致林地承包户的租金没有完全落实。周某胜抓住这一点不放，接连以周某兴给县里主要领导送礼行贿、不收自己房头人的计划生育罚款以及牛被周某兴毒死等理由多次通过省长、市长手机信访热线反映。后来经过乡政府组织多方核实，周某胜举报的情况完全不实。然而，事情并没有到此结束。周某胜始终认为，周某兴在村里面横行霸道，仗着自己的宗族人多、权势以及关系经常侵占村民财产。2010 年，县林业局把村民的林业证发放到了周某兴手中，周某兴并没有发给村民。周某胜认为，林权证被周某兴"卡住"了，于是又通过省长、市长手机热线信访，反映周某兴林权证被扣事宜，借此打击周某兴的房头势力。

---

① 曾明：《"稳定压倒一切"下的乡镇政府》，《武汉大学学报》（哲学社会科学版）2011年第 1 期。

② 参见侯猛《当代政法体制的形成及其意义》，《法学研究》2016 年第 6 期；刘忠《条条与块块关系下的法院院长产生》，《环球法律评论》2012 年第 1 期。

　　信访转到 T 乡政府之后，乡政府主要领导对此很重视。由于这个事情牵涉村民与村干部之间的矛盾以及村庄内部宗族力量的对抗，乡党委书记专门组织常委会听取相关蹲村干部汇报，研究解决方案。会后，乡党委决定专门成立调处小组，由乡党委副书记兼纪委书记为组长，人大副主席、综治专干为副组长，相关蹲村干部及综治干部为成员，协调处理此事。他们经过调查得知，20 世纪 90 年代，响应县里号召，村民在山上植树造林，发展山林经济，但当时并没有确权到农户。林改政策下来后，村民以为可以拿到林权证，但由于果园山地的产权已确认给了村集体，所以村民需要与村集体签订承包合同才能拿到林权证。后来，经过乡村两级协调，并通过村民代表大会决定解决方案，即如果村民想继续承包山林，则应该交 100 元承包费用给村集体，并签订山林承包协议，才可以换发林权证。但是，村民代表大会决定后，依然有 100 多户村民没有交这项费用，其中主要是周某胜那边的房头农户。周某胜等村民认为，这个树是村民自己私人种的，不需要交费用，而且周某兴不发给林权证是想欺负他们那个房头，为此两个房头之间经常吵架。事后，由于这部分村民迟迟没有交钱，也就没有拿到林权证，而一直放在了周某兴手中。周某胜和周某兴之间的矛盾也日益演化为村庄内部房头力量的对抗，于是只能由乡政府出面协调解决。

　　事实调查清楚后，乡协调小组成员主要做了三方面的工作：一是建议 T 乡党委免除周某兴的支部书记职务，以缓解周村两个房头之间的矛盾；二是上报县政府主管领导，请求协调县林业局和司法局的同志下乡给农民讲解林改的相关政策；三是要求驻周村的乡里蹲村干部密切关注村民的思想动态，以防止群体性事件的发生。尽管如此，周某胜还在不停地上访反映此事，但基本上每次上访的结果都一样。T 乡党委政府在信访答复意见书中指出："经与周村干部协商，为解决相关村民的山林流转和林权证的发放问题，将重新召开全体党员、群众代表大会，按照相关政策讨论研究集体山林流转及林权证等问题。"也即，乡政府并没有明确给出具体处理意见，只是在调查事实的基础上，提出了解决建议。每次答复意见收到后，周某胜总是不满意，总是通过省长和市长手机热线信访。对此，T 乡综治专干认为："他多次上访也没有办法，我们还是这样答复。只要不打架闹事。"随着时间的推移，与周某胜不是同一个房头的村民开始交承包费换林业证。而周某胜本人虽然减少了上访的频次，但最终还是没有交承包费给村集体，并且随着他在县城找了工作，也不再关心村里面的事情，两个房头的摩擦也渐渐减少，久而久之终于恢复了平静。①

（二）案例的进一步分析

首先，林权纠纷背后的实质是房头力量对抗。村民周某胜与村支书周某兴的纠纷表面上看属于林权证纠纷，实际上则是村庄两个房头之间的纠纷。当村民周某胜频繁信访，并且其涉及的林权矛盾纠纷利益主体众多时，基层政府通常需要介入处理。这是因为，一方面村民上访可能影响到区县政府对乡镇政府的综治目标考核；另一方面当矛盾纠纷的主体涉及多人，并且可能引发群体性事件时，基层政府往往要妥善处理。尤其是在南方宗族性村庄，宗族内部的房头力量在日常生活中或明或暗且时刻存在对抗。同时，基层政府亦能够根据过往的处理经验及时敏锐地察觉这一点。周某胜与周某兴的纠纷实质上反映了宗族内部房头的对抗，因此 T 乡政府在处理他们之间的纠纷时，首先坚持一个"只要不打架闹事"的维稳底线，以防止群体性事件发生。其次采取了一种模糊的态度，并没有明确表示支持哪个房头，而是把这个纠纷放在了村庄，让村民代表大会解决。之所以这样做，一方面是为了维护村庄生产生活的基本秩序，另一方面从政策和技术层面来看，林改政策涉及历史遗留问题和政策导向问题，解决起来也相对困难。因为这涉及很多村民的利益，如果处理不得当，将引发次生的综治维稳问题。并且从现实层面来看，要彻底解决这些问题需要县里相关职能部门支持，但 T 乡政府作为最低一级政府，并没有那么多治理性资源去调动和协同相关部门彻底解决。换言之，即便 T 乡政府要彻底解决此类矛盾纠纷，通常也会顾忌历史遗留问题的复杂性以及国家林改政策的多变性，否则可能造成更多的矛盾纠纷，这就与综合治理的初衷相违背。

其次，基层政府对林权纠纷进行综合治理蕴含多重考虑。通过分析上述纠纷的产生原因及其解决过程，不难看出，基层政府采用综合治理的手段基于以下考虑：一是矛盾纠纷的处理涉及维护社会稳定。这里的"稳定"并不是说要造成实际的后果，而是要通过综合治理手段消除不稳定因素。上述纠纷并不仅是村民与村民之间的林权证纠纷，而且是村民与村干部乃至村庄内部不同房头力量的对抗。在这种情况下，基层政府在依法

---

① 案例来源于笔者 2017 年 6 月在江西省中部 Y 县调研时的访谈记录。

依规答复信访人时，也会时刻注意把影响矛盾扩大的因素减少。例如，T乡党委把周某兴的支部书记职务免除，这其实是在减少宗族间对抗的力量，从而防止在宗族内部之间发生群体性事件。二是矛盾纠纷本身的复杂性和延伸性。按照一般逻辑，如果是简单的家庭、邻里矛盾纠纷，村级组织、权威人物或者相关部门就能化解，但如果纠纷涉及村民与村干部时，则村庄的内生力量难以解决，而必须借助国家力量。质言之，如果周某兴和周某胜仅仅是因为林权证发放问题而产生纠纷，完全可以由县林业局进行调解。但问题在于，这个矛盾纠纷不仅涉及干群矛盾，还涉及林改政策和林权的历史遗留问题，乃至村庄内部的派系斗争问题，具有较大的延伸性，因此必须由基层政府妥善处理、综合处置。三是单一手段或者力量难以控制矛盾纠纷的扩大。在上述纠纷的处置中，如果仅靠综治干部做工作，而不调动县林业局和县司法局的力量联合调处，那也很难把矛盾纠纷的事态控制住。而县林业局给予林业政策上的业务指导以及县司法局给予法律上的咨询服务，则是回应了林权证纠纷调处中的专业化解决需求。因此，基层政府考虑到事件本身的复杂性和延伸性，在治理性资源和话语权日渐丧失的背景下，[①] 显然靠单一手段或力量难以解决矛盾纠纷，必须采用综合治理。

最后，村庄内生力量日趋瓦解需要国家力量介入村庄秩序生产。在传统中国，基层社会的矛盾纠纷通常由社区、乡邻的权威人物进行调解，即村庄纠纷的调解基本不经过官方的司法机构进行处理，费孝通称这是"无讼"的乡土中国本色。[②] 黄宗智从历史档案出发，进一步验证了"无讼"存在的社会基础。他认为中国在晚清时期形成了一种集权的"简约治理"模式，即基层社会存在半正式行政的官僚体系，社区、乡邻的权威人物对基层社会矛盾纠纷调解的效力也能得到官方认可。[③] 杜赞奇则通过考察民国时期的国家政权与乡村社会的互动关系之后，认为乡村社会的纠纷解决主要靠基层社会"权力的文化网络"来推动。[④] 但在转型期的乡

---

① 陈柏峰：《无理上访与基层法治》，《中外法学》2011 年第 2 期。

② 费孝通：《乡土中国》，北京出版社 2011 年版，第 78—85 页。

③ 黄宗智：《集权的简约治理——中国以准官员和纠纷解决为主的半正式基层行政》，《开放时代》2008 年第 2 期。

④ ［美］杜赞奇：《文化、权力与国家》，王福明译，江苏人民出版社 2010 年版，第 9 页。

村社会，各种利益格局被打破，群体性事件日渐增多，① 它已不再是费孝通先生所提出的"乡土中国"和"熟人社会"场景，而是发生了社会结构的转型。这主要表现为，乡村社会人口流动性不断加大、人际关系日益理性化、道德权威力量日渐丧失、村级组织功能日渐下降等结构性力量的变化。在此背景下，基层社会的矛盾纠纷解决需要国家权力的力量介入。② 从林权纠纷的起因和解决过程来看，由于涉及村干部和村民之间的矛盾纠纷以及村庄内部的宗族斗争，所以村干部作为村庄的"当家人"和"代理人"来处理乡村矛盾纠纷的功能在不断丧失，因此传统村庄内部的结构性制约力量日趋瓦解。而在传统村庄的内部制约力量难以化解宗族之间的矛盾纠纷时，为了有效维护基层社会稳定，则需要 T 乡党委政府代表国家力量介入，并在实践中采用一种综合治理的方式推进矛盾纠纷有效化解。基层政府对矛盾纠纷的综合处理，意味着国家权力进入纠纷解决的场域。国家权力干预纠纷解决有助于基层矛盾纠纷的顺利化解，防止事态的扩大，保证村庄秩序的自我生产与再生产。通过国家权力的干预，基层社会的秩序得到一定的控制，社会能够保持基本稳定。

二　乡村矛盾纠纷综合治理的社会原因

乡村纠纷的综合治理是乡村社会治理的重要组成部分。有学者认为，乡镇综合治理是一种"做作业"与"事件性治理"并存的逻辑，乡镇政府在一些重大和突发矛盾纠纷的化解过程中呈现出"应急性"特征。③ 随着转型期乡村社会复杂性、突发性的矛盾纠纷越来越多，乡村纠纷的综治解决将成为乡镇政府的常规实践。那么这种解决方式为什么成为乡镇政府的常规实践？从整体上看，乡镇政府的活动嵌入乡村社会生活生产与再生产之中，乡镇政府在协调各方力量解决和化解矛盾纠纷时总是受到乡村社会的结构性制约。就乡村矛盾纠纷的综治解决而言，这种结构性制约需要围绕纠纷解决的主体力量、纠纷解决的资源可及性以及乡村社会纠纷固有

---

① 胡永平、龚战梅：《社会转型期群体性事件的法律控制研究》，《河北法学》2018 年第 3 期。

② 董磊明、陈柏峰、聂良波：《结构混乱与迎法下乡——河南宋村法律实践的解读》，《中国社会科学》2008 年第 5 期。

③ 欧阳静：《"做作业"与事件性治理：乡镇的"综合治理"逻辑》，《华中科技大学学报》（社会科学版）2010 年第 6 期。

的特性等方面去分析。

（一）迫于维护地方社会稳定的压力

从纠纷解决的主导力量来说，乡村纠纷的综治解决需要乡镇政府综治部门牵头处理。综治部门处理乡村矛盾纠纷是乡镇综治工作的重要组成部分。和经济发展一样，综治维稳工作是地方政府的中心工作，也即地方政府不仅要追求经济发展，也要维护地方社会的稳定。按照综治工作的"属地管理"原则，乡镇政府对本地区涉及社会稳定的事件都要处理好。这是由于区域性社会稳定是一个有明确责任主体的政治问题，[①] 所以作为最低一级的国家政权组织，乡镇党委政府对本地区的社会稳定负总揽全局的责任。在转型期的乡村社会，很多矛盾纠纷都来源于基层社会，乡镇党委政府也是最先接触到矛盾纠纷信息的主体，在化解乡村矛盾纠纷过程中具有属地信息优势，因此，维护本行政区域内的社会稳定是乡镇党委政府的重要使命。为了落实综治维稳工作的政治任务，县级以上综治部门通常会设置相应的考核指标和"一票否决"事项来考核乡镇的综治维稳工作，并且考核结果直接影响乡镇主要领导的晋升。现实中，上访人次及其影响范围和程度是考核乡镇党委政府综治维稳工作的重要指标。如果群体性上访、有组织的上访、越级上访或者进京上访的人数和次数超过一定的限度，那么乡镇的综治工作很可能会被"一票否决"，甚至会影响主要领导干部的晋升。因此，乡镇主要领导比较担心本行政区域内的农民去上访，尤其担心发生群体性上访事件，一旦上访必然给乡镇综治工作带来考评压力，也将给地方领导人的提拔晋升带来不利评价。为了防止当事人上访，乡镇主要领导会给乡镇干部施加压力。除此之外，综治工作还有来自当事人的压力。这主要表现为，这种压力直接来源于当事人一方对调解结果不认可，在这种情况下只能通过反复不断地做工作，说服当事人接受调解结果，做到息事宁人。可以说，乡镇综治维稳工作既有来自上级综治部门考核的压力，也有来自地方党政主要领导人晋升的压力，更有来自把纠纷调解到当事人满意为止的压力。正是因为这些压力的存在，所以有学者认为，乡镇一级政权运行于压力型科层制与乡土社会之间。[②]

---

① 孙元明：《群体性事件新特征与基层维稳尺度拿捏》，《改革》2013 年第 5 期。

② 欧阳静：《运作于压力型科层制与乡土社会之间的乡镇政权——以桔镇为研究对象》，《社会》2009 年第 5 期。

在"压力型体制"下，为了有效应对来自不同方面的压力，实现乡镇综合治理目标，乡镇政府通常将这些压力传导到辖区每一个单位和基层干部身上。对于乡镇辖区范围内的医院、学校、工厂以及下属的行政村，乡镇政府每年都会与它们签订目标责任书。责任书里面涵盖了本年度综治工作的主要任务和要点、相应责任追究制度以及惩罚措施。通过签订责任书的形式，使各基层单位主要负责人认识综治工作的重要性。与此同时，乡镇政府要求各基层单位主要负责人在遇到重大事故或者突发事件时要及时上报，防止基层单位无法处理好一些重大事故或者突发事件而导致事态扩大，进而影响本行政区域范围的社会稳定。对于乡镇干部而言，乡镇党委政府则通过信访"包保责任制"① 或者目标责任状的形式，把信访稳定责任落实到每一个基层干部身上，这进一步明确了乡镇干部维护社会稳定的重要职责。这种压力分解的方式促使各单位、村社都高度重视综治工作，在行动上体现在各种单位干部的行为表现上，并通过每个单位的干部协同参与而产生作用和发挥功能。② 因此，当压力传导到每个干部的身上时，乡镇辖区各单位、部门、村社将配合乡镇政府开展行动，通过多种方式参与矛盾纠纷的化解。纠纷解决呈现综治模式。

（二）用法律手段解决纠纷功效不足

有些纠纷本可以通过正常的法律途径解决，但为什么农民还是找基层政府来解决？这是因为，在乡村社会中，国家法律、制度、政策等资源并没有进入农民的观念结构中。在农民的观念中，法律资源不具有可及性，法制的资源还是以模糊的、陌生的印象存在。"人们对这一资源的解决具有一定的服从感和畏惧感，但对其公正及其有效性没有足够的信心，对成功利用这一资源存在消极认识。"③ 在基层社会中，很多农民对诉讼程序、规则以及举证要求缺乏一定了解，加之走诉讼程序所耗成本使普通农民无法承担，因此在考虑纠纷解决资源时，通常会绕开法律规定的解纷途径，而直接找到乡镇政府。甚至在农民看来，法律规定的诉讼程序太烦琐，诉

---

① 田先红：《基层信访治理中的"包保责任制"：实践逻辑与现实困境——以鄂中桥镇为例》，《社会》2012 年第 4 期。

② 王海峰：《干部国家》，复旦大学出版社 2012 年版，第 114 页。

③ 吴艳红、李红琼：《中国农村的纠纷解决：资源与可及性——以湖南一个村落的研究为例》，《中外法学》2007 年第 3 期。

讼时间成本较高，并且依据法律判决的结果不具有可预见性。在农民的观念中，无论是事关争议标的的实体性法律，还是有关纠纷解决的程序性法律，都只是有一个大概的画面。法律的规定在农民心中总体上存在模糊性。有时，农民会基于对法律规定的模糊性理解，片面地理解法律规则，把法律当作争取自身合法利益的依据而提出利益请求，要求乡镇政府"依法"化解纠纷。但实践中，乡镇政府处理时常常需要协调多方力量和资源解决。

当很多纠纷本身超出了当地的人情和风俗习惯调整范围时，在法律规定不明确的情况下，这个时候妥善解决矛盾纠纷就要依靠国家权威力量，因此有学者提出后农业税时代乡村纠纷解决需要"迎法下乡"。① "迎法下乡"并不是说依靠现代司法途径解决村庄矛盾纠纷，而是将借助国家的权威力量重新塑造村庄秩序。当政府权威介入乡村纠纷解决时，往往并非一个部门或单位能解决，也并非完全按照法律规则解决，而是需要联合多个部门、多方力量参与才能有效化解。例如，乡镇政府在处理村民小组的林地和田块纠纷时，不仅涉及村庄的历史问题和农民"认老业"观念，也涉及村民小组诉讼主体适格及诉讼权利问题，② 因而乡镇政府综治部门在处理此类纠纷时，需要联合国土所（调查土地档案）、派出所（防止群体事件）、司法所（组织村民调解）以及村级组织（村干部做工作）等相关单位和部门联合解决。在纠纷解决过程中，有时候法律并没有明确规定权利义务关系，但基层干部考虑到纠纷本身的特殊性及其可能引发的社会后果，也不得不协调相关力量进行解决，以防止事态扩大或者引发农民集体上访。基层干部并不会因为法律没有规定或者规定得不明确而不解决纠纷。纠纷解决本身往往依靠法律技术层面的手段比较少，但涉及一系列微观权力的整合。③ 特别是一些纠纷涉及一定的历史传统时，法律并没有详细规定该如何处理历史遗留问题，即使有较为详细地规定，农民也不知道

---

① 董磊明、陈柏峰、聂良波：《结构混乱与迎法下乡——河南宋村的法律实践的解读》，《中国社会科学》2008 年第 5 期。

② 目前我国《民事诉讼法》和《村民委员会组织法》等法律并未明确规定村民小组的诉讼地位。但根据最高人民法院《关于村民小组诉讼权利如何行使的复函》（〔2006〕民立他字第 23 号）的规定，村民小组可以作为诉讼当事人。

③ 郑智航：《乡村司法与国家治理——以乡村微观权力整合为线索》，《法学研究》2016 年第 1 期。

如何按照法律的规定进行举证。再加上村庄中的很多纠纷缺少证据，有时乡村社会纠纷本身也存在很大的"模糊性"。[①] 因此，国家及国家权力代理人贯彻执行具有内在矛盾的法律规则和制度时产生一种解释法律制度的自由空间，从而采用一种"模糊治理术"。[②] 这种"模糊治理术"在纠纷化解过程中，表现为乡村干部的身份存在"半干部半农民"的混合角色：一方面代表国家权力处理纠纷，执行国家法律、政策，充当干部的角色；另一方面又要考虑纠纷化解的社会基础，站在农民的立场考虑农民的利益，充当农民的角色。双重角色的客观存在模糊了"作为卓越的规则创制者的国家与作为这些规则接受者的社会之间的明确的界限"[③]。因此在纠纷化解过程中，基层干部在运用法律手段时，总是与其他手段结合在一起，考虑纠纷解决的场域空间，"依赖日常生活中的社会经验和解决纠纷的种种权力技术，并关乎于现实利益和社会效果"。[④]

（三）纠纷个案本身具有复杂的社会关联

纠纷个案的乡土性是就纠纷本身所固有的特性而言。乡村社会矛盾纠纷本身是在乡村社会的历史逻辑和现实生活中产生的，因此必须置身于其特定的场域分析其隐秘的逻辑。[⑤] 乡村社会纠纷的乡土性，决定了处理乡村纠纷时要考虑个案的延伸性。个案的延伸性是指，纠纷个案的产生具有一定历史原因和社会背景，其解决时应该全面把握与纠纷相联系的各个方面，不能片面地看待纠纷产生的原因或者忽视纠纷解决的实际后果。这也就意味着，乡镇干部不能简单根据纠纷发生的现实条件或者法律规定去处理具体个案，而应该考虑纠纷个案产生的历史背景，结合纠纷未来发展的情况以及纠纷解决的社会效果，综合考虑多方面因素之后，才能有效化解矛盾纠纷。正如有学者指出，涉及纠纷个案的延伸性，基层干部在处理具体个案时，"不仅要收集和调查个案本身，而且要将个案产生的社会脉络

---

① 耿羽：《"后乡土社会"中的纠纷解决》，《贵州社会科学》2009年第10期。

② 田雄、王伯承：《单边委托与模糊治理：基于乡村社会的混合关系研究》，《南京农业大学学报》（社会科学版）2016年第2期。

③ ［美］乔尔·S.米格代尔：《社会中的国家——国家与社会如何相互改变与相互构成》，李杨、郭一聪译，江苏人民出版社2013年版，第21页。

④ 强世功：《"法律"是如何实践的》，载王铭铭、王斯福主编《乡土社会的秩序、公正与权威》，中国政法大学出版社1997年版，第488—520页。

⑤ ［法］布迪厄：《实践感》，蒋梓桦译，译林出版社2003年版，第149页。

或情景也纳入考察的范围。其中特别需要注意的是个案的'前历史'（prehistory）以及个案平息的社会后果"①。在基层社会中，有些纠纷个案不仅反映着纠纷当事人的关系状况，还反映了该地的社会风俗、村庄势力乃至社会结构的历史性变迁。综治部门协调各种力量解决纠纷时，常常要依据纠纷个案的延伸性是否强弱来做出有关决策，目的是避免在纠纷解决过程中引发更多的纠纷。例如，乡镇政府综治部门在处理一些"认老业"的历史遗留问题时，通常并不能简单地依照现有法律规定处理。"认老业"问题实际上反映了不同时期村民对村庄财产权利的认知，而且由于不同时期村庄的内在约定以及国家政策存在历史性差异，导致村庄里面的林权、水权权属不清晰。随着村庄发展面貌的变迁，农民市场经济的理性化程度越来越高，村内有关财产性侵权纠纷越来越多。但要有效解决这些林权、水权问题并不能仅靠现有法律手段解决。甚至可以说，现行法律规定对有些"认老业"问题有时也无可奈何。这个时候，如果不解决这类纠纷，长期积压下去，会导致村庄与村庄之间以及村民与村民之间的关系越来越僵，村庄生活关系也将日趋紧张，甚至有可能酿成群体性事件。在这种情况下，乡镇综治部门通常要出面协调解决，通过联合民政、水利、国土、档案、公安等相关部门力量，既要考虑纠纷发生的历史背景，也要考虑纠纷发生的现实条件，同时又要在不违反国家法律的强制性规定的情况下综合解决。还比如，乡镇综治部门在处理因医疗事故、跳楼自杀等非正常死亡案件时，考虑当时死者家属激动的情绪以及处理得社会效果，通常也要协调派出所维持现场秩序，对于因死亡导致家庭困难的需要民政部门救助，涉及损害赔偿的需要协调司法部门进行调解，如果死者家属难以接受调解结果则需要协调村级组织或者与死者家属关系比较好的朋友开展劝说工作，等等。

　　纠纷发生的乡土性决定了基层干部在化解矛盾纠纷时也常常要运用"地方知识"② 化解矛盾纠纷。"地方知识"既是一种乡土逻辑，更是当地村民的文化传统所系。在纠纷化解过程中，基层干部的工作经验以及村

---

　　① 朱晓阳：《"延伸个案"与一个农民社区的变迁》，载张曙光、邓正来主编《中国社会科学评论》第 2 卷，法律出版社 2004 年版，第 31 页。

　　② ［美］克利福德·格尔茨：《地方知识》，杨德睿译，商务印书馆 2014 年版，第 167—212 页。

干部向综治干部反馈的信息是熟悉"地方知识"的重要途径。基层干部在本地生活多年，对本地的风土人情也比较熟悉。即便是刚调过来的综治干部，在长期与村干部打交道和私人交往中，也能够从与他们的交往中熟悉本地的生活习惯、社会风俗、历史传统等，进而形成一个总体性的"地方知识"。综治干部通常要借用乡村社会的"地方知识"去化解争议，这些"地方知识"包括很多地方性风俗习惯、规则以及地方传统，并构成综治干部妥善化解各类矛盾纠纷的经验基础。虽然这些经验基础可以成为综治干部有效化解矛盾纠纷的前提，但是具体如何化解矛盾纠纷，还需要基层干部深入矛盾纠纷的本质，了解纠纷发生原因、当事人态度、发展演变态势等方方面面。例如，"地方知识"在纠纷当事人心目中的看法，有无必要运用"地方知识"解决，如果有必要又应该怎样激活当事人对"地方知识"的认同等，这些都要考虑进去。而在"地方知识"难以化解矛盾纠纷时，基层干部也要考虑是否借助法律手段解决以及法律手段在解决乡土纠纷的限制程度等。除此之外，综治干部还常常要深入纠纷发生的地点，进行实地调研，坚持领导与群众相结合的办法，[1] 寻找解决当事人纠纷的综合手段和办法。如果需要引入与纠纷当事人有关的社会力量参与进来或者需要相关部门和干部配合的，还应该协调村干部以及乡镇各部门综合解决。

第三节 综合治理的体制基础与实践机制

一 综合治理的体制基础

有学者认为基层政权是一种"维控型政权"，也即乡镇政府缺乏主动回应乡村社会治理需求的能力，只能运用各种策略和技术来完成自上而下的压力型任务，同时调动一切正式和非正式的力量与技术手段来应对危及乡村社会稳定的突发事件，以维持乡村社会的基本稳定。[2] 这虽从侧面反映了基层政府运作于压力型体制与乡土社会之间的处境，但不能完全反映基层政府综合解决社会矛盾纠纷的治理能力。辩证来看，如果基层政

---

① 《毛泽东选集》第 3 卷，人民出版社 1991 年版，第 901 页。
② 欧阳静：《"维控型"政权：多重结构中的乡镇政权特性》，《社会》2011 年第 3 期。

府被动回应基层社会治理的需求，那么在高压推动下，这种被动压力也会在一定程度上转为主动适应。这常常表现为，基层政府为了完成年度综治考评的任务，会根据矛盾纠纷的具体态势，运用多种手段开展矛盾纠纷的调处，从而做到"小事不出村、大事不出镇、矛盾不上交"。可以说，正是因为基层政府主动适应纠纷解决的压力，并在综合治理实践中积极地应对和处理矛盾纠纷，所以才有效地维护了基层社会稳定。那么，基层政府是如何调适维稳的目标考核压力呢？其在综合治理机制中是如何表现的呢？

（一）党政体制是综合治理的权威性资源

基层政府能够充分发挥党政体制的优势调适维稳的目标考核压力。党政体制内嵌于基层政府的人事安排中，并在基层矛盾纠纷综合治理的实践机制中发挥重要作用。这表现为，在重大矛盾纠纷解决中，通过发挥基层党委总揽全局、协调各方的作用，有利于调动和整合多方资源开展矛盾纠纷的综合治理。在基层社会中，乡镇党委领导一切，包括完成上级党委政府的中心工作和非中心工作。乡镇党委的领导体系会嵌入政府的日常工作中，并在日常工作中体现党委的工作意志，从而形成党政同一的日常工作格局和制度体系。这种工作格局和制度体系构成一种党政体制的运行模式。这种运行模式在解决乡村矛盾纠纷方面具有独特优势。通过发挥这种优势，基层党委和政府能够有效整合各方面资源处理矛盾纠纷，从而应对上级政府维稳目标考核的压力。党政体制在基层政府开展矛盾纠纷的综合治理以及维护社会总体稳定方面发挥了重要功能。

从基层政府的治理资源角度看，党政体制的嵌入为综合治理工作提供了制度性资源。一般而言，基层政府的治理资源常常涉及人、财、物等方面的常规性资源，并且越往基层，这些常规性资源似乎配置地越少，进而影响基层政府的治理能力。但事实上，从更加广义的角度看，构成基层政府权力运转的资源分为配置性资源和权威性资源。在基层，虽然人、财、物等配置性资源有限，但是权威性资源却是稳定和客观存在的，二者共同构成基层政府权力运行的条件。资源是权力得以实施的媒介，是行为在社会再生产中具体体现的例行要素。① 从某种程度上说，也可以认为党政

---

① ［英］安东尼·吉登斯：《社会的构成：结构化理论纲要》，李康、李猛译，中国人民大学出版社 2016 年版，第 14 页。

体制为基层政府开展综合治理提供了制度体制优势，使得基层政府能够组织和协调相关力量通过多种手段和方式解决矛盾纠纷，从而构成一种基层政府的权威性资源，实现了基层政府的权力构造，这为国家权力解决基层社会矛盾纠纷提供了前提。从本质上看，这种权威性资源内嵌于党政体制中，并不会因为基层政府常规治理性资源短缺而丧失。相反，正是这种党政体制的权威性资源构成了基层政府权责不对等、常规性治理资源不足的重要补充机制。由于有了这种机制的存在，无论碰到什么样的矛盾纠纷，基层政府都具有较强的应对能力。同时，基层政府能够充分发挥党政体制的权威性资源，重塑基层政府常规的权力运行。因此，基层政府综合治理的运行才显得具有体制基础和优势，从而有效地维护了基层社会稳定。

（二）党政体制为基层政府开展综合治理提供了基础

具体来看，党政体制下的综合治理工作最明显地表现为基层综治维稳工作实行党政同责。党政同责制具体体现在基层政府综合治理工作中的组织和人事安排上。一方面，从组织结构来看，2018 年以前，乡镇一级政府都设置了社会治安综合治理委员会，其成员单位包含了党政系统各个部门。这意味着，各个部门都有社会治安综合治理的职责，需要配合地方党委和政府共同开展综合治理工作。社会治安综合治理委员会下设社会治安综合治理委员办公室（简称综治办），其主要职责是在党委和政府的统一领导下，负责组织和协调重大矛盾纠纷的处理。与此同时，基层政府的综治办也是各单位、部门以及村社的考核主体。同样，各单位、部门以及村（社区）组织是综治办的考核对象，因此各单位、部门和村（社区）组织必须在综治办的组织协调下开展综治工作。另一方面，从具体的人事结构来看，社会治安综合治理委员主任一般由乡镇党委和政府的主要负责人担任，而综治办主任通常是由主管政法工作的乡镇副职领导干部担任。这意味着，基层党委和政府的主要负责人对本地区的社会稳定负领导责任，而主管工作的副职干部负直接责任。从管理学和组织社会学的角度来看，这种组织人事安排有利于提高综治工作机构的组织权威，同时也为基层党委和政府组织协调各方资源应对和处置重大矛盾纠纷提供了制度基础。正如一位主管政法工作的乡镇党委副书记所说："条块都是社会治理的细胞，综治办作为社会综合治理的管理部门，能够深入到各个部门。有了这个组织机构，出了事情，有领导全方面调度，战线都是条条的，领导小组结合条块深入各个领域。这相当于一个网，手面一提，全部都起来。"①

前文所述的矛盾纠纷也都能够生动地体现综合治理实践中党政体制运行的轨迹。如上述林权纠纷中，当 T 乡党委书记听到周村内部林权证纠纷的汇报时，敏锐地意识到纠纷事态的严重性，于是指示 T 乡综治办工作人员妥善处理。但由于林权纠纷涉及林改政策、法律等方面问题，需要县里相关职能部门支持，所以 T 乡党委书记向县里主管林业工作的副县长汇报，请求协调县林业局和司法局的同志协助乡镇党委和政府解决。T 乡党委书记高度重视这起纠纷的解决，这表明这起纠纷可能影响到社会稳定。为了综合治理这起矛盾纠纷，所以乡镇党委政府协调县林业局和县司法局，请求它们也加入到矛盾纠纷处置中。但在整个过程中，矛盾纠纷的综合治理工作主要还是由 T 乡党委和政府负责推动。对此，T 乡政府成立了由党委系统的副书记（综治办主任）、人大系统的副主席、综治干部、林业干部、蹲村干部以及相关村干部为成员的协调小组，其中党委系统的副书记为组长，主要组织和协调各方面的力量参与矛盾纠纷化解，并对接县林业局和司法局的业务指导，而小组成员则利用各自掌握的优势资源配合组长的工作。在具体工作中，小组成员在组长的统一领导下开展工作。这表现为，林业干部提供林权证颁发的政策咨询，综治部门负责答复周某胜的上访以及调解当事人的纠纷，相关蹲村干部与村干部密切掌握村民房头的思想动态以及找好与当事人关系比较好的人进行劝解。最后，上述纠纷的解决是在 T 乡党委统一的组织领导下，充分发挥党总揽全局、协调各方的作用，不断动员和整合各有关方面的资源开展综合治理，有效地控制了宗族内部之间的林权证纠纷，维护了村庄社会的稳定。

二　综治治理的实践机制

不少学者在分析基层社会矛盾纠纷化解过程时，都会谈及综合治理的方式和手段。例如，有学者认为在转型期的乡村社会，基层政府时常要处理一些"非常规性纠纷"，但既有的科层制治理模式又难以化解此类纠纷，因而基层政府常常需要采取综合治理的手段和方式。② 也有学者在具体分析"能动司法""大调解"等基层治理技术时，把它们放在综合治理

---

① 资料来源于笔者 2016 年 11 月在湖北 J 县 X 镇的访谈记录。

② 顾培东：《试论我国社会中非常规性纠纷的解决机制》，《中国法学》2007 年第 3 期。

的视野下讨论其功效。① 但总体上看，这些学者并没有从基层政府的组织行为角度全面分析基层政府如何组织力量和资源进行综合治理。

在乡村矛盾纠纷化解中，乡镇政府出面协调各个部门、单位综合运用政治、法律、教育等多种手段解决一些矛盾纠纷，目的是妥善解决当事人的诉求，维护社会的稳定，实现社会治理的目标。喻中认为，中国法治建设模式的价值目标在于"治"，而具体实现这一目标的手段在于"综治"，综治方式、责任主体以及规则体系具有多样化。② 从现实层面来讲，全国不少乡镇大都成立了社会矛盾纠纷调解中心（综治中心），这个中心主要由司法所、民政所、派出所以及派出法庭等单位派驻的人员组成，目的是应对一些突发性、群体性的矛盾纠纷。乡镇政府综治部门是组织协调机构，具体负责中心的日常建设。从整体上看，乡镇综合治理是一项重要的社会系统工程，③ 乡村纠纷的综治解决一般是由"领导挂帅""综治牵头""部门联动""社会参与"四方面力量组合。④

（一）领导注意力传递

如果纠纷引发群体性事件或者当事人上访的概率比较大，基层干部会向乡镇主要领导汇报，并在乡镇主要领导的指示下，积极主动介入纠纷的解决。甚至在纠纷当事人看来，只有找到党委政府的主要领导，事情才能有效解决。正如一位基层综治干部所说："老百姓到政府上访，许多都是直接找书记、镇长。老百姓说，在我们权力范围内解决不了问题；领导发话一言九鼎，领导发话了就好办，领导不发话就不好办。"⑤ 为什么"领导发话了就好办"？这是因为某起纠纷化解得到领导的重视，意味着该起纠纷解决具有急迫性，甚至直接关系到基层社会的稳定。在这种情况下，乡镇各个单位、部门的资源就能够容易调动，进而汇集在一起集中应付纠纷的化解。一旦纠纷受到镇里主要领导的重视，分管政法工作的乡镇领导就会主抓，纠纷解决开始进入综治解决模式的"领导挂帅"阶段。有学者认为，党政一把手在社会治安综合治理的作用主要有：运筹全局、组织

① 栗峥：《国家治理中的司法策略：以转型乡村为背景》，《中国法学》2012 年第 1 期。

② 喻中：《论"治—综治"取向的中国法治模式》，《法商研究》2011 年第 3 期。

③ 吴锦良：《"枫桥经验"演进与基层治理创新》，《浙江社会科学》2010 年第 7 期。

④ 王裕根：《法治融入乡村治理的现实困境与展望》，《理论导刊》2018 年第 6 期。

⑤ 资料来源于笔者 2016 年 7 月在湖北 J 县 X 镇的访谈记录。

协调、解决突出矛盾、政策落实保障、带头表率等。①"领导挂帅"解决矛盾纠纷，给乡镇综治办和各个部门释放了某起纠纷解决的紧迫性信号，这时乡镇综治办也会根据纠纷解决的紧急程度排上政府决策的议程。通过"领导挂帅"这种模式达到了整合乡镇各相关单位资源的目的，减少了纠纷化解过程信息不畅、各自为政的混乱现象，从而及时有效地化解矛盾纠纷。可以说，对部门资源整合度高不高，关键还是要看是否有"领导挂帅"。"领导挂帅"能总揽全局、协调各方，进而为整合各个部门资源提供前提。

在组织形式上，"领导挂帅"通过一定的组织机构来实现，也即通过召开综治委成员单位会议或者综治工作领导小组会议，部署相关任务和制定日程安排。这个机构为乡镇主要领导介入矛盾纠纷解决提供了制度渠道。在乡镇政府组织结构中，大部分乡镇的综治委主任由乡镇书记或镇长担任，而综治办主任由主管乡镇政法工作的乡镇副职领导担任，具体协调各部门推进纠纷解决。当然，并不是每一起纠纷都会有"领导挂帅"，只有那些可能引发群体性事件或农民集体上访，进而直接影响本区域内社会稳定的矛盾纠纷，领导才会"挂帅"。这是因为，乡镇政府领导对本地的社会稳定负主要领导责任，也是上级政府考评基层领导干部的重要指标。由于乡镇主要领导注意力有限，有些不需要"领导挂帅"的纠纷一般由综治干部按照综治委的议事规则常规办理。同样，"领导挂帅"并不意味乡镇主要领导对纠纷解决亲力亲为，"领导挂帅"只是释放了纠纷解决紧迫性的政治信号，它既表明了基层政府对农民反映的问题高度重视，又给基层政府综治部门限时化解矛盾纠纷传导了许多工作压力。

（二）综治办组织协调

从乡村矛盾纠纷解决的一般情形来看，流向乡镇政府的纠纷大都由乡镇综治部门牵头解决。乡镇综治办是具体负责纠纷解决的机构，具体对接纠纷当事人的诉求以及协调乡镇各个部门联合解决。通常而言，乡镇综治办着手化解矛盾纠纷是在乡镇领导批示或者指示之后，这也就意味着"领导挂帅"之后，纠纷解决进入"综治牵头"的阶段。在此过程中，乡镇综治部门起到了组织协调的功能。综治部门受乡镇党委政府直接领导，

---

① 唐绩祚：《论县级党政一把手在维护社会稳定中的特殊作用》，《湖南社会科学》1995 年增刊第 1 期。

对各部门起着组织协调作用，这种权威直接来源于乡镇党委政府的赋予，通过这种组织权威①使得各单位、部门能够组织起来，共同化解矛盾纠纷。任何团体和个人只有组织起来才有更大的力量办成事。② 乡村纠纷的解决亦如此。如果没有乡镇综治办牵头协调，那么乡镇各个部门、单位活动起来就比较零散。在具体化解矛盾纠纷过程中，组织协调功能具体表现为信息对接和资源配置两个方面：一方面，综治部门与乡镇各个部门、单位以及村级组织进行及时有效的信息对接。纠纷进入乡镇政府处理之前，有一个发生过程和首次处理结果，这些都已经自动生成了历史信息，所以需要综治部门从乡镇各单位或者村级组织去了解，进而找出纠纷当事人的核心诉求和掌控纠纷当事人的情绪，这样对于综治干部而言，才能"一把钥匙开一把锁"。综治干部只有通过及时了解矛盾纠纷当事人的信息并通告有关单位或者相关村级组织，并防止纠纷处理过程中信息不对称的难题出现，才能有效发挥综治部门在纠纷处理过程中的牵头作用。另一方面，在掌握了纠纷起因之后，综治部门的组织协调功能就表现对资源的配置。综治部门在调动各个部门、单位以及村级组织各类资源之后，有效地配置资源便是纠纷及时化解的前提。例如，有些纠纷并不是用金钱救济、办理低保等民政方面手段就能够完全解决，它还涉及村级组织利用乡土社会关系网络去说服当事人接受纠纷调解结果，而当被调动的部门资源和村级治理资源汇在一起时，乡镇综治部门就需要对各有关单位的优势资源进行协调，并根据纠纷解决过程中的实际情况合理配置，从而使各类资源的使用能够同时组合发力，尽快化解矛盾纠纷。

（三）各单位和部门配合

综治办牵头之后，乡镇相关部门需要联动，这样可以避免部门"单打独斗"局面。有些矛盾纠纷并不是政法综治部门靠法律手段能够单独解决，而是需要综治办牵头各个部门协同行动。例如，乡镇民政所本来主要负责办理农村社保、低保事宜，但由于民政所掌握了巨大的低保资源，因此在化解矛盾纠纷时经常被调动起来和政法部门联合行动，因而民政部门又被称为乡村社会综合治理的第二张安全网。因此，各个部门之间的行

---

① ［美］赫伯特·A. 西蒙：《管理行为》，詹正茂译，机械工业出版社 2016 年版，第 178 页。

② 《毛泽东选集》第 1 卷，人民出版社 1991 年版，第 17—18 页。

动需要分工配合，才能有效化解矛盾纠纷，正所谓"二人同心，其利断金"①。为使部门之间的资源能够调动起来，"部门联动"往往以做好政府中心工作的名义，通过政治动员的方式进行。"中心工作"的完成也被称为"讲政治"，这意味着如果完不成此任务则"不讲政治"，②这对政府部门来说是严重的错误。那么各个部门配合综治部门的动力来自何处呢？首先，配合乡镇政府工作是乡镇各个部门的兜底职责。由综治部门牵头处理的矛盾纠纷往往涉及地方维稳的中心工作，尽管有些部门的日常业务中不含化解矛盾纠纷的职责，但由于涉及地方政府的中心工作，因此乡镇各个部门也会配合。在配合做好乡镇政府中心工作方面，乡镇政府对各站所的考核评价占有很大的比重。这些中心工作包括综治维稳、招商引资以及精准扶贫，等等。例如，乡镇工商所是县级工商局的派出机构，在业务上受县局的领导，但是还要承担乡镇党委政府的精准扶贫和综治维稳工作，并且这些工作都纳入了乡镇党委政府综治考评的重要事项。其次，乡镇政府各个部门一般是受双重领导，各个部门虽然会受"条"上的业务领导，但又免不了受乡镇政府的"块"上的领导。乡镇各个部门之所以受到块上的制约，从某种程度上说，是因为县级各个部门与乡镇政府之间存在某种非制度化的权力半径（详见图2-1）。③如此一来，乡镇政府在非制度化的权力半径范围内，会影响乡镇站所的行动范围。因而，有些站所在制度上名义受上级业务部门的领导，但实际上受到乡镇政府非制度化的权力影响。尤其是政法各部门的派出机构，按照综治工作的"属地管理"原则要求，政法各部门派出机关都要服务于地方政府综治维稳工作。最后，综治工作是一项系统和全面的工作，各个部门既是综治委成员单位，同时本单位也有综治任务的考核要求。在乡镇一级范围内，不仅乡镇各站所有综治工作的考核要求，而且中小学校、企业、医院以及各村社也有综治考核的任务要求。也即，综治工作不仅是乡镇综治部门的事，也是各个部门、单位和村社之事。正如一位乡镇副镇长兼综治办主任所说："条块都是社会治理的细胞，综治办作为社会综合治理的管理部门，能够深入到各

---

①　鲁洪生：《细读周易》，研究出版社2017年版，第525页。

②　何艳玲：《中国土地执法摇摆现象及其解释》，《法学研究》2013年第6期。

③　张鸣：《非制度化的权力半径》，《廉政瞭望》2013年第4期。

个部门。各个部门都是综治工作的主体也是综治办考核的对象。"① 在乡镇范围内,大部分部门和单位都有综合治理任务,而乡镇综治办是考核各个单位、部门综治工作的组织机构,配合综治部门搞好综治工作也是综治考评的重要内容。因此,无论纠纷是否出自本部门或本单位,各单位和部门之间都会配合综治办处理矛盾纠纷。

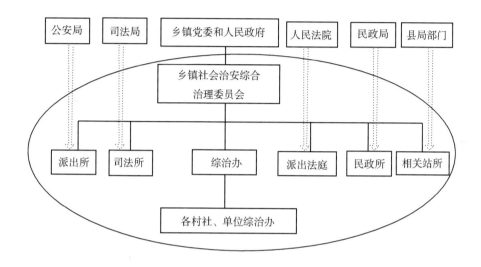

图 2-1　乡镇综合治理组织领导关系示意

（四）吸纳社会力量参与

这里的社会参与是相对于国家权威力量而言的。综合治理不仅需要政府的力量介入纠纷解决,还需要社会力量参与。就乡村纠纷综治解决而言,社会参与是就纠纷当事人所处的权力的文化网络②来讲。发生了矛盾纠纷之后,一方面可能需要综治部门积极回应,另一方面也需要寻找与纠纷当事人有关的社会力量积极参与进来。这通常表现为,与纠纷当事人有关的亲戚、朋友以及有关社会组织介入,并在心理情绪疏导以及生活未来预期等方面做工作,从而起到纠纷化解的情感修复功能。尤其是当事人不太理解国家法律和政策规定时,需要一定的法律社会工作者介入。③ 从乡

① 资料来源于笔者 2016 年 7 月在湖北 J 县 X 镇的访谈记录。
② ［美］杜赞齐:《文化、权力与国家》,王福明译,江苏人民出版社 2010 年版,第 9 页。
③ 石明磊:《法律社会工作:综合治理的重要内容》,《社会》2002 年第 10 期。

村社会本身的生产逻辑讲，这些社会工作者往往比较了解当事人的心理想法，会从讲人情、给面子、顾感情等方面去说服当事人尽快达成调解协议。这些"社会工作者"的介入能够尽快化解矛盾纠纷，防止当事人不去找基层政府"闹事"。那么这些"社会工作者"为什么愿意参与进来呢？这些"社会工作者"之所以加入到纠纷矛盾中来，一方面是基层干部利用自己的乡村社会网络关系邀请他们进来，而他们基于给面子和讲人情的乡土逻辑也会愿意尝试用自己的能力和资源去劝导。"乡土社会的人际关系和思维方式是人情和感情导向的，生活在乡土社会的乡村干部对此当然有着深刻的把握，因此他们就必须在人情和感情上做文章。"[1] 例如，有些基层综治干部以前当过村干部或者与村干部关系比较好，在村庄有一定的社会关系，在化解矛盾纠纷时就能利用这些社会关系化解矛盾纠纷。另一方面是乡镇综治部门会协调村级组织，让其找到纠纷当事人中说话比较正派的人，试图通过说话比较正派的人来感化纠纷当事人，使其接受纠纷调解结果。例如，综治部门在处理那些非正常死亡的突发事件时，由于死者家属当时的情绪很难冷静下来，往往会产生过激的行为，所以综治部门也很难跟死者家属达成有效的沟通。于是，基层干部会让村级组织找出死者家属亲戚中比较正派之人去稳定当事人过激的情绪，安抚当事人的心灵，这样才能使死者家属尽快恢复过来，接受乡镇政府综治部门协调处理的结果。在此过程中，与当事人讲法律程序，可能是徒劳的，因为在当事人心中，法律规定是比较模糊的，甚至是不可预期的。纠纷解决的突破口可能不在于法律角度，而在于从乡土社会中的人情、关系进行突破。因为，人情、面子生产了权力关系，[2] 并在纠纷解决过程中发挥了作用。甚至可以说，人情、面子和权力关系影响着纠纷解决的全过程。相比法律规定，人情、面子关系产生的权力义务不清晰，但更能为当事人提供生活的可预期性。基层干部在化解矛盾纠纷时，十分清醒地认识到这一点，因此特别重视融合权力、面子和关系资源到纠纷化解之中，并对其进行整合，从而实现社会治理的目标。

---

① 陈柏峰：《乡村干部的人情与工作》，《中国农业大学学报》（社会科学版）2009 年第 2 期。

② 翟学伟：《人情、面子与权力的再生产》，北京大学出版社 2013 年版，第 207 页。

本章总结

转型期的乡村社会矛盾纠纷日趋复杂多元，传统的简约治理模式难以回应基层矛盾纠纷治理的需要。林权纠纷案件中，不仅涉及政策层面、法律层面的问题，还涉及村庄宗族力量之间冲突与对抗的问题。这些问题之间具有复杂的关联，单一解决手段和方式难以化解。如果不处理好问题，将会影响村庄社会的稳定。正是在这种情况下，基层政府面临较大的综治目标考核压力。但是，基层政府通过主动适应纠纷产生的态势，充分发挥党政体制下的权威性资源开展综合治理，有效地维护了村庄社会的总体稳定。这种综合治理实践的机制主要是通过领导的注意力传递，并在专门组织机构的组织协调下落实到辖区每个单位、部门及相关基层干部的执行上，同时整合基层社会各种关系资源加入到矛盾纠纷中，从而顺利推进村庄矛盾纠纷的化解。

自党的十八届四中全会通过《中共中央关于全面推进依法治国若干重大问题的决定》以来，中央明确要求各级党委政府主要领导干部要增强运用法治思维和法治方式防范和化解矛盾纠纷的能力。党的十九大报告也进一步明确指出，要"打造共建共治共享的社会治理格局，加强社会治理制度建设，完善党委领导、政府负责、社会协同、公众参与、法治保障的社会治理体制，提高社会治理社会化、法治化、智能化、专业化水平"①。与此同时，中央提出坚持自治、法治、德治相结合的乡村治理格局，这意味着中央对我国乡村社会治理目标提出了新定位，对乡村社会治理方式和手段提出了新要求，更意味着乡村社会治理法治化是今后综治工作的重要方向。

---

① 习近平：《决胜全面建成小康社会　夺取新时代中国特色社会主义伟大胜利》，人民出版社 2017 年版，第 49 页。

第三章　乡村社会内在秩序的生产机制及其法治审视

《中共中央关于全面推进依法治国若干重大问题的决定》指出要"坚持系统治理、依法治理、综合治理、源头治理，提高社会治理法治化水平"[1]。这充分表明，提高社会治理法治化水平，不仅要依照法律的规定进行社会治理，也要运用法律以外的方式和手段进行综合治理、系统治理和源头治理，但最终要落到实现依法治理的目标。应当看到，我国幅员辽阔，区域自然地理特征差异显著，"东方不亮西方亮，黑了南方有北方"[2]，城乡之间、东中西部之间以及内陆和边疆之间的生活方式和风土人情存在显著差异，群众对法律的认知和信仰也存在差异。而在事实上，"中国很大、民族很多、历史很悠久、文化很丰富、地区差异很明显，这一客观事实决定了我国的法律必然也是多元和多样化的"[3]。因此，如何回应法律在乡村社会治理当中遭遇的现实困境，经验分析法律在基层社会治理当中运用的实践样态依然是摆在当前学界的一个重要问题。

当前国内学界对乡村社会的法治经验研究主要表现在基层社会的司法和执法领域，[4] 研究成果也比较多。乡村司法方面，有学者注意到中国基层司法制度与乡村地方性知识并存的态势，并从现代国家建构的角度深刻分析了法治在基层社会秩序建构中的困境。[5] 此后，学者从不同角度勾勒

---

① 《关于全面推进依法治国若干重大问题的决定》，人民出版社 2014 年版，第 27 页。

② 《毛泽东选集》第 1 卷，人民出版社 1991 年版，第 189 页。

③ 喻中：《乡土中国的司法图景》，中国法制出版社 2007 年版，第 1 页。

④ 全面依法治国表现为立法、执法、司法以及守法四个方面。在乡村社会中，蕴含着国家权力与乡村社会的深刻互动关系，研究基层社会治理法治化可以通过具体研究基层司法和基层执法两个维度来体现。

⑤ 苏力：《送法下乡——中国基层司法制度研究》，北京大学出版社 2011 年版，第 21—27 页。

了乡村社会的司法现状以及不同类型案件的治理经验，分析了不同村庄之间的纠纷类型及其解决机制，① 并阐释了乡村司法中治理和法治之间的政治动因。② 相比司法而言，乡村执法领域的研究成果则比较少，陈柏峰等基层法治研究团队在社会调研的基础上，分析了城镇规划区的执法困境、弹性执法的经验基础、城管执法的政治动因、基层派出所执法的"冲突与合作"困境以及乡村计生执法的"双轨制"模式。③ 总体上看，学界对乡村司法和执法的研究大多借助一种中观或微观的视角去分析基层社会中国家权力与民众的互动关系，深描了法治在建构基层社会秩序时所遭遇的困境，建构了"双二元司法"结构以及提炼了基层执法的"双轨制"模式概念。④ 这些研究阐释了基层社会治理和法治之间的深刻张力以及由这种张力产生的乡村社会秩序，丰富了学界对转型期基层社会结构及其复杂社会关系的认识。由于基层司法和执法机关肩负着将国家法律推向社会的职责，因此在"国家—社会"的视野下通过参与式观察司法机关和执法机关与群众的互动过程，可以具体分析国家"正式权力的非正式运作"⑤ 的一面，进而形成对乡村社会法律运行的总体判断。如果将乡镇综治部门作为考察方向，具体观察乡镇综治部门的工作实践，并可以在总体上把握法律在乡村社会治理中的功能实践，亦可以进一步加深对乡村社会总体秩序的认识。实践中，为了有效克服法律手段的局限，乡镇政府往往

---

① 陈柏峰：《乡村司法》，陕西人民出版社 2012 年版，第 22—29 页。

② 郑智航：《乡村司法与国家治理——以乡村微观权力整合为线索》，《法学研究》2016 年第 1 期。

③ 陈柏峰：《基层社会的弹性执法及其后果》，《法制与社会发展》2015 年第 1 期；陈柏峰：《城镇规划区的违建执法困境及其解释》，《法学研究》2015 年第 1 期；刘磊：《城管吸纳政治：对城管执法的一个解释框架》，《政治学研究》2015 年第 6 期；于龙刚：《乡村社会警察执法合作与冲突二元格局及其解释》，《环球法律评论》2015 年第 5 期；等等。

④ 陈柏峰、董磊明：《治理论还是法治论——当代中国乡村司法的理论建构》，《法学研究》2010 年第 5 期；陈柏峰、刘磊：《基层执法的双轨制模式——以计划生育执法为例》，《华中科技大学学报》（社会科学版）2017 年第 1 期。

⑤ 孙立平、郭于华：《"软硬兼施"：正式权力非正式运作的过程分析——华北 B 镇收粮的个案研究》，载清华大学社会学系主编《清华社会学评论》特辑 1，鹭江出版社 2000 年版，第 21—46 页。

借助一种综合治理①的方式来解决乡村社会的非常规性纠纷。综合治理的方式不仅强调法律手段解决，而且特别注重多种纠纷解决手段的有机配合，更加强调国家整合社会各类资源解决纠纷的能力。并在长期的实践中，乡镇政府逐渐形成了一种乡村矛盾纠纷的综治解决模式。

乡村社会的综治工作是观察基层社会治理运行的重要窗口。从提高社会治理法治化水平的要求来看，基层社会的综治工作是评价基层社会源头治理、依法治理、综合治理以及系统治理的重要衡量标准，甚至也可以从"国家—社会"的角度管窥法律在基层社会中运行的实际情况。因而为了全面系统地研究乡村社会秩序的生产机制，亦可结合乡村社会综治工作的实践经验进行系统分析，探求乡村社会秩序生产的一般机制。②

有学者认为乡镇综合治理是一种"做作业"与"事件性治理"并存的逻辑，并且乡镇政府在一些纠纷化解过程中呈现"应急性"特征。③ 这在一定程度上分析了乡镇综治工作的日常轨迹，但没有从整体上分析综治部门在纠纷调解过程中如何生产乡村社会秩序以及法律在建构乡村社会秩序的现实困境。也有学者认为，中国法治建设模式的价值目标在于"治"，而实现具体这一目标的手段在于"综治"，综治方式、责任主体以及规则体系具有多样化。④ 这种观点看到了法治与治理之间的手段和目标的关系，却没有注意区分城乡之间社会秩序的差别，也缺乏对乡村社会综治工作的经验分析。乡村社会司法和执法的经验研究表明，乡村社会的生产既有国家权力渗入乡村社会生活的一面，又涵盖了乡村社会自身的运行规则。综治工作是乡镇的中心工作，其承担着维护社会秩序、保持社会稳定的重要责任。因而乡镇综治工作在秩序生产过程中必然涵盖着国家权力的一面，同时也必须遵循乡村社会运行的一般规则。这种国家权力既可以通过法律的形式表现，也可以通过政治的形式体现，但作为乡村社会的内

---

① 综合治理最早被运用在社会治安与犯罪预防领域，它主要是在党委和政府的统一领导下，以政法机关为骨干，依靠人民群众和社会各方面的力量，综合运用法律、政治、经济、行政、教育、文化等各种手段，惩罚犯罪，改造罪犯，教育挽救失足者，预防犯罪，达到维护社会治安的目的。

② 王裕根：《论乡村社会的内在秩序及其生产机制》，《求实》2017 年第 8 期。

③ 欧阳静：《"做作业"与事件性治理：乡村"综合治理"的逻辑》，《华中科技大学学报》（社会科学版）2010 年第 6 期。

④ 喻中：《论"治—综治"取向的中国综治模式》，《法商研究》2011 年第 3 期。

在运行规则却是一定社会结构和文化的产物。

哈耶克从人类理性与进化的活动出发，认为人类社会生活中有一种自发自生的内部秩序存在，其行为要素有着自己的一套运行规则，它区别于国家基于特定目的进行理性设计的法律而建构的外部秩序。在他看来，"自生自发秩序的形成乃是它们的要素在应对其及时性环境的过程中遵循某些规则所产生的结果"①，国家无法基于特定的政治目的去改变这种内部秩序。关于乡村矛盾纠纷化解综合治理的社会原因和实践机制在前一章已经阐释，本章在前一章的基础上拟借用内在秩序这一概念分析乡镇综治工作所生产的秩序属性。这种内在秩序并不完全是自发自生的内部秩序，而是在综治部门协调下产生的，它含有国家意志的政治成分，也不同于国家通过立法和法律强加给乡村社会的外部秩序，因为其表现出弱法律性、强治理性特征。从乡镇综治工作的角度看，这种协调生产的内在秩序有其特殊的政治、社会乃至文化背景，表现为秩序生产并非国家机关按照立法和法律的秩序要求去建构，而是乡镇综治干部在考虑维稳的政治压力以及有限的治理资源之后，在具体社会情境中运用乡村社会的生活习惯和运行规则通过协调各方力量而产生的内在秩序。基于此，本章首先通过分析基层综治工作的实践经验，并对其纠纷化解的过程进行深描，进而提炼出内在秩序的基本特征，最后联系乡村社会治理经验，综合分析这样一种内在秩序产生的结构性动因。

第一节　乡村矛盾纠纷综合治理与内在秩序生产

维护基层社会稳定，最主要的是要及时化解基层群众的矛盾纠纷。矛盾纠纷化解是乡镇综治工作的重要组成部分。② 有些矛盾纠纷如果不及时防范和化解或者没有有效化解，可能会引发当事人上访。一旦上访到上一级部门或者越级上访，就会给乡镇党委政府综治工作考评带来不利影响，

---

① ［英］弗里德里希·冯·哈耶克：《法律、立法与自由》第 1 卷，邓正来、张守东、李静冰译，中国大百科全书出版社 2000 年版，第 63 页。

② 当然，正如前文所述，乡镇综治工作是一项系统而全面的工作，不仅包括矛盾纠纷调解，还包括接访息访、重点人群管理、网格化建设等重要工作。为了具体分析法律在综治工作中的作用，本章接下来主要从矛盾纠纷化解工作做切入口，来分析乡镇综治工作是如何参与基层社会秩序的生产。

因此及时有效地化解矛盾纠纷是基层综治干部的重要任务。尤其是要将矛盾纠纷解决在基层，矛盾纠纷化解在当地，形成"小事不出村、大事不出镇、矛盾不上交"的综治工作局面，依然考验着基层综治干部的工作能力。

下面这些案例是笔者在湖北省部分乡镇和农村调研时政法综治干部讲述过的案例，通过这些案例可以发现基层综治干部在处理矛盾纠纷时采用的方法手段，并管窥基层综治干部协调生产的内在秩序全景。

案例2：一辆摩托车和一辆电动车发生碰撞，没有发生人员死亡。其中骑电动车的人受伤了，左脚骨折。交警认定是摩托车的问题，其理由是大车碰小车就是大车的问题。受伤者到医院做检查，左肩和右肩都拍了片子，显示的是左边骨折。但是，医院认为片子显示的没有问题。一个星期后问题就出来了，骑电动车的人感觉自己左肩疼，于是去医院重拍片子，显示骨刺突出。然后，受伤者去找交警和骑摩托车的人，但摩托车的人不承认，因为一个星期以前都没事，一个星期之后却有事，不知道这是什么原因。交警到当地医院把原来的片子调出来，发现图像显示确实有问题。这样交警断定是摩托车撞的。骑电动车的人去医院扯皮，闹到院长办公室，院长打电话给综治办。事后，综治办干部和交警都来到医院，并组织双方调解。治疗花了12000元，要肇事方出5000元，但肇事方还是不肯出，于是交警就拘留了他15天。出来之后肇事方就更不愿意出钱，回家做自己的事情。受伤的人找医院扯皮，说是诊断出的问题。医院没办法又给综治办和交警打电话，交警还是觉得肇事方和医院应该给点钱，但肇事方还是不肯来。得知肇事方所在的村是综治办副主任家所在的村，于是综治办主任让副主任出面协调。副主任打电话给肇事方，让他到办公室，没告诉他什么事情，到了之后买了一瓶水给他喝，跟他做工作，同时又对医院做工作和受伤者做工作，最终达成协议，肇事方承担3000元，医院承担3000元，受害方自己承担6000元。①

案例3：潘某与李某本是邻居。李某建房时扩大了院墙的面积，结果把两家之间的一条小路给堵死了，潘某认为是李某欺负她家，于是便和李某的妻子发生了争执。李某的妻子骂了潘某几句产生了语言冲突后，潘某便从家里拿来了剧毒农药"百草枯"，并到李某家，当着他妻子的面喝了

---

① 该案例来源于笔者2016年4月在湖北省监利县X镇调研的访谈记录。

下去。后经医院抢救无效死亡。潘某家属要求李某赔偿 30 万元，并认为镇政府对这起事故也有责任，于是就找镇政府和村干部"闹"。事情发生后，镇上的书记都去医院看望了潘某，村里的干部也都去慰问过。但在具体赔偿费用上潘某家属始终不妥协，于是以把尸体停放在镇政府门口相要挟。最后镇综治部门联合村干部找到了一个中间人（这个中间人是潘某的亲戚）劝解，并交给中间人 2 万元请求以李某的名义赔偿给潘某的家属。同时综治干部找到在镇政府上班的李某弟弟，并做其工作，希望其帮助尽快平息此事，后面潘某家属接受了 2 万元的赔偿。①

案例 4：有一个 26 岁的年轻人，有心理障碍，没有谈朋友，从建筑工地楼跳下来摔死了，引发很多人围观。群众打了 110 报警电话，派出所民警过来了之后首先掌握情况，拍照保存证据，录口供，询问附近的人案发经过，对尸体进行处理，送到殡仪馆。民警考虑到可能有家属来扯皮，因为家属可能会问工地上的人为什么让他去楼上。所以，民警一方面通知村级组织到现场处理，因为村级组织更熟悉他们家的情况，另一方面报告给综治办，请求综治办通知村干部把他家族比较正派的人找来。事后家属在派出所闹了几天，综治干部和民警跟他们解释说死者有心理障碍，并且家属本身没有照顾好死者，如今人死了，只能用钱补偿。但是，家属不明事理，就是希望多赔点钱。民警劝解说："现在是法治社会，不是你闹就能得到钱，不闹就不赔钱。你们服从调解，我们就调"，最终在综治干部、民警、村干部以及中间人的协调和帮助下，赔偿了 45000 元。②

案例 2 反映的是基层群众日常生活交往中的普通纠纷，通常对于一些事实清楚、矛盾不是很大的纠纷，相关单位能够解决。但有时相关单位（医院、学校、企业以及村社等）难以协调解决，并且群众有可能上访或者发生一些突发事件，为避免担责，通常会请求乡镇综治办协调处理。案例 3 反映的是群众邻里琐事引发的纠纷，因未及时解决导致事态扩大，并到乡镇政府"闹"。③ 通过"闹"大冲击了政府办公秩序，这时综治办也

---

① 该案例来源于笔者 2016 年 7 月在湖北省咸宁市 M 镇调研的访谈记录。

② 该案例来源于笔者 2016 年 12 月在湖北省监利县 X 镇调研的访谈记录。

③ 杨华：《"政府兜底"：当前农村社会冲突管理中的现象与逻辑》，《公共管理学报》2014年第 2 期。

会出面进行协调处理。案例 4 反映综治办处理的非正常死亡案件。通常接到非正常死亡事件报告的会是乡镇派出所，但由于派出所是综治成员单位，而非正常死亡往往会引起群众围观，为了把社会秩序控制在一定范围内，通常会及时汇报综治办。然后由综治办协调各个部门和单位共同解决。通过这三个案例可以发现，在乡村社会中，综治干部处理的纠纷来源具有多元性和突发性，很多纠纷一旦涉及当事人上访、到基层政府"闹"则可能影响乡村社会稳定，综治办都要参与进来协调解决。也正因此，乡镇综治办在乡村社会秩序的生产以及重建方面发挥了重要功能。

　　但是，综治干部在化解矛盾纠纷时，并没有采用法律的方式进行处理，更多的是采用了一种人情、朋友以及中间人劝说的方式进行化解，可以说乡村社会生活的运行遵循一套固有的逻辑规则。正如曹锦清教授所言："生活走着自己的路，思维无法替它作出别的规定，只有致力于描述它，反映它、概括它，从而理解它。"① 从以上三个案例中可以看到，法律作为一种国家建构的外在秩序，在渗入乡村社会生活中，并没有完全被吸纳进来，相反在调解实用理性主导下，基层综治干部更多的是利用了"地方知识"②，成功化解了乡村社会的矛盾纠纷，在此过程中综治干部实际上参与生产了一种乡村社会的内在秩序。

　　这样一种内在秩序具有以下三个特征：一是弱法律性，这表现为基层综治干部处理的一些纠纷往往在法律上规定得不明确或者说根本不是法律所能解决的，这就决定了他们在处理这些纠纷时不能完全按照法律的规定来处理。但是，有时综治干部在处理一些无理纠纷时，也会运用法律的规定或者权威来强化综治干部工作的公正性与正当性。例如案例 4 中，综治干部面对非正常死亡人员的家属的无理取闹，策略地采用了"法治社会"话语权威进行协商处理。尽管如此，从调研的经验来看，综治干部调解处理的纠纷很少运用法律的手段进行处理，程序和结果或许很多都不合法，但却合情合理，其社会效果的影响力明显大于法律效果。二是强乡土性，这主要表现为乡村社会纠纷事由的乡土性和解决方式的乡土性。在乡村社会中，很多纠纷大都因为家庭邻里的琐事没有及时处理好而产生，许多农

---

① 曹锦清：《黄河边的中国》（下），上海文艺出版社 2013 年版，第 375 页。

② ［美］克利福德·格尔茨：《地方知识》，杨德睿译，商务印书馆 2014 年版，第 167—212 页。

民因为朴素权利观以及"尊严政治"斗争的需要①经常把事态扩大，或以到政府"闹"的方式换取更多的利益。而在解决方式上，基层综治干部往往会"对症下药""一把钥匙开一把锁"，通过给纠纷当事人讲好话、做工作，以及通过中间人的方式进行劝说，从而给当事人一个好的心理预期。这些方式都凸显了乡村社会内在秩序的强乡土性特征。三是强协作性，乡镇综治部门是一个协调部门，很多纠纷化解都是需要其协调相关单位、个人或组织解决。例如在处理一些非正常死亡案件时，为了控制事故现场的秩序以及抚慰死者家属的情绪，综治部门一般都要协同派出所、交警部门、民政办、司法所等部门进行联合处理。此外，在化解群众纠纷时，综治干部一般都会给各个当事人做工作，有时还要借助纠纷当事人的亲戚朋友去做工作，以尽快就纠纷的解决达成协议。这表明，乡村社会内在秩序的生产并不是综治干部单独能够完成的，而需要与乡村社会其他社会力量进行协作才能够完成。充分认识乡村社会内在秩序的生产具有弱法律性、强乡土性以及强协作性，构建多元化纠纷解决机制的理论基础，有助于从整体上进一步推动乡村社会矛盾纠纷的有效化解。

第二节　乡村社会内在秩序的形成机制

如果说综治工作是在协调生产一种乡村社会内在秩序，那么这种内在秩序的生产本身受基层社会关系的结构性制约。"如果要对实践活动作出解释，只有把产生实践活动的习性赖以形成的社会条件与习性被应用时的社会条件联系起来，也就是必须通过科学的工作，把习性在实践中并借助实践隐蔽地建立起来的这两种世界状态联系起来。"② 置身于基层社会生活的实践场域中分析，往往可以看到内在秩序形成的政治、社会以及文化因素。从政治上看，综治工作本身是一种压力型工作。综治维稳既是乡镇党委政府的一项中心工作，也是一项政治任务。为完成这种政治任务，综治干部必须在多重压力面前生产一种内在秩序，也因此在工作实践中总是涵盖着政治伦理属性。从社会和文化上讲，中国乡村社会目前处于一个

---

① ［美］罗伯特·C. 埃里克森：《无需法律的秩序——邻人如何解决纠纷》，苏力译，中国政法大学出版社 2003 年版，第 142—143 页。

② ［法］布迪厄：《实践感》，蒋梓骅译，译林出版社 2003 年版，第 85 页。

"半熟人社会",① 农村社会的乡土本色并没有完全褪去。综治干部作为乡村社会的一员，本身生活在乡村社会的权力文化网络中，乡土本色依然存在。再加上有些特定纠纷个案本身具有"延伸性",② 这些因素使得基层综治干部在处理具体矛盾纠纷时通常会采用多种解决手段，协调生产一种内在秩序，以实现乡村社会"治"的价值目标。

一 基层综治工作的多重压力与目标考核

作为最低一级的国家政权，乡镇党委政府直接与基层群众生产生活打交道，是国家政策的最终落实者。相对应乡镇党委政府对本行政镇区域的社会秩序负总揽全局和协调责任。这样一来，基层群众中比较突出的矛盾纠纷以及涉及群体性事件的纠纷大都由乡镇综治部门组织协调解决。乡镇政府处于国家权力的末梢，面对基层社会纷繁复杂的社会事务，乡镇综治部门在协调解决一系列社会事务时有时也会显得捉襟见肘。笔者在基层调研时，常常听到基层综治干部"权力太小、责任太大"的感慨。事实上，综治工作和乡镇其他站所工作一样，其也面临"条块"管辖中的制约，具体表现为"条"上的业务考核和"块"上的组织领导，因"条块"的制约导致基层综治干部在化解矛盾纠纷时常常有来自上级综治维稳的考核压力以及同级党政主要领导晋升考评的压力，甚至来自群众上访的压力，因而乡镇一级政权运行于压力型科层制与乡土社会之间。③

具体而言，首先，综治工作有来自上级综治部门考评的压力。基层乡镇工作每年都要接受上一级的考评，每一年考评的指标和任务都差不多，都设置了"一票否决"的事项。为了应对上级考评的工作压力，综治办必须按照上级的考评指标和任务开展工作，摸排社会纠纷，尽量做到"小事不出村、大事不出镇、矛盾不上交"，保一方社会稳定。其次，综治工作有来自基层党委政府"一把手"的压力。综治维稳工作的实绩是地方党政主要负责人的重要考核指标，其考核结果直接与晋升和提拔挂

---

① 贺雪峰：《新乡土中国》，北京大学出版社 2013 年版，第 9 页。

② M. Burawoy, "The Extended Case Method", *Sociological Theory*, Vol. 16, No. 1, March 1998, pp. 4–33.

③ 欧阳静：《运作于压力型科层制与乡土社会之间的乡镇政权——以桔镇为研究对象》，《社会》2009 年第 5 期。

钩。综治部门在处理一些上访案件时，常常面临地方党政负责人的压力，如何把当事人的诉求尽快解决并使其不再上访是基层综治部门工作的重要目标。如遇有些人直接越级上访的，乡镇综治部门还得去上级部门把人接回来。乡镇党政主要负责人对此施加的压力也比较大，并要求综治办尽快化解矛盾纠纷。最后，综治工作还有来自当事人的压力，这主要表现在综治办在调解一些民事纠纷时，需要做不同当事人的工作，使其尽快达成一个调解协议。这个调解协议必须双方当事人都接受，如果一方不接受或一方思想工作没有做好，就有可能引发当事人上访，最终还得调动体制内外的资源去协调解决。这种压力直接来源于当事人一方对调解结果不认可，在这种情况下只能反复不断地做工作。

这三个方面的压力是基层综治干部所必须面临的，这些压力的存在具体表现为在纠纷化解时采用一种异于法治运作方式的逻辑解决矛盾纠纷，进而协调生产一种内在秩序。正如一位基层综治干部所说："我管政法这段时间，实际上没有法，政府说白了，就是和稀泥，稳定大局。用人情、朋友等方式，想尽一切办法感动他，让他不上访，而不是走法律程序。哄了原告哄被告，劝回去，不来上访就行了。"[1] 这是因为，如果按照法律方式进行解决，综治干部多花的时间成本以及各类资源比较多，而用人情感动、劝说、敷衍等方式进行处理成本较小。而有些问题即便按照法律的规定能够化解，当事人也有可能因为对综治干部的处理决定不服而上访。上级有可能认定这是越级上访，因而还是会影响上级对下级的考评。上级对下级工作一般只问结果不问过程。为了把纠纷矛盾从源头上解决，稳定当事人不去上访，基层综治干部通常会采用法律以外方式进行化解。与此同时，在化解一些矛盾纠纷时，尽管有些没有法律规定，但综治干部仍会迫于维稳的压力，在解决一系列利益纠纷时考虑政治伦理处理一些事情，[2] 而不是按照法治主义原则完全不管不顾。这就决定了综治干部在化解纠纷时并不是完全按照法律程序来，建构的不是一种西方国家所追寻的法律外部秩序。而是在强调政治稳定和政治伦理下，协调各方力量以及各类社会资源进行生产的内在秩序。这种协调生产的内在秩序在乡村社会中具有明显的政治压力属性和政治伦理属性。

---

[1]　资料来源于笔者 2017 年 6 月在江西中部 Y 县 T 乡的访谈记录。

[2]　黄宗智：《中国正义体系中的"政"与"法"》，《开放时代》2016 年第 6 期。

二 综治干部的乡土本色与调解艺术

(一) 乡土本色中的人情秩序

综治干部常年生活在乡村社会中，在日常的生活交往中会形成自己对乡村生活运行规则的判断。例如，矛盾纠纷解决中怎么掌握当事人的性格、态度以及对纠纷调解的态度，矛盾纠纷解决的正确方式是什么，以及如何设置相关场景让双方能够心平气和地坐下来调解等，这些都需要经验生活规则的判断。这些判断会影响综治干部的思维，使其尽量按照乡村社会运行规则办事。可以说，尽管乡村社会的转型随着现代化发展方向不断加快，但依然存在"乡土性"一面。于综治干部而言，自身经历的乡土性规则并不会随着时代的发展而很快消退，同样，其所处理的纠纷对象也不会因为时代的变迁而去"乡土性"。相比城市中陌生人社会的交往，当代乡村的日常生活交往总会基于讲感情、顾面子、说人情等方式进行社会生产与再生产。可以说，乡土社会总体上形成了一种不同的人交往生产的人情秩序。① 不同的人交际圈不一样，其所连接的社会关系圈存在交叉，进而产生一定权力关系，于是就会有一种面子、情感的生产和交换。每个人的生活因为一次人情、面子的交换而产生未来生活交往中的同样期待。因而对于乡村社会的每一位成员而言，日常生活的感情维系以及面子生产是生活交往持续性的重要前提。

综治干部作为乡土社会的一员，也有自己的生活交际圈，表现为同村关系、朋友关系、同事关系等，这些关系有时对化解矛盾纠纷具有重大帮助。例如，在上述案例 2 中，综治办副主任利用其所在村庄的关系进行劝说，希望受害人能够做出一点让步，不要去找乡镇政府"闹"，尽快达成调解协议。而受害人基于对综治办副主任同村关系的信任而同意其对纠纷进行调解，"信任是面子的重要因素，面子的增失依赖双方当事人的地位以及各当事人相关的人物因素决定"②。于是当事人给了综治办副主任一个面子，这种面子的给予是希望换回综治干部能够公平公正甚至对受害者有所偏向地处理纠纷。也就是说，综治干部可以通过自己的交际圈为顺利

---

① 宋丽娜：《熟人社会是如何可能的》，社会科学文献出版社 2014 年版，第 237 页。
② [美] 杜赞奇：《文化、权力与国家》，王福明译，江苏人民出版社 2010 年版，第149 页。

化解矛盾纠纷提供条件。同样，纠纷当事人本身也生活在一定的生活交际圈范围内，综治干部可以利用纠纷当事人的交际圈进行调解。例如上文案例3中，综治干部通过纠纷当事人家人及其好朋友做工作，这样能够有效安抚当事人的情绪、促成当事人接受调解结果。因为不同人交际圈的存在，就必然存在交叉关系，这时化解乡村社会的纠纷往往需要通过中间人。由于中间人介入，使得本来非常僵化的矛盾纠纷打开了一个破解的缺口。

乡土社会中存在人情、面子生产与交换的规则，这些规则是乡村社会生产与再生产的前提和基础。乡镇综治干部作为国家权力的代表，既有国家"公"的一面，但作为乡村社会的一员，也有乡村社会"私"的一面。不言而喻，"公"的一面体现为他们要代表国家处理乡村社会的纠纷，维护基层社会稳定，而"私"的一面，表现为他们在化解矛盾纠纷时要遵循一套乡村社会交往规则。正是遵循乡村社会运行的某些内在规则，所以才构成乡村社会内在秩序生产的社会基础。这些社会运行的基本规则可能是一些"事实性的科学知识"[1]，而不是人的理性能够设计出来的。而综治干部因为长期生活在乡村社会中，对这些"事实性的科学知识"非常了解。也即，虽然综治干部作为国家权力代表，但不能完全按照国家理性的法律程序处理，而应该遵循乡村生活内在规则解决。在这些规则面前，综治工作常常表现出综合协调性，而不是强制执行国家法律。综治干部在处理矛盾纠纷时需要动员不同社会主体和力量积极参与矛盾纠纷化解，尽快促成矛盾纠纷解决。其中最主要的是遵循乡土社会运行的基本规则，因为只有利用这些规则才能有效化解矛盾纠纷，进而协调生产一种内在秩序。

（二）调解艺术的支撑

综治干部的乡土本色不仅体现为人情、关系以及面子的交换，更建立在综治干部熟练运用矛盾纠纷调解技巧的基础之上，从而使得乡村矛盾纠纷调解朝着"小事不出村、大事不出镇"的目标前进。可以说，在原生乡土社会人情秩序的基础之上，调解艺术潜移默化地运用与普及也在不断塑造着乡村社会内在秩序的形成。

---

① ［英］弗里德里希·冯·哈耶克：《法律、立法与自由》第1卷，邓正来、张守东、李静冰译，中国大百科全书出版社2000年版，第12页。

一般说到人民调解，往往想到其作为中国特色司法制度的制度价值和功能。并且，也有学者研究人民调解的历史发展和传承以及在司法系统中的具体应用。[①] 这些研究的特点是通过阐释新时代背景下坚持和发展人民调解传统的必要性和可行性，并在历史层面深挖调解文化传统对现代中国的影响。但总体而言，这些研究鲜见对人民调解过程的关注。而从实践层面来看，成功调解一起纠纷需要丰富的人生阅历，以及整体把握纠纷发展态势并运用多种具体策略。质言之，人民调解是一门艺术。

在乡镇党委政府的机构序列中，乡镇司法所、派驻人民法庭、公安派出所的干部都属于综治干部范围。综治干部大都需要参与调解乡村社会矛盾纠纷。笔者于 2020 年 7 月在江西崇仁县调研，其间与一个乡镇的司法所老所长交流。作为一位老综治干部和人民调解员，他时常提起调解纠纷的五字功：排、调、巧、度、廉。这五字功是他做调解员 35 年来的经验总结。在他看来，有人的地方就有纠纷，从他在第一个五年普法规划做司法工作起，他就开始调解农村矛盾纠纷。经历过大大小小的矛盾纠纷调解，其主要经验浓缩在这五个字之中。这五个字看似非常简单，但表达了许多首尾相接、环环相扣的经验性东西。

首先是"排"。"排"主要有以下三个方面的含义：一是排查矛盾纠纷产生的原因。任何一个纠纷并不是无缘无故地产生，有效排查矛盾纠纷产生的原因是化解矛盾纠纷的前提条件。乡村社会的矛盾纠纷产生往往具有"延伸性"，很多矛盾纠纷产生的偶然因素当中有必然因素。例如祖业权方面的纠纷，有些涉及历史性遗留问题，并不是依靠现代法律体系就能够解决。解决历史遗留问题还需要仔细梳理双方当事人的核心诉求及纷争产生的原因。二是通过排查可以了解矛盾纠纷产生的发展趋势，进而有针对性地采取措施提前防范，防止发生群体性事件。在宗族型村庄中，有些矛盾纠纷看起来是个人与个人之间的，但实际上是宗族和宗族之间的矛盾纠纷，有些甚至是一些历史积怨。例如，有些家庭仗着自己人多（儿子、兄弟）势众经常欺负相对弱势的一方，相对弱势的一方往往不服输常常进行反抗，这种情况发生矛盾纠纷后，如果不及时采取有效措施进行控制，将引发群体性事件。三是了解矛盾纠纷双方当事人家庭或者亲戚朋友

---

① 廖永安、王聪：《人民调解泛化现象的反思与社会调解体系的重塑》，《财经法学》2019年第 5 期。

中说话有威望的人，为后续双方达成调解协议或者握手言和提前准备。在乡村社会，一个家庭或者家族当中总有一两个人说话比较有威望的人或者干事创业比较有名的人，这些人可能是家族中年龄较大的族长或者在县城机关单位做领导干部，他们在矛盾纠纷调解中能够起到劝解说和的功效。

其次是"调"。在"排"完之后就要开始调解。"调"的过程中主要针对双方当事人的核心诉求进行说理。说理当然包括讲法律、人情和伦理。不过，"调"的过程中，最重要的是要做到耳勤、嘴勤、手勤、脑勤、脚勤。所谓"耳勤"就是要耐心地倾听当事人的核心诉求，倾听其对矛盾纠纷产生的原因分析，倾听他们对纠纷解决结果的要求等。倾听的过程中，不要急于表态，要耐心倾听每一方双方当事人的核心诉求。所谓"嘴勤"就是要不停地问双方当事人的核心诉求是什么，有些当事人可能基于对方的强势不敢提出合理合法的要求，这个时候尽量通过不断提问的方式明白当事人的核心诉求。这是调解结果能否令双方当事人满意的关键。如果连双方当事人的核心诉求都没有基本满足，调解结果注定不是有效和成功的。所谓"手勤"是指在倾听和询问的过程中，需要记录当事人说的关键要点，以便在最后达成调解协议时或者撮合双方和解的过程中有个基本的参照。所谓"脑勤"就是调动自身的法律知识，以及自己对乡村社会风俗习惯、人情伦理等方面的地方性知识，充分考虑双方当事人的核心诉求并进行一个判断，判断哪方有理、哪方没有理，有理的部分的理由是什么，没理的部分的理由又是什么，这些都需要在脑海中有一个清晰的"规划图"。这个判断是指引调解顺利进行地关键。所谓"脚勤"是指调解成功后，要进行适当地回访，尤其是那些调解协议生效后没有实际履行，应该在回访过程中查明原因并采取措施进行应对。一般而言，调解协议生效后能够履行。因而"脚勤"是针对事后而言，如果调解协议能够履行，就不存在"脚勤"的问题。

复次是"巧"。所谓"巧"就是用各种调解技巧化解诉求方和被诉求方的利益冲突。这主要表现为以下几个方面：一是调动在同类群众中素质相对较高的、有一定威望的村民参与调解。通过调动他们积极参与矛盾纠纷调解，有利于破解矛盾纠纷的僵局，提高矛盾纠纷化解的成功率。二是要善于用温和的语言以及通俗易懂的语言给当事人讲道理。例如。碰到邻里关系闹僵时，可以利用通俗的俚语进行说理："邻居处得好，就像一个宝""抬头不见低头见，开门不洗脸先见面。"这些俚语在乡土社会中经常听见，在调解过程中要善于用这些俚语说服当事人。三是区分轻重缓急，运用"背靠背"的方法做工作。有些纠纷涉及的利益冲突较大，应该采用"背靠背"地方式跟当事人讲清楚利害关系，循环往复，直到双方当事人有达成调解协议的意向。

再次是"度"。"度"就是在调解的过程中，如果发现双方当事人都有意向达成调解协议，那么就要掌握火候，在适当的时候极力促成当事人进行调解。"度"有时候还表现在"调"的过程中，如果发现当事人行为严重违法需要进行严肃批评和教育时，则需要把握一个"度"，不能激怒当事人。通常而言，调解的"度"具体体现在准确判断双方当事人确实已经有接受调解协议的意向。当前期做了很多工作，并且双方当事人都有接受调解方案的意向时，这个时候就要掌握调解的"度"。但这又建立在丰富的人生阅历基础上，以及必须能够真正掌握察言悦色的本领，才能掌握调解的"度"。

最后是"廉"。"廉"就是调解的过程中需要廉洁自好，不要收取当事人的礼品，确保自身的调解行为经得起检验。如此，基层群众才愿意相信人民调解员的公正做派，下次遇到类似问题首先想到要找司法所干部进行调解，从而不断增强基层群众对法律的信任感，营造法律和社会之间的良性互动局面。

上述五个方面共同构成一个调解系统，它们之间层层相推、密不可分，各自的运行方向都是为了矛盾纠纷双方当事人朝着调解向善的目标出发。从各自的功能来看，"排"的功能在于筛选和识别有利于纠纷解决的信息；"调"的功能在于真心实意回应和解决当事人的核心诉求；"巧"的功能在于缓和紧张对立的氛围，调动纠纷以外的人缓和调解僵局；"度"的功能在于掌握矛盾纠纷当事人接受调解协议的范围；"廉"的功能主要是保证调解效果经得起检验。只有确保这些功能的正常运行，才能使得一个纠纷调解能够成功，从而使纠纷调解回归到调解的本质和制度价值。

从经验层面来看，上述五个方面并不是完全出现在任何一个矛盾纠纷。上述五个方面常常出现涉及经济赔偿方面的矛盾纠纷。有些矛盾纠纷不一定需要"调"和"巧"的运用。在不同案例中，人民调解员根据不同纠纷的紧张程度采取不同的策略和艺术，实际上反映出调解实用主义行为取向，即调解行为主要服务于矛盾纠纷得到解决这一目标。

呈现上述五个方面是如何运用的，将在经验层面丰富我们对调解价值的认识。尤其是乡土熟人社会中，许多社会生活关系并不会像现代工商社会那样陌生化、原子化，相反在乡村社会中，许多社会生活的发生和发展相对具有一定组织性和团结性。这一点在乡村矛盾纠纷产生和化解中都能够体现。在这种情况下，就需要重视调解在矛盾纠纷中的作用，并注重在实践层面运用多种调解技术。因而在实践层面就更加需要提炼调解的经验，丰富调解在实践当中的运用价值。调解的价值并不是在理论上可以证明的问题，理论上只赋予调解的一种价值判断。但在实践经验层面，通过呈现不同案例的调解经验，让调解行为本身自动呈现于纠纷化解中，此时调解的价值也就自然而然凸显了。

三　乡土纠纷个案具有本源的"延伸性"

所谓个案的延伸性是指，每个纠纷个案不单纯是双方当事人的争议或者一方当事人的问题，纠纷发生的背后有其深厚的历史背景和社会情境。不可片面地看待每一个纠纷个案产生的原因，而应该延伸开来看待个案纠纷，这样才能有效化解矛盾纠纷。这就要求，综治干部在处理具体个案时，"不仅要收集和调查个案本身，而且要将个案产生的社会脉络或情景也纳入考查的范围。其中特别需要注意的是个案的'前历史'（prehistory）以及个案平息的社会后果"①。在基层社会中，有些纠纷不仅牵涉一个人，还涉及这个人背后的家庭、宗族和村庄乃至其他可能有关的社会关系和历史传统。例如，综治干部在处理一些因跳楼自杀、医治无效等非正常死亡的案件时，首先会让派出所控制尸体，说服当事人尽快把尸体拉到殡仪馆处理，以防止日后家属利用尸体"闹"。其次以稳控死者家属情绪为目标，安抚当事人并协调各方尽快达成一个调解协议，从而恢复正常的社会秩序。因为在乡村社会中，传统上的"人死为大"的心理传统还广泛存在，如遇家庭成员死亡，其家属、亲戚朋友容易产生一种同情的心理。一旦死者家属对公安机关认定的死因不满，死者家属会纠集他们"闹"，进而可能引发群体性事件。因此，综治办会基于以往处理类似案件的经验以及当地人的社会风俗，全面摸清家属成员的心理诉求，协调相关部门进行

①　朱晓阳：《"延伸个案"与一个农民社区的变迁》，载张曙光、邓正来主编《中国社会科学评论》第 2 卷，法律出版社 2004 年版，第 31 页。

解决。

对纠纷个案的"延伸性"判断来自综治干部的工作经验以及村干部向综治干部的反馈。基层综治干部在本地生活了许多年，有的甚至有村干部任职的经验，对村庄范围内的乡土人情比较熟悉。有时在化解村级层面或者村内小组之间的纠纷时，也会根据村干部以及村内历史传统去分析纠纷争议产生的历史原因，这就需要村干部或者地方精英对纠纷的历史经过进行说明，并借用乡村社会的地方知识去化解纠纷双方之间的争议。这些地方知识包括一些地方性风俗习惯、规范以及地方传统，[1] 它们构成综治干部有效化解矛盾纠纷的社会基础。例如，综治干部在处理两个村小组之间"认老业"，以及林权、水权争议问题时，会发现这些争议标的可能在法律上完全没有规定或者规定得不明确，但涉及村庄内部的利益分配问题时则必须谨慎处理，否则可能引发一些村民集体上访或者群体事件。对待这些纠纷，综治干部在纠纷解决过程中，会注意特定纠纷个案的"延伸性"，坚持走群众路线，开展调查研究，坚持领导与群众相结合的办法，[2] 并在尊重历史传统和立足现实需要的情况下，适当考虑当事人的心理诉求，调动与当事人有关的社会关系和力量，协调村干部和乡镇各部门综合解决涉农纠纷。

在乡村社会，由于纠纷个案的"延伸性"，决定了其处理起来并不像城市社会那样依法律程序处理一般的合同侵权纠纷案件。乡村社会纠纷案件的"延伸性"，体现了乡村社会治理的特殊维度，如果完全按照法律设计的普世的法治程序，那么就会忽视纠纷发生的社会情境以及纠纷处理的社会效果。如果综治工作忽视其治理的社会效果，那乡村社会秩序就可能是一种强制建构的外在秩序，这将完全忽视乡村社会内在秩序的生产与再生产。因此，为了实现综治工作"治"的目标，基层综治干部往往会考虑纠纷个案的"延伸性"，从个案发生的实际出发，运用一系列地方知识协调解决，以恢复乡村社会的内在秩序。

由上可知，乡镇综治干部在处理矛盾纠纷时生产了一种异于法治建构的内在秩序，这样一种内在秩序是基层综治干部协调生产的，具有强乡土

---

① 王铭铭：《村落视野中的文化与权力：闽台三村五论》，生活·读书·新知三联书店1997年版，第149页。

② 《毛泽东选集》第3卷，人民出版社1991年版，第901页。

性、弱法律性以及强协作性的特征。通过分析基层社会的结构要素可以发现，这样一种内在秩序是由综治工作的多重压力、综治干部的乡土本色以及纠纷个案的"延伸性"等因素共同作用的产物。其中，综治工作的维稳压力是内在秩序生成的外在动力，而综治干部的乡土本色及其调解艺术支撑构成内在秩序生成的内部支撑，再加上乡土纠纷个案的"延伸性"客观上决定了内在秩序生产的限制条件。由此可知，乡镇综合治理生产的内在秩序由外在动力、内部支撑及相关限制条件综合而成。

第三节　乡村矛盾纠纷综合治理的限度与法治改革

当前，我国目前处于转型社会时期，基层群众法律观念以及基层干部的法律素养不高，基层群众矛盾纠纷的"乡土性"在一定程度上还长期存在，这就决定了综治工作协调生产的内在秩序还长期存在于广大乡村社会中。但也应该看到，这种内在秩序生产过程也存在着一定限度，尤其是在全面推进依法治国的新时代，如何将这样一种内在秩序的生产融入更多法治元素，使其生产和运行逐步纳入法治轨道，进而在基层社会治理中从根本上和源头上化解乡村社会矛盾纠纷，这个问题的解决关系到基层社会治理法治化水平提高以及法治社会建设的顺利推进。①

一　乡村矛盾纠纷综合治理的限度

一方面，基层政府主要领导为了维护基层社会稳定，在动员和整合多方力量和资源综合化解矛盾纠纷时，容易忽视法治的作用，导致维稳目标"泛政治化"。法律具有定分止争的功效，也是社会治理过程的重要方式和手段，在维护社会稳定方面具有重要作用。在综合治理的实践中，法律手段只是作为多种手段方式中的一种，其要求程序性、公开性、参与性。而实践中，尽管基层政府通过综合治理能够整合多方资源处置矛盾纠纷，但容易忽视矛盾纠纷处置过程中的程序性规定，从而导向一种"重结果轻过程"的治理思维。一位综治干部这样总结道："任何矛盾纠纷，当事人想解决问题是目的。只不过在解决的过程中，夹杂着个人情绪、以自杀

---

① 王裕根：《基层矛盾纠纷的综合治理及其法治化改革》，未刊稿，2021 年 9 月 24 日。

相威胁、打着专业维权的幌子甚至利用黑恶势力来威胁基层政府。"① 这意味着，如果基层政府没有正确把握群众内部的矛盾纠纷性质，把一切非政治问题都视为维护稳定的政治问题，那么会导致综合治理"泛政治化"。这具体表现为，基层政府主要领导在应对一些重大矛盾纠纷或者群体性事件时，如果仅仅为了维护社会稳定的需要，那么就有可能错失把政治问题、政策问题引向法律技术处理的机会，忽视法治在维护基层社会稳定中的作用。甚至在具体实践中如不能仔细辨别矛盾纠纷中法律问题、政策问题、政治问题之间的交叉与重叠部分，那么就不能收获长久之效。

另一方面，基层政府不善于把法治手段和其他手段结合起来，可能导致法治的应有功能得不到有效发挥。在全面推进依法治国的时代背景下，虽然基层政府逐步提高了法治意识，但如果不能有效结合其他手段，也可能导致法律手段不能有效发挥作用。综合治理虽然强调法律手段与其他手段结合使用，但是基层政府主要领导基于结果导向的逻辑，可能并不会考虑把法律手段和其他手段相结合，甚至也不会考虑法律手段在维护基层社会稳定中的长久效果。在这种情况下，有些矛盾纠纷涉及法律问题本可以通过司法途径处理，却转向了基层政府综合治理。而基层政府的综合处理过程，如果不太注重法律手段和其他手段有机结合，就会导致群众更加依赖基层政府而不是司法部门解决矛盾纠纷，这进一步加大基层政府应对各种矛盾纠纷的现实困境。当前，随着信息科技手段地发达，群众表达诉求地渠道更加网络化和科技化，如果基层政府采用综合治理的手段和方式比较陈旧，跟不上基层矛盾纠纷发展演变趋势，不能有效结合法律手段和其他手段，同样也会导致基层政府在处理矛盾纠纷时面临更多困境。

二　法治融入基层政府综合治理实践的可能路径

从整体上来讲，乡村纠纷解决的综治模式迎合了乡镇政府解决绝大多数矛盾纠纷的需要，维护了社会稳定，实现了社会治理目标。采用这种方式也契合了中国古代"治"的目标，正如"礼以道其志，乐以和其声，政以一其行，刑以防其奸。礼、乐、刑、政，其极一也，所以同民心而出治道也"②。不可否认的是，任何一种纠纷解决方式都有自己的局限性。

---

① 资料来自笔者 2017 年 8 月在重庆市涪陵区某镇的访谈记录。

② 孟建安、苏文兰：《中国文化概论》，暨南大学出版社 2016 年版，第 20 页。

乡镇政府在运用综治模式化解乡村纠矛盾纷过程中，有时为了维护社会稳定会容忍当事人的一些不合理纠纷诉求，正所谓"花钱买平安"。甚至有时基层干部不顾纠纷本身的实际，对纠纷当事人有偏袒，用自己的意志代替纠纷本身的是非，这大大影响了农民对基层政府权威的信任。正如有学者指出，领导的介入虽然达到了资源整合的目的，但在化解具体矛盾纠纷时，由于受迫于纠纷当事人争夺各种诉求的具体情势，领导的决策会表现为"反法制性"。① 因此，在全面把握乡镇政府综合治理的一般模式之后，更应该清醒地认识到，全面推进基层社会治理法治化、提高基层社会治理法治化水平，仍然还有很长的道路要走。

转型期的中国乡村社会发展处于传统向现代的交叉过渡中，现代社会的理性逻辑不断冲击传统乡土社会。乡土社会的传统价值生产不断褪去将导致乡村生活关系日益理性化，乡村社会的秩序调整越来越需要法治。法治是治国理政的基本方式，现代法治为国家治理提供了良法的基本价值，也提供了善治创新机制。② 在全面推进依法治国时代背景下，提高基层社会治理法治化水平对基层社会的综治工作提出了新的制度要求。如何将法治思维和方式融入基层社会综治工作是今后基层社会综合治理改革的重要方向。党的十八届四中全会通过的《中共中央关于全面推进依法治国若干重大问题的决定》明确提出，各级党委政府主要领导干部要增强运用法治思维和法治方式化解矛盾纠纷的能力。党的十九大报告则进一步明确指出，"要打造共建共治共享的社会治理格局，加强社会治理制度建设，完善党委领导、政府负责、社会协同、公众参与、法治保障的社会治理体制，提高社会治理社会化、法治化、智能化、专业化水平"③。这意味着中央对乡村社会治理目标有新的定位，对基层社会治理方式和手段提出了新要求。

结合基层政府综治机制运行的实际，从基层政府的行为选择来看，未来提高基层社会治理法治化水平可从以下三个方面着手：

第一，要以法治目标考核为导向，正确评估重大矛盾纠纷处置的效

---

① 陈柏峰：《农民上访的分类治理研究》，《政治学研究》2012 年第 1 期。

② 张文显：《法治与国家治理现代化》，《中国法学》2014 年第 4 期。

③ 习近平：《决胜全面建成小康社会　夺取新时代中国特色社会主义伟大胜利》，人民出版社 2017 年版，第 49 页。

果。既有的维稳目标考核体系，一般侧重于重大矛盾纠纷处置的结果评价，也就是说无论采取什么手段，只要维持了社会稳定，就不会得到负面考评，这不利于基层政府领导运用法治手段解决矛盾纠纷。法治手段通常是按照程序规则进行，注重纠纷解决的过程参与性，如果采用法律手段处理，虽然时间成本会很高，但其治理手段具有公开性和公平性。然而，上级政府的考评体系具有结果导向性，基层政府领导在考虑晋升压力的情况下，往往可能忽视法律手段的运用，只注重稳定效果。为此，应健全综治维稳效果的评估体系，正确区分法治维稳和非法治维稳的指标，并设置不同的考核权重，积极引导基层政府利用法律手段和方式化解重大矛盾纠纷。唯有此，基层政府在化解重大矛盾纠纷时才会选择法治方式进行。

第二，激活基层政府法律顾问的作用，推进基层政府在化解重大矛盾纠纷时决策科学化和法治化。当前，不少基层政府都聘请了律师、法学专家作为法律顾问，但实际上没有发挥什么实质作用。大部分基层政府聘请法律顾问主要目的是应付上级政府对基层法治政府建设的考核，多流于形式。为充分发挥基层政府律顾问的积极作用，应从管理、考核等方面解决基层政府法律顾问的报酬激励问题，让法律顾问在基层法治政府建设中发挥实质性作用。现实中，基层政府的主要领导在接到重大矛盾纠纷和事故报告后，难以全面认识矛盾纠纷的性质，以至于在考虑维护基层稳定的情况下，难以按照正常的法律程序办事，而其中的关键环节在于决策非程序化和法治化。如果引入政府法律顾问参与基层政府重大矛盾纠纷调处，不仅可以使政府的决策更加理性化和法治化，也有利于基层干部逐步培养用法治思维和法治方式防范与化解重大矛盾纠纷的能力。

第三，加强基层公务员队伍的学习，不断提升基层社会治理法治化的水平。首先，基层干部应该学习基本的法律知识。基层公务员队伍经常与群众打交道，不少基层干部队伍法律素质还不是很高，遇到群众内部的矛盾纠纷时不能正确区分是法律问题还是政治问题。通过学习法律知识，让基层干部能够正确区分法律问题和道德问题、法律问题与政治问题，逐步使法治力量在基层社会矛盾纠纷化解中发挥更大作用，进一步提升基层社会治理法治化水平。其次，在基层干部队伍中，基层领导干部应该带头学习法律知识，不断提高运用法治思维和法治方式化解基层矛盾纠纷的能力。只有领导干部自身在综治工作实践中注重法治思维的培养，才能激发普通干部效仿学习。最后，基层干部在学好法律知识的同时，也要多掌握最新信息科技手段，更好地了解矛盾纠纷发生的事实，从而更好地发挥法律在化解基层社会矛盾纠纷中的作用。

本章总结

　　推进多层次领域的依法治理，需综合运用法律手段与法律以外的手段，并坚持系统治理、依法治理、综合治理、源头治理观念。本章结合乡村社会综治工作的实践，对乡村社会秩序的生产机制进行分析之后发现，乡村社会的内在秩序存在着弱法律性、强乡土性、强协作性三大特征。置身于基层社会的实践场域中分析，往往可以看到内在秩序形成的政治、社会以及文化因素，政治上是受基层综治工作的多重压力与目标考核影响，社会和文化上是由于综治干部身处一个仍然具有一定乡土本色的乡村社会，在基层矛盾纠纷个案"延伸性"作用下，综治干部在处理矛盾纠纷时需要采取多元化的矛盾纠纷调解方法，从而协调生成一种乡村社会内在秩序。然而，这种内在秩序在全面推进依法治国的时代背景下，也存在着一定的治理局限，即往往忽视或未能有效发挥法治手段的作用。为此，需要尝试构建法治融入基层政府综合治理实践的路径：首先要立足基层政府综治机制运行的实际，以法治目标考核为导向，评估矛盾纠纷处理效果；其次要从源头上激活基层法律顾问的作用，推进基层政府决策科学化、法治化；最后要提高基层干部的法律素养，增强基层干部的学习能力。如此，才能逐步实现乡村矛盾纠纷综合治理的法治化改革。

第四章 乡村矛盾纠纷信访化解
法治化及分类治理

新时代背景下，面对乡村矛盾纠纷新形态和新特征，基层政府依法回应基层群众利益矛盾纠纷的能力有限，再加之基层群众在遇到问题时"信访不信法"观念还没有根本转变，以至于农村社会中很多矛盾纠纷化解可能流向信访渠道。在此过程中，基于维护基层社会稳定的考虑，信访渠道常常发挥了基层社会矛盾纠纷化解的兜底功能。党的十九届四中全会指出，"坚持和发展新时代'枫桥经验'，畅通和规范群众诉求表达、利益协调、权益保障通道，完善信访制度，完善人民调解、行政调解、司法调解联动工作体系，健全社会心理服务体系和危机干预机制，完善社会矛盾纠纷多元预防调处化解综合机制，努力将矛盾化解在基层"①。因此在新时代背景下，进一步将农村矛盾纠纷化解的信访工作机制纳入法治化轨道，并切实有效回应农村各种矛盾纠纷解决的需要，是推进法治乡村建设的重要环节。基于此，本章首先对信访法治化的内涵进行理论阐释，其次对信访法治化的基本要求也即依法分类治理信访矛盾纠纷和利益诉求的实践困境进行具体分析，进而深入研究依法分类治理中的内在矛盾和张力，最后结合实践提出破解依法分类治理困境的思路。

本章认为，推进信访法治化是建设法治社会的重要要求，也是推进法治乡村建设的关键环节。其中，依法分类治理信访诉求又是推进乡村矛盾纠纷信访化解法治化的重要制度理念。②但在实践中，依法分类的界限和

---

① 《中共中央关于坚持和完善中国特色社会主义制度 推进国家治理体系和治理能力现代化若干重大问题的决定》，2019 年 11 月 5 日，http：//www.xinhuanet.com/politics/2019-11/05/c_1125195786.htm，2022 年 2 月 14 日。

② 王裕根：《依法分类治理信访诉求：实践困境、内在张力与优化路径》，《理论导刊》2020 年第 2 期。

标准存在模糊性、法治体系与群众生活诉求的非对称性以及基层领导干部较弱的依法治理能力等现实问题困扰着依法分类治理的制度理念实现。而信访工作机构的科层化运作与群众信访诉求的平面化生成之间的矛盾，以及法治系统与群众日常生活诉求之间的矛盾深刻揭示了依法分类治理面临的实践困境。进一步深入理解这种实践困境产生的根源可以发现，依法分类治理信访诉求本质上反映了信访工作中政治与行政的内在张力。要缓和这种内在张力，需要结合基层信访工作实践创新工作机制。优化依法分类治理信访矛盾纠纷和利益诉求的工作实践，可在党政体制基础上建立信访诉求化解的联席会议制度，并立足于信访的社会治理功能定位，采用"先调后导"的工作模式，坚持走群众路线，发挥"情感治理"优势，并逐步吸纳法律精英人士参与依法分类治理实践，进而有效实现依法分类治理信访诉求的制度理念。

第一节　信访法治化的科学内涵

一　理解乡村矛盾纠纷信访化解的三重视角

信访制度是一项具有中国特色、历史渊源久远的治理制度。信访制度最早发端于 1951 年政务院发布《关于处理人民来信和接见人民工作的决定》，此后经历了创立和探索阶段、恢复和规范阶段以及统合和重塑阶段。[①] 中华人民共和国成立以来，我国信访制度的功能始终有政治动员和社会治理的功能。[②] 发展至今，作为中国特色社会主义制度的重要内容，信访制度的社会治理功能主要表现在纠纷解决机制替代、法律和政策协商、社会剩余事务兜底等方面。[③] 进入新时代，随着社会主要矛盾的转变，人民群众利益诉求越来越多样，通过信访渠道反映自己的诉求也越来越频繁，如何在既定的制度体系下对信访事项进行有效分流并导入相关职能部门解决，用法治化方式化解信访矛盾纠纷和突出问题，转变信访工作

[①]　冯仕政：《中国信访制度的历史变迁》，《社会发展研究》2018 年第 2 期。

[②]　冯仕政：《国家政权建设与新中国信访制度的形成及演变》，《社会学研究》2012 年第 4 期。

[③]　陈柏峰：《信访制度的功能及其法治化改革》，《中外法学》2016 年第 5 期。

机制更好地解决群众反映的问题，是推进信访制度改革亟待解决的重要课题。

《中共中央关于全面推进依法治国若干重大问题的决定》中指出，"把信访纳入法治化轨道，保障合理合法的诉求依照法律规定和法定程序就能得到合理合法的结果"①。这为实践中信访法治化改革提供了基本方向和目标定位。近年来，信访"维权"的研究范式转向"谋利"的研究范式②，学界对现实生活中复杂的信访行为及其利益关系的研究日益加深，信访的分类治理③已成为理论界和实务界的基本共识。④ 而在全面推进依法治国新时代背景下，立足于信访的社会治理功能，对信访进行依法分类已成为化解突出社会矛盾、回应人民群众利益关切的重要途径。2020 年，中央印发的《法治社会建设实施纲要（2020—2025）》明确提出，全面落实诉讼和信访分离制度，深入推进依法分类治理信访诉求。依法分类治理的目的是疏导社会矛盾和冲突，保障合理合法的诉求能够有序实现。实践当中，按照法律规定对信访诉求进行分流，对于那些能够通过法定途径解决的，导入相关司法机关、职能部门解决，保障合理合法的诉求能得到合理合法地实现，已成为依法分类治理信访诉求的基本共识。然而，依法分类治理信访诉求的实践也面临一定的困境。例如，依据什么样的法定标准进行分类？依法之后如何导入具体部门解决？有何实践困境？如何认识依法分类治理的实践困境及其内在张力？依法分类之后如何有效治理？这些都是实践中需要面对和解决的问题，而这些问题本身既涉及信访工作的本质属性及其嵌入的体制结构，也涉及信访制度改革的路径探索。

信访工作本质上是一种群众工作。群众工作讲究动员性、非程序性，这与法治的程序性、规则性相矛盾。那么，乡村矛盾纠纷信访化解法治化最为根本的就在于如何"化"。这个"化"是一个过程，也即信访工作中如何运用法治思维和法治方式化解群众的利益矛盾纠纷。在这个过程中，

---

① 《关于全面推进依法治国若干重大问题的决定》，人民出版社 2014 年版，第 29 页。

② 申端锋：《乡村治权与分类治理：农民上访研究的范式转换》，《开放时代》2010 年第 6 期。

③ 陈柏峰：《农民上访的分类治理研究》，《政治学研究》2012 年第 1 期。

④ 《依法分类处理信访诉求工作规则》（国信发〔2017〕19 号），2017 年 8 月 2 日，http：//www.gjxfj.gov.cn/gjxfj/xxgk/fgwj/zdwj/webinfo/2018/08/1534706062636624.htm，2020 年 10 月 19 日。

基层干部需要引导基层群众依法理性地表达自己诉求，注重分类治理，并且在信访行政工作中坚持法治化。然而，在现实中，很多乡村矛盾纠纷通过信访手段没有完全解决，甚至出现缠访、闹访的问题，这很大程度上归结于上述过程没有实现真正的法治化，或者在进行法治化的过程中，没有正确处理信访工作的法治化与群众性之间的关系。

如果说信访是乡村矛盾纠纷化解的重要手段，那么在乡村社会，为什么基层群众愿意通过信访手段化解矛盾纠纷？如何看待信访的群众工作属性及背后的政治内涵？回答这些问题，可以从以下几个视角进行分析。

（一）党群关系视角

在基层政府运行过程中，基层党委领导一切。但在具体运行过程中，党委书记（领导）有很多事情要处理。而具体负责处理信访工作的基层干部既需要处理领导交办的任务，还需要处理本职业务工作，也没有太多精力去顾及群众工作。在这种情况下，干部有限的精力不能应对复杂的群众工作。群众工作的复杂性表现为群众的信访诉求在很大程度上并不能在法律上得到确认和回应，很多事情即便是基层干部想遵照法律程序进行解决，但是上访人（群众）并不会依照法律程序进行。实际上，在基层社会，群众事务的不规则性与法律程序的程式化存在一定张力。因此在实际工作中，要有效化解基层群众矛盾纠纷和回应群众利益诉求，只能依靠有丰富经验的干部做群众工作。而在信访矛盾纠纷化解中，调动有丰富经验的干部和动员其他社会力量开展群众工作，则需要党委领导重视。只有领导重视，化解信访矛盾纠纷的群众工作程序才能有效启动。也就是说，信访工作的化解需要领导启动群众路线。在这个过程中，党的领导和群众工作方法相结合，并且化解矛盾纠纷主要不是依靠法治，而是依靠政治权力资源和社会力量相结合。当矛盾纠纷得到有效解决，并且群众能够通过上访解决问题或从上访过程中有所获利，那么也会形塑普通群众对信访路径依赖的法治观念。这种观念直接影响了基层群众在遇到矛盾纠纷或者利益诉求时，首先想到的是非法治手段而不是法治手段。因为上访群众会认为，其他群众也是通过上访解决问题的，走法律程序只是基层政府一个不想解决问题的推脱。久而久之，基层群众对基层政府那种非法治化、人格化的解决利益诉求方式具有路径依赖。而为了维护基层稳定和通过上级信访考核，基层党政领导干部会对基层群众的各种利益表达手段做出一定妥协。同样，群众也会利用上访的各种方式和途径进一步谋利或者表达利益诉求。

（二）干群关系视角

群众的诉求需要干部去回应。为了回应群众的诉求，干部首先就必须了解群众的心思、想法以及心情，之后才能有针对性地做好群众工作，回应群众的利益关切。在此过程中，革命时期形成并在改革时期发展成熟的群众路线是化解基层群众矛盾纠纷的重要法宝。然而就目前的信访工作而言，群众反映问题到政府信访部门，信访部门再转到各个行政部门，各个行政部门答复后再由信访部门答复群众，这实际上是一套科层体制的工作流程。这种行政化的处理流程忽视了信访工作的群众性，也即，信访工作具有政治性。如果在处理信访问题时没有注意到群众性，并用群众路线的方式去化解信访矛盾和冲突，那么信访工作只会成为基层政府运作的负担。而在现实中，基层干部虽处于基层社会中，熟悉群众生活，但精力总是有限的，除非有较强的激励，否则工作中并不会走群众路线。一旦脱离群众，那么干部处理信访问题的心思始终是"悬浮"于具体问题之上，因而无法有效处理信访矛盾纠纷。

基层干部的"悬浮"心态与整个基层政权"悬浮"于基层社会之上有关，归根结底是因为基层干部的工作环境以及政府的运行环境区别于过去的时代。取消农业税后，乡镇政府不从农民手中收取农业税以及"三提五统"费用，乡村干部与群众打交道的次数与频次越来越少，干部与群众的关系日益疏离。关系疏离最集中地表现为干部与群众之间的信任感不断下降。在此背景下，一旦群众有什么问题就会找到基层政府解决，这也就是为什么取消农业税后，农民上访的数量不降反增的原因。[①] 例如，据湖北省宜都市 X 村信访专办人员介绍，信访高峰期一般在重大项目实施期间；或者启动拆迁之时；或者低保复查的时候。上访的方式是线上和线下结合，一年有 80—100 件，其中线上的占一半。上访的类型按上访理由可分为：无理上访；有理上访；上访人有理，但不属于本地管辖范围的情形。按上访人数，可分为个体上访和群体上访。此外还存在反复上访和越级上访的情形。乡镇干部也指出，现在的民众上访的原因有：第一，民

---

① 贺雪峰：《国家与农民关系的三层分析——以农民上访为问题意识之来源》，《天津社会科学》2011 年第 4 期。

众期待越来越高，对政策一知半解，断章取义，接收到的信息也都是碎片化的，导致他们对一些政策产生误解，最后引起上访。第二，上访渠道越来越便捷，民众在疫情期间，"奶粉没了，尿不湿没了"这样的问题也会提。①

但是，政府治理信访矛盾纠纷或回应具体利益诉求的群众基础没有取消农业税之前那么深厚，很多时候在化解上访问题时，领导常常用各种非正式的手段进行处理。有时候会为了维护一时的社会稳定而牺牲政府的治理权威，甚至进行利益输送和妥协。殊不知，这实际上是为紧张的干群关系进一步张开了裂口，因为一旦政府撕开口子，实际上创造了每个群众只要有问题就会向基层政府伸手的平等机会，以致基层政府在日常管理中不得不面对许多重复上访、缠访的群众，甚至有时为了更大程度地实现自身的利益诉求，具有相同或相近诉求的上访人员会成群结队来到相关单位门口进行施压。因涉及地方稳定和上级考核，所以基层政府工作人员对可能引发群体性事件感到恐惧。基层群众也正是利用了这种心理，所以才来上访。

案例5：在湖北省宜都市X村，因某矿业公司的环境污染问题，2019年村民进行了群体上访。组织者是两个在广东搞房地产的年轻人。他们组织是因为家里的老人受噪声影响睡不着。但是村庄治保主任说他们当时想要钱，并且承诺了共同上访的村民可以获得4万—5万元的补偿。两个年轻人召集村民小组内每户的男青年，并带着这些人去找厂里，然后再找村里。事后村里进行协调先给5000元，但是厂里一直没有落实这个补偿。后来他们就去市里上访，一共出了4辆车，去了20多个人。最后市里反馈到乡镇，再到村里，村里把他们接回来，进行协调。协调的结果就是靠近厂房第一排房屋住户补偿6000元，第二排房屋住户补偿4500元，并且每户解决一个人的就业问题。②

不同于个体上访，案例5中的群体性抗争有如下特征：第一，有组织性，通过组织者能够将大家联系起来、凝聚起来。第二，人数较多，一共20多个人，几乎涉及村民小组内的所有人，有一定的影响力。第三，有正当的抗争理由，因为环境污染严重影响了每个人的生产和生活。虽然对

---

① 资料来源于笔者2020年7月在湖北省宜都市X村的访谈记录。

② 案例来源于笔者2020年7月在湖北省宜都市X村的访谈记录。

村民而言，抗争并没有解决实际的环境污染问题，就业也只是部分吸纳到企业中，但实际上是达成了一种双向妥协：通过组织聚集 20 余人直接到市里上访的行为，对基层政府的工作人员进行施压，然后基层干部为维护当地社会稳定，完成上级交代的任务，避免将原有问题扩大化，采取了妥协和退让，并为村民落实补偿；村民则是牺牲环境利益换取了个人的就业机会和经济利益。

通过上述案例可以看到的是，群体性抗争更容易引起基层政府领导的关注和重视。在这个案例中，村民通过有组织化的上访将单一问题普遍化，通过集体上访行为造势，让基层干部明晰自身诉求的迫切性。而这种采用非正式手段维护一时稳定的行为，一定程度上既有损政府部门权威又会产生一定的示范效应，不断激发其他群众通过上访解决利益矛盾纠纷甚至牟利。这使得基层干部在面对群众上访时又不可避免地将再次遇到此类的聚众上访行为，从而陷入恶性循环中，加大了基层干部的信访工作量。这反过来会促使基层干部对信访诉求"悬于"表面，倾向性地寻求"短、平、快"的处理方式，无法正确处理乡村矛盾纠纷化解的群众路线与法治化之间的关系。

（三）央地关系视角

中央制定的政策和法律需要地方去执行。而地方在执行中央制定的法律和政策时，通常会出台一些配套的法律和政策实施细则，这些细则是基层干部工作的行动指南。但是，基层群众上访依据的是中央制定的法律和政策，也就是说中央和地方之间的政策不协调客观上会成为群众上访的重要原因。由于我国是一个政治经济发展水平不平衡的大国，考虑各地经济发展、人口规模以及区位条件存在差异，所以各地可以根据本地实际制定相关法律和出台相关政策。基层群众的矛盾纠纷或利益诉求往往与地方政府执行的法律和政策有关，因此各个地方的信访问题呈现的样态不一样，治理起来难度也不一样。从这个意义上讲，国务院制定的《信访条例》规定信访"属地管理，分级负责"具有一定的合理性，因为信访事项发生的属地政府对基层群众的矛盾纠纷和利益诉求具有信息优势，能够根据具体情况进行有效处理。但是，如果基层群众对基层政府处理结果不满或者不信任基层政府，基层群众常常会以中央的法律和政策的规定为由进行"以法抗争"① 或越级上访。从这个意义上讲，信访不仅是化解基层群众

---

① 于建嵘：《当代中国农民的"以法抗争"》，《文史博览》（理论）2008 年第 12 期。

矛盾纠纷和利益诉求的常规手段，也是监督基层政府回应基层群众利益诉求的基本方式。

实践中，由于官僚系统信息发布、任务传递以及干部理解上级政府任务等方面存在偏差，所以下级政府在执行上级政府制定的法律和政策免不了产生偏差。而乡镇政府执行的法律或政策大多涉及基层群众的民生事务，并直接与基层群众打交道。一部法律和政策执行下来，免不了产生执行偏差。有些执行偏差直接涉及普通百姓的切身利益，乡镇政府处理基层群众矛盾纠纷和利益诉求的态度和形象，影响到基层群众对乡镇政府的认同，进而影响对国家的政治认同。不少基层群众认为中央政策是好的，下面执行是坏的，这体现出基层群众对乡镇政府的认同度不高，而对中央政府的认同度较高。从中央往地方看，越往下，政府级别越低，政府与民众打交道的频次和人数就越多。在政策执行存在偏差的情况下，基层民众对级别低的政府认同度越低，反之则越高。从基层到中央，各级政府所要处理的群众事务范围可以概括为一个金字塔；与之相反的是，基层群众对政府的认同度则呈现一种倒金字塔形状。

按照现行的信访处理体制，即便基层群众越级上访，但最终还是要转到基层政府处理。然而，由于基层政府治理性资源较少，治理权威日益弱化，因此基层政府不可能完全处理好基层群众上访的每一起矛盾纠纷和利益诉求问题。这就导致一种情形出现，即如果部分基层群众对基层政府处理不满，则可能长期进行上访，从而出现缠访、闹访等现象。但为了避免信访考核的"一票否决"，即使基层政府的治理资源有限且不可能处理所有信访问题，基层政府也不得不采取多种手段稳定信访人员，逐步化解上访人员的利益矛盾和诉求。这给基层群众造成一种假象：上访成为解决利益诉求和化解矛盾纠纷最为有效便捷的手段。

二　信访法治化的基本内涵

现实中，信访法治化的通常含义是信访处理的法治化。也就是说，把之前由信访处理的许多事务通过分流途径转到法治部门解决。在处理基层群众的矛盾纠纷和利益诉求时，如果没有恰当区分信访的制度功能和法律体系的制度功能，不仅造成信访制度运行负荷，也会出现法律制度体系空转情况。中央提出信访法治化改革，目的是推进法治方式和手段在信访制度运行过程中的边界点前移。但位置前移的标准不能超过信访制度的边界点，因为超过这个边界点就可能侵入信访制度的领域。信访法治化并不是说用信访的方式代替法治的功能，以及用法治代替信访的功能，更不能用法治的话语来切割信访的功能。

如果法治与信访能够发挥一定的制度功能，那么就存在一定的功能边界。二者的边界在哪里？需要什么制度衔接机制把二者的功能发挥到最大？什么时候修改和调整信访制度和法律制度？法律的核心功能与《信访条例》的辅助功能该如何配置？这些问题的解决对于实现信访法治化具有重要意义。

首先，信访难以代替法律的规则之治。虽然目前信访在剩余事务兜底、政策协商执行以及纠纷解决等方面具有重要功能。[①] 但是相比信访功能而言，国家法治型构一套规则体系，提供了社会运行的基础性规则，稳定了社会成员的基本预期。因此，乡村矛盾纠纷和利益诉求一般应纳入法治体系中解决。只有当法治体系没有办法解决时，信访的功能才应得到有效发挥。在这个意义上讲，信访和法治都是为了维护社会稳定。群众信访并不是为了挑战既定的社会秩序，应该在整体上和动态上理解群众通过信访途径反映自身利益诉求的行为。诉求得到反映并通过信访途径解决恰恰有利于基层社会稳定。但前提是信访问题得到解决并且积极引导群众理性表达自己的诉求。因此，应该反思"信访稳定"以及信访与维稳结合起来的话语模式。

其次，虽然国家建立了一套法治体系，但是法治体系并不能完全回应社会问题并且法治体系也无法解决所有问题。一方面，国家的法治体系具有建构性，它的产生和发展乃至完善仍然具有国家主义的倾向。也就是说，法律制定、修改和完善往往是政府主导和推动，这也就决定了法律规则的出台不可能完全容纳社会事务的方方面面。另一方面，社会事务的多元性和多样性以及不规则性使其无法完全纳入法治体系解决，这就决定了法治体系的局限性。而通过群众信访的方式反映和表达一定的利益诉求实际上有利于法治体系的完善。当基层政府出现政策执行偏差时，群众通过信访能够反馈到科层官僚系统中决策，并根据反馈的情况修正政策执行的方式和力度，使政策执行更加符合政策对象的实际，从而间接地实现政策目标。一旦政策执行得到纠偏，基于政策和法律之间亲缘互动，政策制定

---

① 陈柏峰：《农民上访的分类治理研究》，《政治学研究》2012 年第 1 期。

者会在法律层面进行修改和完善，进而确认政策目标所回应的社会关系。

最后，既然信访和法治各有其功能，那么在处理具体问题时不能偏废其一，同时要注意其制度边界点。一方面，不能用法治的话语来切割信访的功能。有些事务本来是政策的问题，法律的规定存在空白，这个时候基层政府不能为推诿自己的责任而推到法治体系中解决。另一方面，不能用信访的兜底功能来包揽法治事务。在基层社会中，本来有些事务可以通过法律途径解决，并且能够实现群众的信访诉求。其二，考虑到基层群众信访会影响社会稳定，基层政府常常在不区分具体事务的情况下，用政治的方式回应群众的诉求。这虽然实现了个案的利益诉求，但也引来了潜在信访户不确定的信访诉求。一旦信访诉求增加，整个科层体系无法有效应对，最终造成一种恶性循环带来了更多的不确定性。因此在信访工作中，应该具体区分哪些属于法治体系内部的事务，哪些属于法治剩余事务需要用信访进行兜底保障。通过具体分类，能够有效避免科层体系内信访容量超载的状况，同时也可有效避免信访渠道淤塞。而在具体分类的过程中，相应的信访考核体制也需要进行调整和优化。

第二节　信访矛盾纠纷依法分类治理的实践困境与内在张力

一　依法分类治理的实践困境

依法分类治理信访矛盾纠纷和利益诉求是按照现有法律规定对信访矛盾纠纷和利益诉求进行分类并导入政府部门、司法部门或者有关单位依法解决，以保障和回应新时代人民群众多元化的信访诉求得到合理合法实现的重要制度举措。依法分类治理信访矛盾纠纷和利益诉求有利于把法治方式和法治思维融入信访治理的全过程，并把法治摆在信访治理过程中的突出位置，从而不断扭转"信访不信法"的局面。从战略意义上看，依法分类治理信访矛盾纠纷和利益诉求是全面依法治国的具体体现，也是新时代建设法治社会的重要内容。法治是治国理政的基本方式，依法分类治理信访矛盾纠纷和利益诉求既是贯彻全面依法治国的重要体现，也是提升社会治理法治化水平的客观要求。

但从信访工作实践上看，当前"信访不信法"的局面依然困扰着信

访治理工作，如何将法治的方式融入信访工作并化解"信访不信法"的
被动局面已然成为依法分类治理信访诉求的重要现实问题。从信访制度的
完善来看，任何一项制度的运行都面临着与外界环境不断相互作用进而不
断革新自我的任务。因为，制度在运行的过程中会随着时代条件和环境的
变化而产生不同的治理绩效，① 如何结合新时代背景改革信访制度运行条
件，从而使制度运行的绩效保持最优状态是制度改革的重要方向。就信访
制度本身而言，通过用法治思维改革并完善制度运行的各个环节，有助于
缓解信访制度运行负荷，逐渐改变"信访不信法"局面，并最大限度地
激发信访制度的治理活力。

　　一项制度举措的设计理念需要结合现实条件去分析其实践的局限性才
能全面掌握和理解制度运行全貌。换言之，依法分类治理的制度设计理念
也需要考察信访制度运行的现实条件和环境才能全面理解这项制度理念的
合理性以及局限性。当前，随着社会转型速度的不断加快，基层社会的各
项利益格局不断调整，基层社会的任何事项都可能成为信访的事项，并且
任何信访事项都可能流向中央、省、市、县、乡各级政府。一旦各种信访
事项流入各级政府的信访部门，按照信访处理的属地管理原则，信访事项
又会逐级地转到县级信访工作机构处理乃至乡镇一级②进行包保。③ 从依
法分类治理的流程来看，考虑到县级政府的职能部门设置基本与中央政府
相一致，并且县级政府部门、司法机关有相应的法定权限处理，因此，依
法分类治理信访矛盾纠纷和利益诉求的场域主要是县域社会，而依法分类
治理的主体主要是县级信访工作机构（详见图4-1）。而从整个国家政权
体系运行的关键环节来看，国家的各项政策、法律和制度都需要县级党委
政府统筹执行，与此同时县级党委政府也承担着统筹解决人民群众诸多信
访事项的政治责任，正所谓："郡县治，则天下安。"

---

① ［美］道格拉·C.诺斯：《制度、制度变迁与经济绩效》，杭行译，上海人民出版社
2014年版，第87—97页。

② 为了便于分析，故基于县域社会的观察分析县级信访机构依法分类治理信访诉求的实践
逻辑。当然，如果区分的事项不属于县级政府职能部门或司法机关受理的事项，那么县级信访机
构还会转交到乡镇一级政府处理。按照《信访条例》规定的属地管理原则，乡镇政府对本地的
信访事项也承担着信访治理责任。

③ 田先红：《基层信访治理中的"包保责任制"：实践逻辑与现实困境——以鄂中桥镇为
例》，《社会》2012年第4期。

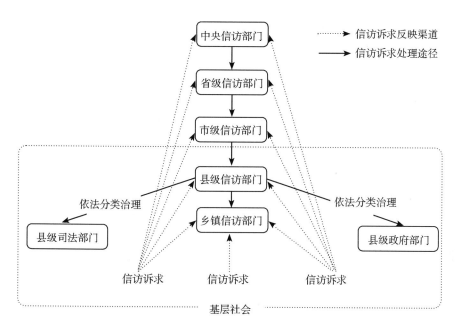

图 4-1　依法分类治理信访诉求的流程

从信访制度运行的现实层面看，根据笔者对县域信访工作的调研以及对县域治理的观察，可以归纳出依法分类治理存在以下几个方面的实践困境。

（一）依法分类的标准和界限的模糊性

从信访分类的标准上看，目前学界主要从农民上访的具体理由出发，分为有理上访、无理上访以及协商性上访。① 还可以从信访与法治的关系角度来看，可以分为政策（法律）在位性上访、政策（法律）缺位性上访、政策法律存在模糊性规定性上访。② 不过，如果根据上访理由把信访区分为有理和无理，又相对忽视了有理和无理之间的转化关系，因为同一个上访案件及其处理过程是一个动态的过程，在某个阶段是有理的，在另一个阶段又可能是无理的。同样，如果按照法律或政策既定的标准来划分，这种分类也容易做出一个预设，即所有社会事务或者所有的信访诉求都将通过法治体系解决。而事实上，基层群众的很多诉求并不能在法治体

①　陈柏峰：《农民上访的分类治理研究》，《政治学研究》2012 年第 1 期。
②　刘磊：《信访的类型化及其法治展望》，《人大法律评论》2016 年第 3 期。

系中找到对应关系。如果所有诉求并不与法治体系存在一一对应，那么信访法治化就意味着要注意法律在处理信访矛盾纠纷和利益诉求时的边界。只有真正注意到这种边界，才能实现信访法治化。

依法分类治理的前提是对既有的信访事项能够有效区分，但从现有信访机构设置的层级模式来看，区分信访事项的主体一般为县级政府的信访部门。也即，任何信访事项，一旦进入信访工作机构，首先是由县级政府信访部门进行区分，然后再转到县级相关职能部门、司法部门或者乡镇政府解决。如果按照既定部门职责依法对群众的信访事项导入相关部门解决，那么可以把现有的信访诉求进一步导入法治轨道解决。不过，从信访与法治的关系角度来看，信访手段和法治手段都是回应人民群众诉求的重要途径。一旦把人民群众的信访诉求都纳入法治轨道解决，那就意味着所有的社会事务或者所有的信访诉求都能通过法治体系解决，并且各个职能部门在化解信访问题时都有法律或者政策依据。而事实上，基层群众的很多诉求并不会在法治体系中找到一一对应关系，什么是合法的诉求？合法诉求应该导入哪个部门解决？什么是非法的诉求？什么是合理的诉求？显然，这无法完全按照法律的界定进行区分。实践中，依法进行分类并导入相关职能部门解决的界限和标准总是模糊不清。并且，许多事项需要多个部门协同解决，如果严格按照法定界限去导入职能部门解决，那么可能因部门之间相互推诿而导致问题不解决。例如，城市扬尘和噪声的信访投诉，法律体系内解决可能涉及多个部门，如果一味地按照法定程序导入某个部门解决，不仅无法回应人民群众对美好环境的诉求，也无法彻底解决实际问题，进而会弱化人民群众通过信访渠道参与环境治理的积极性。

（二）群众信访事项与既有法律体系之间存在非对称性

即便按照法律的标准进行有效区分，但法律上的规定总是与群众的社会生活诉求之间存在不协调性。虽然国家建立一套法治体系，但是用法律手段不可能完全解决群众合理的信访诉求。例如，有些困难群体的社会救助，一旦上升为信访事项，这在法律上可能并没有明确规定，且这些信访事项本身难以通过法律途径解决，但需要党和政府的政策回应。也即，既定的法治体系并不能全部回应群众社会生活的信访诉求。一方面，国家的法治体系具有建构性，它的产生和发展乃至完善仍然具

有国家主义的倾向。① 也就是说，法律制定、修改和完善往往是政府主导
和推动，这也就决定了法律规则所要调整的社会关系不可能完全容纳社会
事务的方方面面。另一方面，社会事务的多元性、多样性以及不规则性决
定了并非所有社会事务都能纳入法治体系中解决，这也就必然造成一些社
会剩余事务无法按照既定的法律标准解决。

　　而在转型期乡村社会，随着社会利益格局不断调整，村庄社会又日益
缺乏一种有效的社会控制机制来维系村庄社会运转。不少农民的诉求无法
通过村庄既有的纠纷解决渠道以及利益表达渠道得到疏解，以至于大量的
矛盾纠纷都涌向基层政府。最明显的形式有三种：一是不经过村委直接上
访到基层政府反映某种诉求；二是经过村委处理之后没有满意，然后上访
到基层政府；三是没有经过村委和基层政府而直接上访到县级以上人民政
府，但是根据信访"属地管理"原则，最终还是交由基层政府处理具体
问题。由于国家法律上的规定与群众生活诉求之间还存在不协调，并且乡
村社会利益格局的不断调整使得原先村庄中既有的纠纷解决方式无法有效
解决问题，所以当既有途径无法疏解农民诉求时，农民就开始选择上访到
基层政府。这也使得不少基层干部认为，基层政府在处理信访稳定问题时
权小责大，并且面临巨大压力。

　　从基层社会本身的结构性质来看，乡村两级干部在处理信访乃至维稳
问题时也有自己的一套方法。如在制度层面，信访考核的压力型体制、信
访的包保责任制、信访的分类治理都有助于减轻信访压力，但从信访本身
所发生的基层场域及其治理逻辑来看，化解具体诉求还是需要具体干部去
落实制度要求，进而需要考察基层干部与信访人的互动关系。然而在基层
社会信访治理过程中，基层干部与信访人进行情感交流，其解决问题时并
不全然导向利好，尤其是当基层干部的情感治理方式取得一定效果时，又
会产生路径依赖，使得原先群众信访事项与既有法律体系之间的非对称性
问题被强化。以笔者调研江西省南部某县 X 镇的信访工作为例，对于那
些重点上访人员，X 镇里面建立了村干部、镇干部、镇领导三级责任包保
制。特别是在重要节假日期间，村干部需要时刻注意上访人的流动情况以
及思想动态，与此同时镇干部和领导则需要注意防止上访人越级上访。基
层政府难以解决群众诉求，并且也不好识别群众的诉求。但在属地管理

---

① 于浩：《共和国法治建构中的国家主义立场》，《法制与社会发展》2014 年第 5 期。

下，由于层层的压力传导，迫使基层干部不得不采取一些非正式方式息访。镇里一位曾经干过信访综治维稳的干部这样说道："有些群众要去上访，我们尽量劝阻。没办法，上面压得重。有些群众不听话的，就会去上门做工作，请他吃饭，跟他搞好关系。跟他关系好了，他一般会基于朋友的面子不去上访"。① 这可以归结为一种情感治理方式，通过与上访群众讲关系、给面子的形式不断拉近基层干部与群众的关系，让群众的诉求得到表达，同时也赢得了乡村干部的理解和尊重，从而不再去上访。如果群众不去上访，意味着基层干部的工作已经做到位。如果经过情感治理方式仍然无法达到息访目的，那么乡村干部就要向领导汇报，而不是无节制地去奉承群众。大多数干部认为，许多群众跟他讲明道理之后，还是能够理解政府的处理态度，只有少数群众是例外，那基本上就属于上访"钉子户"。在"钉子户"面前讲道理、摆感情是没有太大作用的，而只能依照《治安管理处罚法》的规定进行处理。不过到这一步时，也就意味着国家法律或许在基层社会中能够真正开始运作起来，之所以说"或许"，是因为这部分国家法律并不一定是群众信访诉求中所对应的法律规范，而可能是为解决"钉子户"不断"无理上访"所采取的应急措施。

（三）基层干部用法治思维和方式化解信访矛盾纠纷的能力不足

当前，在县域社会中，法治思维和法治方式还难以有效融入基层社会治理过程中。② 维护基层社会稳定是基层党委和政府的重要政治职责。而群众信访作为综治维稳的重要事项，属于基层党委和政府维稳的重点工作。相应地，群众信访的维稳工作也是上级政府对下级政府综治考核的重要内容，有些地区甚至在信访考核方面对基层党委和政府进行"一票否决"的考核，这给基层党委和政府特别是乡镇党委和政府带来很大的考核压力。为了应对信访考核压力，基层党委政府会采用多种非正式手段对信访人进行稳控，防止信访人越级上访或者进京上访。在稳控过程中，为了实现信访考核的目标，基层领导干部常常不善于通过法治化的方式解决信访人的诉求，或者明明不是法治体系所能解决的事项，基层领导干部推到司法系统解决。

---

① 资料来源于笔者 2018 年 3 月在江西省南部某县 X 镇调研的访谈记录。

② 王裕根：《法治融入乡村治理的现实困境与展望》，《理论导刊》2018 年第 6 期。

在具体个案中可以进一步呈现基层领导干部用法治方式化解信访矛盾纠纷的能力不足问题。例如，乡村开矿往往给周边村庄生产生活带来环境污染问题，因而也会遭到周边村民的投诉和举报。村民举报一般是抽象地举报环境受到污染，至于遭到何种污染以及污染到什么程度，村民自己也说不清。以笔者在江西南部某县 X 镇调研为例，X 镇矿产资源比较丰富，所以充分利用矿产资源发展本地经济是县里经济增长的重要方式，然而在此过程中，村民投诉也越来越多。有的村民利用网上投诉，有的村民直接到县信访局投诉，有的村民甚至直接发短信给县委书记。无论何种投诉和上访方式，最终都要转到 X 镇政府处理。因为按照信访属地管理原则，基层政府常常处在信访矛盾纠纷化解的第一线，并要确保"小事不出村、大事不出镇、矛盾化解在当地"。但是，基层政府在信访矛盾纠纷化解过程中，并不是严格按照现有法律和政策对矿山企业生产所导致的环境污染问题进行治理，而是依据环境矛盾纠纷的具体样态以及矛盾利益的冲突点，进行"点血脉"式回复，而不是对问题进行全面体检和治疗。所谓"点血脉"就是通过分析上访人的诉求之后，基层信访干部抓住能够"息访"的关键点，在信访口头回复或者书面回复中进行列明，从而达到息访的目的。不过，基层政府对上访诉求牵涉的一些整体问题与核心问题并不关注，而是抓住信访人的核心诉求并在书面上给予答复，以防止当事人继续上访。下述案例反映了基层政府处理信访矛盾纠纷时如何"点血脉"。

案例 6：江西南部某县 X 镇钨矿开采给周边村庄生产生活带来环境污染，村民陈某上访到镇政府，镇政府并没有考虑污染事实是否存在，而是分析村民因什么而上访。在处理这个问题过程中，政府工作人员没有去现场调查和核实，而是依据村支部书记上报的结果进行回复，村支书告诉政府工作人员说陈某之所以去上访，是因为没有承揽到相关工程。在这种情况下，政府工作人员回复陈某的信访件中直接针对陈某的心理诉求进行"点血脉"："经查，信访人陈某想从钨矿中捞取好处，2016 年你从钨矿老板手中拿走 10000 元现金，当时与钨矿老板达成协议，不再干扰钨矿的正常生产。"①

通过上述可以看出，镇政府处理陈某的诉求并没有针对矿山企业环境

① 该案例来源于笔者 2018 年 3 月在江西省南部某县 X 镇的访谈记录。

违法行为，而是针对陈某为什么会上访的心理诉求。只有准确把握准他的心理诉求才能有效针对他的问题进行解决。很多时候，基层政府在处理环境污染纠纷时，一般都会回避环境污染纠纷的事实认定，并从稳控信访人不去上访的目的出发，提出能够制约当事人不去上访的核心理由，这也往往导致一些已经逐渐浮出水面的违法问题再次沉入水底。

当前，环境信访在某种程度上构成了农民环境维权的一个基本方式。在乡村矿产资源开发中，虽然不少农民会就近就业，但是矿山企业的就业容量毕竟有限，这就意味着很多农民没有从矿产资源开发中获取利益，从而会产生各种各样矛盾纠纷。不可否认的是，矿产资源开发会带来环境污染，并且在水资源比较缺乏的地方会直接威胁到人的生产生活。当农民投诉村委并希望村委能够反映村庄公共环境利益诉求时，村干部并没有足够动力向基层政府反映农民诉求，因为村干部可能自己从中得到了开发利益，或者村干部不想得罪矿山企业老板，所以有时候对农民诉求置之不理。对于基层政府而言，在处理农民环境上访案件时，因为矛盾纠纷发生地本身是在村里，所以在信访回复时常常会依据村主任和村支部书记意见进行回复。但是，如果某些上访事件关系到重要人物或者农民群体反应比较强烈的事情，通常要请示镇里主要领导意见，然后根据镇里面主要领导意见进行处理。然而就信访工作人员来讲，本身并不会参与事件的协调处理。尽管领导的答复比较模糊或者村干部反映的事实和意见存在虚假，但是为了减少工作麻烦，基层政府信访工作人员通常会坚持"多一事不如少一事"原则进行处理。因为相比村干部或者镇里包村干部乃至镇里主要领导，信访工作人员在处理信访人诉求方面责任相对较小，怎么去"点血脉"往往前者更有足够的动力。所以从这个意义上讲，信访回复意见大多来自村干部的调查或者领导的意见。然而就村干部或基层政府领导而言，其需要考虑的又不仅仅是污染问题，可能又涉及本村或本镇的经济发展与维稳任务，于是往往倾向于采取"点血脉"的方式解决问题，而这种解决问题的方式往往使得有关环境污染的法律法规在当地贯彻实施过程中出现短暂性"法律悬浮"，即法律在现实生活中完全未能得以实施处于悬浮状态，法律所规定的权利义务完全未能转化为现实的法律关系。①

---

① 陈柏峰：《法理学》，法律出版社 2021 年版，第 290 页。

"点血脉"式上访回复实际上反映了基层政府用法治方式化解信访矛盾纠纷的能力不足。后农业税时代，随着县乡两级财政税费改革和调整，以及国家各项惠农政策和话语在基层的实践，乡镇治理性资源以及乡镇治理性话语也日渐式微，随之而来的是各种诉求的上访人数逐渐增多，而乡镇治理性权威和相关制约措施日益减少。特别是在建设服务型政府的理念下，乡镇政府工作人员的权威性资源日益受限，乡镇干部基于自身原有的知识储备与素养只能做出最具权宜性地化解矛盾纠纷的选择，即"点血脉"式回复，这反映了基层领导干部以法治思维和法治方式解决矛盾纠纷能力还不强。如果基层政府依法解决和回应基层矛盾纠纷和利益诉求的能力与基层社会本身利益扩张的大背景存在冲突，而这种冲突如果长期得不到缓和并日益积聚，则会引发更多的长期以来积聚的社会矛盾爆发，从而引发群体性事件，影响社会稳定。可以说，"点血脉"式信访回复有其存在的优势与必然，但也一定程度上破坏了基本的法治规则。如果化解纠纷过程中长期单一采用这种方式甚至产生路径依赖，则会导致基层群众的合理诉求没有得到基层政府回应，反而会弱化基层领导干部运用法治思维和法治方式化解信访问题的能力。

二　依法分类治理的基本矛盾

上述三个方面的实践困境深刻反映了依法分类治理信访矛盾纠纷和利益诉求过程中存在两方面的基本矛盾：

一方面，信访工作机构的科层化运作与基层社会信访诉求平面化生成之间存在矛盾。信访工作机构作为各级党委政府的办事机构，起到密切联系群众、掌握社会舆情的重要作用。然而，随着社会的不断发展，信访部门在政府机构中的地位越来越凸显，信访工作机构改革之后的地位、作用也越来越明显，并日益发展为与县级职能部门一样的科层化组织。与此同时，上下级之间的信访科层结构越来越健全，信访工作机构之间的行政化和科层化也越来越明显，并且信访系统内部的技术性治理模式逐渐占据主导地位。这表现为，上下级信访工作机构之间的指标任务、考核事项相对刚性化和技术化，并日益采用信息化办公系统来监控信访信息和动态。这样一来，大量信访事项被纳入既有的科层制运行逻辑之后，往往会在体制内部的运作惯性中销声匿迹，导致信访制度向官僚主义发展。① 本来越往上级，信访工作机构的地位、职权和资源越大，其依法分类治理信访事项的权能就越大，依法处理信访事项的可能性就越大，但按照信访处理的属地管理原则，真正依法分类处理信访事项的是权力、地位以及资源都比较小的县级信访工作机构。而基层社会矛盾纠纷和利益诉求往往具有不特定性，很多信访诉求的演变也存在一定时间性和偶然性。基层社会矛盾纠纷和大多数信访诉求都是多点来源并且平面生成，这也就决定了任何一个信访诉求并非只是法律问题或者法治系统所能解决，而信访工作机构科层化运作无疑会进一步催生官僚主义的作风。于是，基层群众信访诉求生成的平面性以及信访诉求处理的科层化之间始终存在一定紧张关系。可以说，群众诉求的平面化生成与县级信访工作机构能调动的权力资源存在严重不匹配，即使通过依法分类还是难以在既有的科层化体制中予以回应。如果群众没有在基层社会化解信访诉求，那么就会涌入更高一级信访工作机构。如果更高一级信访工作机构在科层化体系内用行政压力方式转入基层处理，那么就会使得基层党委政府在处理群众信访诉求方面捉襟见肘，从而导致越来越多的群众信访诉求始终积压在基层，最终影响群众信访诉求的救济，也影响信访制度的运行效率。

　　另一方面，依法分类的法定标准与群众差异化的信访诉求存在矛盾。群众信访诉求生成的平面性，也就决定了信访诉求在既有的法律体系中很难找到一一对应关系。依法分类关键是要找到一个区分标准，这个区分标准如果以法律为界限，那么基层社会的信访诉求只有少部分能够进入法治系统中解决，并且进入法治系统解决的信访事项并不能保证群众的信访诉求得到彻底解决，因为还涉及国法与情理的冲突，这尤其表现为近年来许多涉诉信访案件的增多。但是，如果有些信访诉求没有进入法治系统解决，那么只能用信访兜底的方式解决，这又与依法分类治理信访矛盾纠纷和利益诉求的初衷相背离。然而，法治系统总是滞后于社会生活的需要，法律也不可能确认现实生活中所有的利益诉求。由此，信访部门在受理基层社会的群众诉求时，如果严格依照法定标准受理并进行依法分类和导出，那么必然造成剩余的信访诉求无法处理，如果不按照法定标准受理信访诉求，那就会导致越来越多的不合法和不合理诉求涌入信访部门。因

---

① 田先红：《信访的双重属性：政治与行政》，《秘书》2017 年第 10 期。

此，依法分类的标准和界限需要信访部门拿捏，如何拿捏标准和界限又回到了信访工作机构的职能定位上来。信访工作目标是实现社会治理。从信访部门的工作目标来看，实现社会治理的方式又不只是法律手段，这也就意味着依法分类的标准对于实现社会治理目标而言始终存在一定的局限性和模糊性，并且依法分类的标准和界限始终与群众多元化的诉求存在一定的张力，因为任何标准和界限都不可能区分所有信访诉求。

三　依法分类治理的内在张力

不可否认的是，任何一项制度运行都存在着一定实践困境，问题在于要立足于实践充分认识其本质，进而才能提出对策。依法分类治理信访诉求是在新的时代条件下结合信访工作实际而提出的重要举措，它本质上也是信访制度的自我革新和完善。依法分类治理信访诉求本质不是为了否定信访制度的社会治理功能而夸大法治的作用，而是为了改革信访制度，让制度运行的绩效最大化。不过，当法治元素融入信访工作实践中时，需要辩证看待依法分类治理的优势和劣势，尤其是内部的政治与行政的张力。

（一）依法分类治理的政治属性

在大力推进信访法治化以前，社会事务处理过多配给了信访兜底解决，而法治手段在信访事项处理过程中占很小比例，甚至可以说法治手段在信访事务处理中被边缘化。这样一来，不但造成信访制度运行负荷，也带来了许多信访困境。并且就法律体系本身而言，其制度功能没有真正得到发挥，在与社会事务接轨方面出现"空转"。现在国家提出信访法治化改革思路，实际上是在信访事项处理过程中将法治方式和手段摆在突出位置，充分发挥法治在社会治理过程的制度优势。不过，法治方式和手段的突出位置又不能妨碍信访的兜底功能。依法分类治理并不是说用法治的方式代替信访的兜底功能，也不是说用信访的兜底功能代替法治的手段，更不能用法治的话语来切割信访的兜底功能。

在具体操作中，依法分类治理信访诉求看起来只是一个法定标准问题，但实际上是一个政治问题。一方面，信访制度是中国特色社会主义制度的重要内容，在政治沟通以及政治利益表达方面发挥着重要作用。从群众立场来看，群众通过信访渠道表达利益诉求可能不一定符合法律规定，但反映了一定的政治诉求。政治诉求既可以通过法定途径实现，也可能通过法定途径以外的方式实现。依法分类只是作为实现群众政治诉求的一个手段，依法分类治理信访诉求就是要在既定法律框架下保障人民群众的政治诉求得到实现。另一方面，信访工作本质是一项群众工作，其政治本质在于群众利益诉求的表达需要在政治上得到有效回应。法治作为改革信访制度的配套措施，应该在信访制度的政治属性基础上推进。具体来看，通过依法分类治理信访矛盾纠纷和利益诉求本质上是通过法治手段来优化信访制度体系，使信访制度在回应人民群众的政治诉求、解决社会问题等方面发挥最大作用，而其最终目的是实现社会治理。因此，依法分类治理信访诉求本身具有重要的政治属性，用法治手段实现群众的信访诉求目的是优化这一政治制度。当出现依法分类治理信访诉求的制度边界时，既需要在法治体系内部进行自我调适，更需要在信访制度体系内部进行优化。归根结底，这是由信访工作的政治属性决定的。一旦认识到信访工作的政治属性，那么依法分类治理信访诉求就不是一个简单的法律问题，从而也就不能简单地用法律进行治理。

（二）依法分类治理的行政属性

根据《信访条例》第 6 条的规定，"县级以上人民政府信访工作机构是本级人民政府负责信访工作的行政机构"。从中不难看出，县级以上的信访工作机构是带有行政属性的政府机构。从现实运作角度看，信访工作机构的行政属性在依法分类治理信访诉求时主要承担了信息识别和信息传递功能。这主要表现为，县级信访工作机构收到信访事项后对信访诉求信息进行识别，看是否属于法定受理事项，确认属于信访受理事项后，然后按照依法分类处理信访诉求的要求，并依照各个职能部门的职责或者法律规定，通过科层制逻辑分流到相关部门解决。相关职能部门在一定期间内出具信访回复意见，再转到信访工作机构，并由信访工作机构转复给信访人。如果信访人不服，还可以向上一级信访工作机构申请复议。这一套流程既是法律的规定，也是依法分类处理信访诉求的必然要求。在此过程中，由于信访工作机构本身没有相关资源和能力，所以它不是解决信访诉求的行政机构。相反，经过信访部门依法导入的相关职能部门才是解决信访事项的主体，至于处理结果是否令群众满意，信访工作机构并不直接负责。同样的是，当群众的信访诉求越级到县级以上级信访工作机构，那么县级以上信访工作机构会按照科层制模式用行政压力和考核指标技术转到县级信访工作机构或乡镇政府依法分类解决，县级信访工作机构通常会按照科层制逻辑转到相关部门解决。因此信访工作机构发挥了纵向上的信息传递功能以及横向上的信息复制功能，其行政化色彩日益明显。

依法分类治理的行政化色彩还表现在导入的相关部门或者单位在各自的职责范围依法处理，并且信访工作机构在改革过程中也日益呈现出行政化色彩。看起来，在法定范围回应群众信访诉求体现了法治思维和法治方式，但现实情况是，在当前我国法律体系的规定和群众法治观念还不对称的情况下，严格依法进行处理只会进一步加强依法分类治理的行政化色彩，而不是朝着有效治理群众信访诉求的方向驶去。此外，在国家日益强调精细化和数字化目标管理的基础上，信访工作机构作为国家机构的重要组成部分，在日常的运作过程中，其与其他政府职能部门一样已然成为一个科层化行政组织。这表现为在信访工作机构的改革过程中，信访工作机构本身不负责信访事项化解，而是日益发展成为形式理性的信息传递机构。这种发展演变趋势日益显现出信访工作机构的行政化趋势，虽有助于完善信访部门的建制，提高信访工作机构依法分类治理的能力和水平，但是，如果信访部门的行政机构属性日益膨胀，那么将使信访工作机构作为群众机构的政治属性弱化。

（三）政治与行政的张力

依法分类治理信访事项的政治和行政的双重属性，决定了其运行过程中必然存在政治与行政的张力，只有通过揭示这种张力，才能找到平衡二者关系的对策。二者的张力表现为以下两方面：

一方面，依法分类之后无法有效治理。信访部门依法分类之后，剩下的问题就是怎么去有效回应信访诉求。但从目前的实际来看，信访事项分到各个部门解决，各个部门也只是在法定职责范围内去答复信访人。相关职能部门是回应信访诉求的实际主体，本来应该从问题出发，以解决群众反映的利益问题为根本，协调其他部门解决，但在现实当中，相关职能部门按照依法行政原则，在各自的职责范围内依法回复，而不太可能以解决问题为本突破法律的边界去解决本应该由多个部门协同解决的问题。然而在现实中，群众现实的矛盾纠纷和利益诉求常常难以在既有的法律体系内找到对应关系，这样一来，在依法分类治理的过程中，如果按照法治化和行政化的逻辑去回应群众的诉求，那就会弱化信访的政治利益表达功能，导致行政遮蔽政治。这里面体现地深刻张力在于，行政权力的运用没有服务于信访工作的政治属性，导致行政力量掩盖了信访工作的政治属性。本来信访工作机构是一种反官僚主义机构，但在行政化改革过程中这种反官僚主义机构被层级化官僚主义机构的目标代替，也就弱化了信访工作的政治属性。① 从这里不难看出，依法分类治理信访诉求存在政治与行政的深刻张力，在实践中如果没有对二者进行有效平衡，那么就会导致"只注重分类而没有治理"的结果。

另一方面，只注重信访诉求治理而不注重依法分类。信访工作与基层社会稳定工作密切相连。上级信访工作机构为了倒逼下级党委政府及其信访部门解决群众矛盾纠纷和利益问题，常常会制定一整套考核指标体系，目的是督促基层党委政府要打破信访工作机构和其他机构之间的信息制约，并要求以化解社会矛盾和维护社会稳定为目标导向开展信访工作。但在实践中，在压力型体制下，基层领导干部为了维护一时稳定而牺牲法治程序的情形时常存在。最为关键的是，基层领导干部的维稳能力与职业晋升激励相勾连。这样一来，就更加会促进基层领导干部以信访工作的政治目标来引导信访工作机构和相关职能部门不断突破信访诉求化解的法治边界。然而，如果上级对下级的目标考核越来越刚性，这也将导致基层党委政府在化解处理矛盾纠纷时不依法分类解决。最典型的表现为，在基层领导干部法治思维和法治方式还没有完全养成的情况下，并不能正确区分"维稳"和"维权"之间的关系，也不善于运用法治思维和法治方式缓解群众矛盾纠纷和紧张的信访诉求，这将导致依法分类治理信访诉求的行政属性几乎被遗忘。相反在实践中，一味注重信访诉求回应与治理，甚至为了满足个别群众无理要求而牺牲法治的程序意义，同时也不注重整合司法部门和相关职能部门的法治资源和力量，那么依法分类治理信访诉求的行政属性将被消解。而这种工作模式的特点体现为结果导向式，也即对待任何一个信访事项，首先想到的是怎么有效化解而不是怎么依法有效化解。依法分类治理信访诉求的前提是依法，将法治思维融入信访诉求化解的全过程，实际上从根本上决定了信访处理结果的稳定性和长期性。而在现有的信访考核体制以及干部晋升考评体制下，如果信访维稳的政治逻辑没有与依靠法治进行分类治理的行政属性达成妥协，最终将瓦解的是信访制度最初的政治功能。

---

① 唐皇凤：《回归政治缓冲：当代中国信访制度功能变迁的理性审视》，《武汉大学学报》（哲学社会科学版）2008 年第 4 期。

第三节　信访矛盾纠纷依法分类治理的优化路径

依法分类治理信访矛盾纠纷和利益诉求是为了凸显法治在信访工作的重要位置，但与此同时也要注意，运用法治手段需要在信访制度体系下实现群众的政治利益。从历史上看，信访工作是一项群众工作，起着重要的政治动员功能。发展至今，信访工作的政治属性依然存在，信访的政治缓冲功能依然重要。因此，依法分类治理信访诉求需要在坚持信访工作的政治属性基础上，充分发挥法治的规约作用，在不同环节和机制层面创新工作制度，不断优化信访制度的运行实效。

一　完善党政体制统合下的信访工作联席会议制度

坚持党的领导为依法分类治理信访矛盾纠纷和利益诉求提供根本的政治保证。要在党的领导下，依法开展分类治理信访矛盾纠纷和利益诉求，充分发挥党总揽全局、协调各方的作用。信访问题之所以纷繁复杂，是因为它涉及国家建构过程中的问题。[①] 坚持党对依法分类治理信访矛盾纠纷和利益诉求的领导，既能保证信访工作在构建国家与社会良性互动关系方面的正确政治方向，坚定信访工作的政治属性，也能在党的领导下协调和督促政府职能部门、司法部门和相关单位积极履职、依法及时有效回应群众的信访诉求，从而缓和各方化解信访工作的行政性和政治性之间的张力，保障人民群众合理合法的诉求在法律体系能够回应和解决。这集中体现为，对于人民群众反映的突出问题，县级党委政府能够解决的，应该及时回应群众的利益诉求。在县级党委和政府领导下，既注重各个部门依法分流解决，也注重各个部门在党的领导下协调统一解决，构建起以党委领导为主，纪委监委、政法委、人民法院、民政局等及所涉地区主要负责同志共同参与，依据部门职责对案件进行研判分析并提出化解建议的联席制度。同时要发挥各职能部门自身的相对优势，尝试建立和完善由专业职能部门为主，辅助性职能部门配合的信访督查模式。此外要在党委政府的领导下就具体督查事项，依据本地区信访纠纷数据进行分类，针对突出问题进行筛选，在各相关职能部门中集中选派人员，以保障督查工作的顺利进

[①]　冯仕政：《老问题、新视野：信访研究回顾与再出发》，《学海》2016 年第 2 期。

行。对于法律体系没有规定的需要协调上级党委政府各个部门解决的合理诉求，基层党委和政府应该发挥党政体制的制度统合优势，以群众反映的问题为本，通过上下联动，积极协调上级职能部门的力量，协同解决人民群众信访比较多、涉及政府多个部门的社会问题，防止一些社会事务因各个部门无权解决而损害人民群众的利益，从而弱化信访制度的兜底功能。

在具体制度建设层面，充分发挥党政体制的统合优势要依靠相关制度机制作为保障。为此，依法分类治理信访诉求需要用制度力量保障党委和政府了解信访动态和信息，知晓信访事项涉及的利害关系，并通过定期召开会议的形式来研判影响社会稳定以及人民群众切身利益的信访事项及其涉及的政治问题和法律问题，会议内容可以涉及但不限于通报重要信访情况、分析信访工作形势、汇报区域范围内的信访突出问题及群体性事件研究处理情况、汇报近期受理上级交办的信访案件及信访事项的情况，同时汇报督查指导辖区内信访工作的开展情况等，这种会议机制既反映党政体制能够集中力量、统一思想、凝聚力量办大事的制度优势，也给相关职能部门和司法机关释放并传递了依法分类治理的方向和信号。与此同时，要建立与信访联席会议相配套的领导挂点制、领导首问制、重大信访事项听取法律顾问的制度，以进一步保障党政主要领导重视信访事项的化解，防止出现依法分类之后无部门处理的尴尬局面。

二　以社会治理为目标导向采用"先调后导"工作机制

从本质上看，信访工作部门是一个群众工作部门，这也就决定了化解信访矛盾纠纷和利益诉求应该用群众接受或者认可的方式，并且处理结果应该得到群众认可，最终目的是通过信访沟通渠道实现社会治理目标。当然在此过程中，群众反映的问题如果涉及法律问题，那么应该转到相应职能部门或者司法机关解决。但现实当中，群众反映的问题是否符合法律规定，并不能完全根据法律是否存在相应规定来判断，而应该根据信访反映的矛盾纠纷和利益诉求本身的轻重缓急去甄别事项的利害关系。这是因为：一是群众所理解的法律规定与法律原本的规定存在差异；二是基层信访专职干部在依法分类时所理解的法律问题与信访事项事实上反映的法律问题存在偏差。因此，尽管基层群众反映的问题可能不是法律问题但涉及群众切身利益，那么基层信访干部应该立足于问题本身，以解决群众利益问题为导向开展信访化解工作。

实践中，"先调后导"的信访工作模式既反映了信访工作的本质是群众工作的性质，也坚持了依法分类处理信访矛盾纠纷和利益诉求（详见图4-2）。这主要表现为两个方面：一是在依法分类之前，用调解的方式化解群众利益矛盾和诉求，也即根据群众反映的问题实际，用群众接受的方式进行化解。调解作为中国历史传统并得到继承和发扬的纠纷解决和矛盾化解方式，在信访工作中起到了关键作用。坚持调解在先的原则化解信访矛盾和利益诉求，既遵循了信访工作本质上是群众工作的原则，也本着以问题为导向、用群众认可和接受的方式解决群众的问题。二是当用调解的方式无法化解信访诉求时，如果涉及法律问题，再根据法律规定导入相关职能部门或者司法机关解决，体现了依法分类处理信访诉求的原则。用法治方式解决信访诉求和矛盾是全面依法治国的重要体现。分类是用法治解决信访诉求的前提。现实当中，有些信访诉求无法一一对应于法律的规定，在分类的过程中，难免出现诉求与法律规定存在模糊地对应关系。在这种情况下，信访部门既要按照法律规定依法导入，也需要从解决问题的角度出发，明确相关责任部门的主要责任，以及有关部门的协助责任，并在信息处理方面及时跟进，防止依法分类之后出现各个部门之间相互推诿扯皮的现象，避免只注重依法分类而不关注信访事项的有效治理。

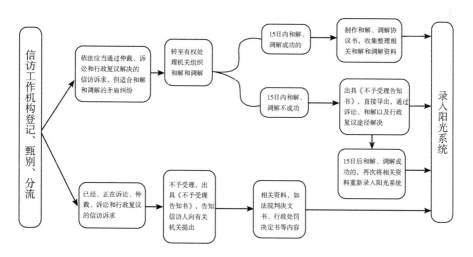

图 4-2 先调后导的工作流程

"先调后导"① 的工作方法实践的典型地区是湖北省宜昌市 Y 县，当地坚持把信访群众当"家人"，通过"先调后导"地工作方法解决信访中群众反映的各项问题。自 2014 年以来当地通过该工作方法调解各类纠纷近 5000 件，成功率达到 80%。例如，2018 年 5 月 Y 县 L 镇村民向镇政府反映"因邻居不同意自己家拆旧房建新房，导致自己无法正常办理审批手续"，该事件在信访工作机构登记分类后属于应当通过仲裁、诉讼和行政复议解决但适合和解和调解的矛盾纠纷，对此 Y 县信访局将此事转移至有权机关 L 镇调解，而后 L 镇坚持群众路线工作方法，对此组织专门调解团队，详细了解双方共同朋友，并请其出面调解，最后二者终于握手言和。如果无法在程序要求之内调解成功的信访矛盾纠纷，信访部门则会出具相应的《不予受理告知书》，及时导入诉讼等程序进行处理，程序的及时运转使得群众的心理情感得到照顾，一定程度上避免了上访行为发生。还比如，Y 县 M 镇村民邓某向信访部门反映其子女不履行赡养义务问题，经信访部门转至 M 镇后，历经多次调解仍无法达成协议，于是及时导出并建议其走诉讼程序，随后当地人民法院在邓某所在的村委会对此案进行公开审理，审理过程中 M 镇书记和所在地村支部书记都出席，最后在相关工作人员共同努力下双方达成了调解协议，并将相关资料录入工作系统。可以说，Y 县采用"先调后导"的工作方式，有效地解决了信访矛盾纠纷和利益诉求。

三　坚持群众路线动员多方力量参与信访矛盾纠纷化解

信访工作本质上是群众工作。在推进依法分类治理信访诉求的工作中，基层政府应该贯彻党的群众路线优良工作作风，在依法分类解决群众信访矛盾纠纷和利益诉求时既要从群众中来，也要到群众中去。信访是党和政府密切联系群众的重要纽带，群众通过信访反映自身的利益诉求并不必然是法律保护的，但这并不意味着群众的合理诉求不能得到保护。当用法治方式解决不了问题时，党的领导干部应该发挥党的群众路线工作优

---

① "先调后导"的具体工作机制是笔者 2019 年 6 月在湖北省宜昌市 Y 县调研了解到的工作方法，相关案例也来自调研时的访谈记录。Y 县信访工作在 2018 年获评全国信访"三无"（无信访积案、无赴省重复集体访、无进京非正常上访）县（市、区），因此其开创的"先调后导"的信访工作机制和方法值得重视和总结。

势，深入了解群众对某些社会问题的看法，了解群众诉求产生历史缘由，形成解决问题的方案。同时，在贯彻群众路线的过程中，要以法治为底色贯彻群众路线，在践行群众路线时注重融入法治思维，用法治思维指导群众路线开展。对于那些法治方式能够解决的，积极引导群众通过司法手段解决，对于不能用法治手段解决的，也应该走群众路线说服教育群众。

首先，坚持走群众路线要求规范和畅通群众意见反映渠道。群众路线的基本要求是要及时了解基层群众的利益诉求和心声。但在日常工作实践中，基层政府在化解基层矛盾纠纷时，常常希望把问题和责任下移，并通过各种目标责任制和包保责任制把某些问题和矛盾控制在基层。而实际上有些问题本应该由基层政府解决，但是基层政府常常会告知信访人这个问题需要慢慢解决或者这个问题需要村里面解决。如果基层政府忽视群众反映的问题，不践行群众路线，实际上是把基层群众表达利益的渠道堵塞了。这样一来，信访的兜底功能也无法得到充分体现。而依法分类治理的前提是群众能够在信访渠道内反映自己的利益诉求并解决相关矛盾纠纷，因此畅通群众反映利益问题的信访渠道就显得十分必要。基层政府应该在群众上访之前，多进行下访，深入群众中了解群众生活中的利益问题，不断畅通群众反映利益的渠道，在基础上才能真正发挥依法分类治理的功能。

当然在基层治理实践中，即使在现有的政策和法律也比较明确的情况下，有些问题也还是暂时不能得到解决。基层干部也时常认为，信访就是"'老百姓一扇透气的窗'，有什么事，老百姓可以通过信访途径进行反映，消消气，真正来讲，老百姓反映的问题并不是都能解决的"①。例如，江西南部 N 县南村矿产资源丰富，但因长期开矿导致地下水遭到污染。基层政府明知道开挖煤矿对地下水有污染，但是群众反映这个问题到基层政府和村委，都迟迟得不到解决，原因是开发煤矿与基层政府和村干部有千丝万缕的利益关联。如果承认了群众的环境利益诉求，实际上也就间接承认了开发煤炭存在污染之事实，那么就需要赔偿，这不仅会减少煤炭企业的利益，也会牵涉基层政府和村委的利益。所以，群众反映自己的良田遭到污染迟迟得不到解决。但这不能否定的是，因为信访，老百姓自己的诉求得到一定程度的反映，并且自己身上的怨气也得到发泄。从冲突论的

---

① 资料来源于笔者 2018 年 4 月在江西南部某县的调查记录。

视角来看，信访制度的存在一定程度上为基层社会矛盾化解提供了制度渠道，但是并不是所有的人走信访渠道都能化解矛盾纠纷，也并不是所有基层群众都会走信访渠道。从某种程度上讲，信访制度之所以存在并且发挥着长期的制度优势，是因为它为信访人寻求了冲突压力的释放机制，不管这个释放机制是否真的解决纠纷，也不管谁在用这个释放机制。即使信访人反映的信访事项可能得不到解决，但只要信访渠道畅通，并且基层群众通过信访渠道反映了自己的诉求且自己的信访事项被外界所知，相对来讲也能缓解基层群众内在压抑的心理。

从制度本身来说，信访构成了群众反映意见的重要渠道，通过反映具体诉求让底层的社会矛盾和冲突能够释放出来，减轻一定社会体系运转的负荷。从这个意义上来讲，尽管信访并不能完全发挥纠纷解决功能，有时候却发挥了压力释放的安全阀功能，它至少能够使上级政府感知底层社会的矛盾纠纷形态，也给信访人一个诉求表达的机会。那么在这个基础之上，如何更进一步规范和畅通群众反映意见渠道，则是在坚持走群众路线视野下需要继续探讨的问题。2017 年《国家信访局发布依法分类信访诉求工作规则》规定了"县级以上人民政府信访工作机构对收到的信访诉求，应当在国家信访信息系统中予以登记，甄别处理"。同年 9 月 7 日，国务院原副秘书长、国家信访局局长在全国依法分类处理信访诉求工作现场会上表示，"群众按照《信访条例》规定提出的投诉请求，各级行政机关要依法分类处理"。目前 37 个中央部委出台了分类处理清单，27 个省份出台了分类处理工作规程。山东、河北、浙江等地还将依法分类处理信访诉求纳入地方性法规。然而这些变化基层群众或许并不了解，或者说基层群众无法完全知晓如何规范化表达自身利益诉求。这也使得有些群众为反映某一个具体问题奔波于各个部门之间，并在此之下产生了诉求反映渠道不畅通或是相关部门工作人员故意为难自己的想法，从而使得原有矛盾纠纷未得到解决，进一步影响干群关系。基层群众对意见反映渠道分类不了解或不理解，使得原先各地文本化的分类处理规程实际上没有达到畅通群众意见反映渠道的理想效果。因此，坚持走群众路线，就是要在制度流程的基础之上，不断规范和畅通群众利益表达渠道，让群众更加了解分类流程，更加便捷地参与分类流程。为此，需要坚持"信访接待下基层、现场办公下基层、调查研究下基层、宣传党的方针政策下基层"的"四下基层工作法"，① 以通俗易懂的方式让人民群众了解遇到不同类型纠纷时应当选择何种渠道解决自身问题，逐步减少群众多头跑、多地跑、反复跑的情况。此外还可以通过互联网信息技术，搭建信访信息化平台，通过网上投诉平台、手机信访 App、微信公众号等方式对信访分类以及信访程序进行宣传，让基层群众明晰意见反映渠道的同时，也使得基层群众意见反映渠道能通过网络方式得以进一步畅通。

其次，坚持走群众路线要发挥基层干部的原生乡土社会优势，进行"情感治理"。事实上，基层社会矛盾纠纷以及各种利益诉求引发的上访问题都需要依靠基层干部坚持群众路线去化解。化解的方式总是生成于基层具体场域之中。处在基层社会的乡村两级干部长期与基层群众打交道，在地域、人物信息以及发展与群众人际关系方面具有重要优势。基层干部在与上访人长期的互动过程中，其治理优势主要体现为三方面。第一是地缘优势。许多基层干部都是来自村庄，深知群众的心理诉求以及预期来源，因此在处理群众具体诉求时知道"对症下药"。第二是工作优势。基层干部长期身处矛盾纠纷化解的一线，经常要与各种上访人打交道，碰到那些比较难缠的，通常要用非正式的交往方式进行化解。第三是信息优势。群众上访总是有其特定利益诉求，但诉求能否得到支持，其家庭成员也有不同预期。通过走访了解后，基层干部能够调动上访群众的家庭成员来做工作。这些优势都来源于基层干部与群众在一定社会生活中形成的某种关系和感情，这种关系和感情内生于乡土社会逻辑之中。

讲感情、拉关系是情感治理的核心要义。讲感情就是通过转变基层干部的身份角色，站在上访人的立场上理解和尊重上访人的心理诉求，并通过各种方式传达基层政府的态度，让上访人对心理诉求有个预期。讲感情意味着将法律和政策层面的东西暂时放在一边，而是基于人与人之间正常互动形成的关系。例如，请客吃饭、喝酒聊天、一起娱乐等方式无形当中能增进群众与基层干部的相互了解，从而形成某种信任关系。这种关系一旦达成无形当中会形成某种牵制：如果上访人在与基层干部达成某种信任关系之后，一般就会停止上访，停止上访并不意味着问题得到解决而是暂时给了基层干部一个面子；如果上访人在与基层干部达成了某种信任关系

① 中共福建省委理论学习中心组：《"四下基层"是党的群众路线的实践创新》，《人民日报》2014 年 6 月 13 日第 7 版。

之后还去上访，意味着上访于公来讲就是不信任政府，于私来讲就是不给基层干部面子。在形成某种关系之后，基层干部的身份从国家工作人员变成上访人的朋友，从公的身份变成私的身份，并利用这种身份的转变契机，对上访人不断地做工作、培养感情，从而形成一种正式权力的非正式运作。①

　　关系其实也是一种权力。某种具体关系的生产总是在一定时空场域中进行。对于基层干部而言，处在基层社会复杂的社会环境中，其所面对的对象是千万家农户，要确保每一家农户都对政府工作满意是不可能的。这就意味着，基层群众去上访是不可避免的，问题在于上访诉求是否合理以及上访如何治理。对于前者而言，在基层社会常常是模糊的，这既受制于农民朴素的权利观念，也与相关政策和法规有关。实际上基层政府很多时候没有办法完全彻底解决农民提出的诉求或者利益问题。因此，基层政府在对待农民上访时就必须采取一些异于法律和政策的方法，并根据基层社会本身的特性寻求解决方案。当今，基层社会"差序格局"② 依然存在，顾感情、讲面子仍然是基层群众交往的基本准则。尤其是对于村庄社会而言，一方面虽然生活是越来越理性化，另一方面许多传统上的人情和面子关系却保留了下来。这运用到化解上访问题时就常常表现为，基层干部与群众经常以朋友的身份相处会显得更加接地气，并且工作效果也会更好。用朋友身份代替管理者与被管理者的身份本质上也反映了基层干部的活动要受熟人社会乡土逻辑的影响。同时，在与上访人对话过程中遵循乡土逻辑无形当中形成一种面子关系。由面子关系逐渐变成一种支配逻辑，从而产生一种权力。这种权力—支配关系生成于具体场域，却运用于基层社会的方方面面。

　　最后，坚持走群众路线要求发挥法律精英人才的作用。在具体实践中，坚持走群众路线依法分类治理信访诉求，除了进行"情感治理"，还需要发现和调动群众心目中的法律精英人物参与问题解决中来。由于基层信访工作人员长期高强度做信访化解工作难免身心俱疲，尤其面对那些三

　　① 孙立平、郭于华：《"软硬兼施"：正式权力非正式运作的过程分析——华北 B 镇收粮的个案研究》，载清华大学社会学系主编《清华社会学评论》特辑 1，鹭江出版社 2000 年版，第 21—46 页。

　　② 费孝通：《乡土中国》，北京出版社 2011 年版，第 30—41 页。

番两次就同一问题不断上访的上访人时，容易表现出疲惫心理。在信访工作强度较大情况下，基层信访工作人员往往疏于提升自己的专业法律知识。而随着信息化时代的到来，基层群众对相关法律问题的了解渠道变得愈加多元。这从某种程度上又对信访工作法治化不断提高要求，因此需要调动基层社会中的法律精英人物参与信访矛盾纠纷化解。基层社会中的法律精英人物是建设法治社会的重要力量，生活在群众周围，在群众心目中产生了重要影响。依法分类治理信访矛盾纠纷和利益诉求需要充分调动律师、人大代表、社团组织代表等在基层群众心目中比较影响力的法律精英人物参与信访矛盾纠纷化解，坚持用法治思维和方式化解矛盾纠纷和回应群众诉求。近年来，各地建立了律师值班制度，在各信访矛盾疏导点建立专门的律师值班处，并规定相应值班时间，因此可以充分发挥"律师值班"制度的优越性，不断完善值班过程中的登记和案件跟进机制。例如，河北省沧州市运河区为加强信访群众疏导工作，建立派驻律师值班制度，5家律师事务所在信访室值班接访，初期接访人员35人次，化解信访苗头案件6起，同时建立定期排查疏导机制，坚持一月一排查。除"律师值班"外也可在各地司法局统一领导下，开展律师下乡活动，以基层人民法庭为站点，走进乡村，为当地村民化解潜在的矛盾纠纷。① 就人大代表而言，可以不断推广和完善各地人大代表法律咨询日制度，早在2004年贵阳市人大就推出人大代表法律咨询日制度，贵阳市五次信访法律咨询日便接待群众达1475人次，总体满意率达95%，增强了人大代表为人民群众排忧解难的能力。②

　　为构建法律精英人物参与依法分类治理信访矛盾纠纷和利益诉求的长效机制，一方面，要积极引导基层群众多向法律精英人物咨询信访事项涉及的法律问题，在依法分流之前采取有效措施鼓励基层群众通过法定途径向有关部门解决信访诉求。另一方面，采取有效激励措施保障群众心目中的法律精英人物有序和常规化地参与依法分类治理信访诉求的活动中，充分发挥他们在群众中的地位和影响力做通群众工作，鼓励他们引导群众依法理性地表达自己的利益诉求。在此过程中，要坚持把法治和法治以外的

---

① 沧州市运河区年鉴编纂委员会编：《沧州市运河区年鉴》，河北人民出版社2018年版，第178页。

② 王晓光、肖林主编：《贵阳年鉴》2004年第10期。

手段统一起来综合施策，充分运用运用法律、政策、经济、行政等手段和教育、调解、疏导等办法，① 保障人民群众合理合法的诉求能够得到实现，稳步有序推进依法分类治理信访诉求。

此外，为综合发挥"情感治理"与法律精英人物在依法分类治理中的作用，可以尝试在基层构建起一站式矛盾纠纷综合调解服务平台，整合基层综治、司法、便民服务等部门的职能，打造一套高效率基层信访化解的简易规范流程，让基层群众就近解决相应问题，减轻信访传导压力。例如，比较典型的是山东省高密市 X 镇的"平安小院"。当地本着为民服务的理念转变以往"被动接访"的服务理念，着力搭建一站式矛盾纠纷调解平台，"平安小院"应运而生。小院设立 3 个调解窗口和 9 个功能室，当地以乡镇干部为骨干，聘请律师、优秀村党支部书记和专职调解员等，通过社村联动为农民提供"点单式"服务，并形成一套以"集、分、研、化、评"为特点的信访化解规范流程。"集"是指由"平安小院"收集、村社排查等方式，将所有纠纷登记入册。② "分"是指对收集问题按问题严重程度分为 3 级，针对群体性纠纷进行上报，由辖区党委、政府牵头化解，针对有一定难度的信访矛盾纠纷由社区、法律精英人才及职能部门化解，针对易于化解的信访矛盾纠纷由社村干部通过"情感治理"方式化解。"研"是指对高风险矛盾纠纷联合司法所、派出所、人民法庭、信访办、村社干部与法律精英人才共同商讨解决方案。"化"是指明确各种矛盾纠纷的解决时间，并在规定时间内出具受理告知与答复意见书，完成矛盾化解。"评"是指开展多种形式的回访工作，每周组织基层信访联席工作会议，对信访工作完成度进行考评，同时对考评结果进行通报，并将工作情况与经费挂钩。搭建一站式矛盾纠纷综合调解服务平台，可以让基层群众有充分地发声渠道，对群众信访的压抑情感进行初步释放，同时也为村社基层干部的"情感治理"与法律精英人才的专业知识服务提供常态化的场所。而对于那些在规定时间内化解不成功的事件，也可在基层"平安小院"有针对性地进行信访指导，减轻群众负担的同时，也可将相关情况通过网上统一信访平台方式让上级有关部门知悉。

---

① 习近平：《下大气力把信访突出问题处理好　把群众合理合法的利益诉求解决好》，《人民日报》2016 年 4 月 22 日第 1 版。

② 吕兵兵：《变"信访大厅"为"平安小院"》，《农民日报》2020 年 11 月 26 日第 4 版。

本章总结

　　新时代，随着乡土社会变迁，乡村矛盾纠纷也逐渐呈现出新特征。与此同时，基层群众"信访不信法"观念尚未根本转变，以致基层政府化解乡村矛盾纠纷和利益诉求时信访工作压力日益增大。如何促进信访法治化，完善信访分类治理制度是当下需要思考的问题。信访工作的本质是群众工作。在信访法治化的进程之中，从党群关系、干群关系、央地关系中去理解矛盾纠纷信访化解之实践，可以准确定位信访法治化的科学内涵。而针对目前实践中出现信访依法分类标准不明晰、群众信访事项与既有法律体系不对称以及基层干部用法治化方式化解纠纷能力不足等问题，需要透过现象认识本质，把握依法分类治理的两个基本矛盾，即现阶段信访工作机构科层化运作与基层社会信访诉求平面化生成之间不协调以及依法分类标准与群众差异化信访诉求不对称的基本矛盾。对此，需要充分发挥党政体制的统合优势，建立和完善联席会议制度，使信访机制逐步回归社会治理的功能定位，并在依法分类治理的基础上采取"先调后导"工作机制，坚持走群众路线并发挥原生乡土社会中"情感治理"优势与法律精英人才的综合作用，才能有效推进乡村矛盾纠纷信访法治化改革的进程。

第五章 农村"法律明白人"参与法治乡村建设的实践路径

2019 年 6 月，中共中央办公厅、国务院办公厅印发《关于加强和改进乡村治理的指导意见》指出，实施农村"法律明白人"培养工程，培育一批以村干部、人民调解员为重点的"法治带头人"。① 2020 年 3 月，中央全面依法治国委员会印发《关于加强法治乡村建设的意见》进一步指出，实施农村"法律明白人"培养工程，重点培育一批以村"两委"班子成员、人民调解员、网格员、村民小组长等为重点的"法治带头人"。② 所谓"法律明白人"是指能够自觉尊法、学法、守法、用法，明辨是非，对民事、经济、刑事和社会法律有较高的了解和认知，遇到法律问题会主动寻求法律帮助的公民。农村"法律明白人"培养重点对象是村"两委"干部、村民代表（村民小组长）、党员、人民调解员、致富带头人、外出务工人员、公益就业人员等人群，这些人是骨干"法律明白人"，又称为"法治带头人"。通过这些人的引导和宣传，从而实现"法律明白人"一小片，带动农民群众守法一大片的目的。

培养农村"法律明白人"是法治乡村建设的基础性工程。本章以江西省东部 C 县实施农村"法律明白人"培养工程的试点经验为基础，通过呈现农村"法律明白人"培养工程在新时代农村法治宣传教育方面的创新实践，进而分析农村"法律明白人"在法治乡村建设中的制度功能与实践特征，提炼农村"法律明白人"参与乡村矛盾纠纷化解的实践机制，最后结合农村"法律明白人"助推法治乡村建设的实践困境提出相

---

① 《关于加强和改进乡村治理的指导意见》，2019 年 6 月 23 日，http：//www.gov.cn/zhengce/2019-06/23/content_5402625.htm，2022 年 1 月 21 日。

② 《关于加强法治乡村建设的意见》，2020 年 3 月 25 日，http：//www.moj.gov.cn/pub/sfbgw/qmyfzg/202003/t20200325_150392.html，2021 年 1 月 21 日。

应对策和建议。

　　本章认为，农村"法律明白人"培养是新时代基层社会普法的创新实践。培养"法律明白人"的主要目的是在乡村社会中织密国家"法律下乡"的基础之网。调研表明，从类型上看，"法律明白人"一般分为普通"法律明白人"和骨干"法律明白人"。从特征上看，"法律明白人"一般是村庄社会中"做人"比较到位的人，并且有一定文化水准，能够大致通晓国家法律和政策精神，同时还在村民当中有一定的威望和权威。从功能上看，"法律明白人"发挥了以下功能：一是宣扬国家法律在场；二是扎牢乡村社会治理法治化的组织之网；三是夯实"法律下乡"的基础设施。而在具体乡村矛盾纠纷化解中，"法律明白人"需要根据矛盾纠纷发生的不同情境和冲突程度发挥不同作用。"法律明白人"参与矛盾纠纷化解不是说完全用法律去解决矛盾纠纷，其角色定位主要是配合或者协助县乡党委政府做好当事人的思想工作，在对当事人宣传国家法律的同时，采取各种方式缓和矛盾冲突、开展心理疏导、上报矛盾纠纷信息。当前，"法律明白人"培养过程中面临的主要困境有：领导重视的注意力分配不均与实施过程中的间歇性、组织实施的"条""块"分割与激励不足以及村级组织动员不足与基层群众弱参与。为释放"法律明白人"助推法治乡村建设的最大潜能，应对上述困境还需从以下几方面着手：第一，明确县乡两级党委政府在推进"法律明白人"培养工程中的主体责任，持续有效激活"法律明白人"服务法治乡建设的功能。第二，不断完善相关激励制度，推进"法律明白人"培养常规化运行。第三，要增强基层党组织的组织凝聚力，通过党建引领充分动员基层群众参与"法律明白人"培养。

第一节　农村"法律明白人"培养的理论定位

　　早年，费孝通先生在《乡土中国》中提出，乡土生活的熟人社会特性决定了乡土社会的"无讼"。① 苏力曾在《送法下乡——中国基层司法制度研究》一书中从现代国家建构的角度分析了为什么要"送法下乡"

---

　　①　费孝通：《乡土中国》，北京出版社 2011 年版，第 78—85 页。

以及如何进行"送法下乡"的问题。① "送法下乡"强调了国家法律与乡村社会"地方知识"的冲突，因而需要借助法官治理经验和"地方知识"来实现"送法下乡"，从而重塑国家权威。随着乡村社会结构的转型，乡村人际关系的理性化，许多利益矛盾纠纷也日益凸显。与此同时，学界比较关注乡村矛盾纠纷化解的多元化路径②、利用法律手段解决乡村矛盾纠纷产生的"乡土正义"③、乡村结构混乱背景下的"迎法下乡"④、乡村司法中治理与法治的并存格局⑤、乡村司法对微观权力整合的政治逻辑⑥等，这些研究分析了国家法律与乡村社会内生性治理资源的合作和冲突，既站在国家层面分析"法律下乡"的困境及克服困境的诸多策略和办法，也站在社会层面分析了乡村社会对国家法律的内生需求以及回应这种需求的客观必然性。

上述研究同时表明，法律作为一套外生性秩序很难进入乡村社会发生作用，并且乡村社会生活仍有一套内生性秩序。当前，乡土熟人社会中的道德观念、礼义廉耻在乡村社会治理过程中依然发挥重要作用。在法治乡村建设过程中，既要强调法律在乡村治理中的权威，也要重视道德伦理、风俗习惯、村规民约等内生性治理资源的规范作用。这些内生性治理资源生发于乡村社会，具有一定的地域性、稳定性和规范性。而国家法律虽然具有普遍性和强制性，但国家法律进入乡村社会过程中无法根本改变内生性治理资源对乡村社会关系产生的支配性影响。国家法律在进入乡村社会中，作为一种外生性治理资源常会与乡村社会内生性治理资源发生矛盾和冲突，并且在一些微观权力关系中呈现出"法律下乡"的实践困境。相比而言，国家法律作为一种外生性治理资源，在进入乡村社会过程中需与

---

① 苏力：《送法下乡——中国基层司法制度研究》，北京大学出版社 2011 年版，第 21—39 页。

② 范愉：《以多元化纠纷解决机制　保证社会的可持续发展》，《法律适用》2005 年第 2 期。

③ 栗峥：《乡土社会的纠纷解决》，《法学论坛》2010 年第 1 期。

④ 董磊明、陈柏峰、聂良波：《结构混乱与迎法下乡——河南宋村法律实践的解读》，《中国社会科学》2008 年第 5 期。

⑤ 陈柏峰、董磊明：《治理论还是法治论——当代中国乡村司法的理论建构》，《法学研究》2010 年第 5 期。

⑥ 郑智航：《乡村司法与国家治理——以乡村微观权力的整合为线索》，《法学研究》2016 年第 1 期。

内生性治理资源相互配合才能发挥最大作用。实践经验表明,"法律下乡"过程中,总会被基层群众漠视、规避和逃避。而要使国家法律的权威能在乡村社会中得到承认,则必须有效激活内生性治理资源,进而整合乡村社会中各种权力关系,实现法律权威、自治主体与德治力量之间的平衡。

从总体上看,上述研究既有社会结构维度,也有机制路径和技术策略维度,既分析了乡土社会运行规则、国家法律在乡村社会运行实况,也深入分析了"乡土正义"与国家法律的冲突与协调,因而构成理解法律在乡村社会运行的理论基础。不过,这些研究需要进一步推进,尤其是当法治话语不仅作为一种矛盾纠纷化解的规则,而且被建构为维护乡村社会稳定的国家权威时,此时依靠相应法治基础设施和法治观念塑造机制可以进一步凸显法律的政治属性并塑造法律的国家权威形象。由此,在法治乡村建设背景下,在乡村社会搭建相应法治基础设施和创新法治观念塑造机制,并分析国家法律嵌入乡村社会治理的实践机制便成为法治乡村建设的重要问题。

当前,农村"法律明白人"培养作为铺垫"法律下乡"基础设施的重要组成部分,构成重塑农民法治观念的重要制度机制,因此有必要从经验层面认识农村"法律明白人"培养工程推进的实践过程,客观分析其在推进法治乡村建设中的实践路径,进而提出完善建议。

第二节 "法律明白人"培养的现实经验

一 调研地点基本情况介绍

江西东部 C 县推出农村"法律明白人"有其深厚背景。C 县地处江西中南部,县域面积 1520 平方千米,辖 15 个乡镇,总人口 38 万人,其中农业人口约占 70%。近年来,随着经济体制深刻变革、社会结构深刻变动、利益格局深刻调整、思想观念深刻变化,C 县社会矛盾一度高位运行。一是宗族矛盾纠纷问题特别突出。转型期的农村社会存在多元化的利益格局,而在村庄宗族社会中,因不同利益产生的矛盾冲突往往是不同宗族之间的对抗。长期以来,农村宗族械斗的教训刻骨铭心,甚至出现舅舅打死外甥的人间惨剧。有人无奈地称,在 C 县除了 56 个民族外,还有第

57 个民族，叫"蛮族"。二是信访问题居高不下。"三堵五闹"（堵门、堵路、堵工地，闹访、闹丧、闹医、闹机关、闹企业）等现象频发，仅 2014 年，全县信访总量达 1511 批次、3911 人，其中集体访 214 批次、2444 人次，赴省访 105 人次，进京访 19 人次。加之处理方式方法上的偏差，花钱却买不来平安。三是公众安全感成为心中之痛。历年公众安全感全省排名，C 县稳居后 10 位，甚至黄牌警告、限期整改，一度成为干部最不想去、最不愿去的地方。①

痛定思痛。从 2015 年开始，C 县县委、县政府以学习贯彻党的十八届四中全会精神为契机，以增强村民法治意识和权利义务观念为根本，大胆创新基层社会治理机制，探索实施农村"法律明白人"培养工程，② 并选择在法治基础相对较好的 C 县 X 镇开展试点，取得经验后，在全县逐步推开。截至 2019 年年底，经过四年多的实践探索，全县共培养出农村"法律明白人"5.5 万余人，其中骨干"法律明白人"5000 余人，活跃在全县乡村社会治理一线。他们充分发挥血缘、亲缘、地缘"三缘"优势，利用乡情、亲情、友情"三情"资源，当好社情民意信息员、法律服务联络员、政策法规宣传员、矛盾纠纷调解员、社会事务监督员"五员"角色，讲好农村法治故事，化解邻里矛盾纠纷，积极参与基层社会治理。

C 县推行农村"法律明白人"培养工程之后，成效明显。通过农村"法律明白人"的示范引领和主动参与，基层群众尊法、学法、守法、用法的意识明显提高，办事依法、遇事找法、解决问题用法、化解矛盾靠法逐渐成为自觉，呈现出"三降、三升、一好转"的良好局面，即以闹取利案件、非正常上访人次、各类发案大幅下降。据江西省普法办数据，上述三类案件同比分别下降 71%、23%、15.6%；公众安全感、群众满意度、法院受理民商事案件大幅提升，公众安全感由全省倒数跃升为全省第 41 位，群众满意度由全省落后进入全省第一方阵，法院受理民商事案件年均增长 40%；社会秩序明显好转，2014—2016 年连续 3 年获评抚州市

---

① 该数据来自江西省普法办调研的数据。参见江西省普法办《基层社会治理创新的"C 县样本"——C 县实施"一户一法律明白人"培养工程调查报告》，未刊稿，2018 年 1 月 12 日。

② 特别说明的是，2015 年开始，最初 C 县县委、县政府提出农村一户培养一位"法律明白人"，后来考虑到人口流动性较大、村民素质参差不齐、有些户只有一位居民且多为老人，2018 年，县司法局向省市层面建议把"一户一位"的限制删掉。

社会治安综合治理先进县，2015 年获评全国法治创建先进县。①

C 县试点推行农村"法律明白人"培养经验先后得到市、省以及中央层面的关注，并通过规范性文件的形式提炼了可复制、可推广的经验。早在 2015 年 7 月，C 县实施农村"法律明白人"培养的社会实效得到抚州市市委主要领导的肯定，并在批示中要求抚州市司法局提炼 C 县"法律明白人"的培养实践，形成在全市可复制、可推广的经验。2017 年 6 月，时任人民日报社政治文化部副主任温红彦专门到 C 县对"法律明白人"培养工作进行专题调研，后来《人民日报》以"讲法，不要讲蛮"为题介绍抚州市 C 县农村"法律明白人"培养经验。② 后期经过中央、省市媒体的推介与宣传，并得到中共江西省委政法委主要领导和省司法厅主要领导的肯定，于是省司法厅在总结抚州市 C 县的经验基础上形成了可复制、可推广的农村"法律明白人"培养规范。2019 年 6 月，中共中央办公厅、国务院办公厅印发的《关于加强和改进乡村治理的指导意见》中采纳了抚州市 C 县农村"法律明白人"培养经验，③ 并在 2020 年 3 月中央全面依法治国委员会印发的《关于加强法治乡村建设意见》中得到进一步肯定，上述相关文件支撑详见表 5-1。

表 5-1　　　　　农村"法律明白人"培养的文件支撑

序号	文件名称	文号	发文单位	时间	主要内容
1	《关于在全县农村开展培养一户一名"法律明白人"工作实施方案》	崇普法字〔2014〕2 号	县普法依法治县工作领导小组	2014 年12 月 24 日	细化了农村"法律明白人"培养的工作要求

① 成效数据来自江西省普法办调研的数据。江西省普法办：《基层社会治理创新的"C 县样本"——C 县实施"一户一法律明白人"培养工程调查报告》，未刊稿，2018 年 1 月 12 日。

② 张洋、魏本貌：《"讲法，不要讲蛮"》，《人民日报》2017 年 6 月 14 日第 17 版。

③ 关于 C 县农村"法律明白人"培养工作经验，司法部普法与依法治理局局长给予肯定并指出：C 县农村"法律明白人"培养工作经验写入中央"两办"文件，说明这项工作在全面依法治国大背景下，在实施乡村振兴大环境下，是打通服务乡村最后一公里的有效抓手、有力措施和良好载体。参见自中共抚州市委依法治市办秘书科《抚州市依法治市工作简报》2019 年第 4 期。

序号	文件名称	文号	发文单位	时间	主要内容
2	《关于在全镇农村开展培养一户一名"法律明白人"工作实施方案》	礼府发〔2015〕1号	C县X镇人民政府	2015年1月28日	细化了农村"法律明白人"培养的工作要求
3	《关于C县开展一户一名"法律明白人"培养工程的情况报告》	抚司文〔2015〕11号	抚州市司法局	2015年7月6日	介绍了C县法律明白人培养的经验
4	《关于在全市农村推广一户一位"法律明白人"工作的意见》	抚办发〔2017〕21号	中共抚州市委办公室、抚州市人民政府办公室	2017年12月26日	对"法律明白人"培养任务提出了目标要求
5	《关于在全省农村实施"法律明白人"培养工程的意见》	赣办字〔2018〕20号	中共江西省委办公厅、江西人民政府办公厅	2018年5月16日	确立了农村法律明白人培养的基本原则、工作目标等
6	《抚州市农村"法律明白人"培养组织实施规范（试行)》	抚办字〔2019〕94号	中共抚州市委办公室、抚州市人民政府办公室	2019年6月24日	细化了"法律明白人"培养的标准
7	《关于加强和改进乡村治理的指导意见》	不详	中共中央办公厅、国务院办公厅	2019年6月	提出了实施农村"法律明白人"培养工程的顶层制度设计，指出培养"法治带头人"
8	《江西省农村"法律明白人"培养工作规范（试行)》	赣法办字〔2020〕2号	中共江西省委全面依法治省委员会办公室	2020年3月27日	从农村法律明白人培养的范围、标准、培训方式、平台搭建和顶层制度设计做出了相应的规定
9	《关于加强法治乡村建设的意见》	不详	中央全面依法治国委员会办公室	2020年3月	进一步指出实施农村"法律明白人"培养工程，扩大了"法治带头人"的培养范围

资料来源：根据课题组在实地调研所获资料和官网资料整理而来。

在法治乡村建设背景下，农村"法律明白人"参与乡村社会治理的经验值得深入研究。鉴于C县农村"法律明白人"培养经验已被中央文件采纳，为深入了解农村"法律明白人"在法治乡村建设中发挥的实际作用，研究"法律明白人"参与乡村矛盾纠纷化解的实际机制，进一步分析影响"法律明白人"发挥作用的体制机制因素，笔者坚持以问题为导向，于 2020 年 6 月 24—27 日和 2020 年 7 月 1—11 日先后两次在江西省抚州市 C 县 X 镇 L 村驻村调研。L 村是"全国民主法治示范村"，也是 X 镇推进农村"法律明白人"培养工作的样板村庄，在村庄中驻村调研能够深入了解"法律明白人"培养的实践机制。

调研期间，课题组主要访谈了 C 县司法局主要领导和相关领导、X 镇分管政法工作的领导、"法律明白人"创始人黄所长、乡镇一般干部、L村"两委"干部、L 村骨干"法律明白人"和一般"法律明白人"、普通群众等 20 余位亲身经历者，通过积累相关口述史材料并分析相关案例，全面了解了"法律明白人"的培养过程与作用发挥。与此同时，查阅了"法律明白人"培养的历史档案资料，参观了 X 镇法治村史馆，通过参与观察和亲身体验的方式对农村"法律明白人"参与法治乡村建设的功能定位和实践路径有较为全面理解。

二　农村"法律明白人"培养：新时代基层普法的创新实践

调研经验表明，国家法律在乡村社会发生作用的方式不仅是通过人民法庭、公安派出所、司法所等相关政法部门，还包括一些具体制度实践。其中，江西省 C 县农村"法律明白人"培养是一种新的基层社会普法创新实践。农村"法律明白人"培养作为新时代基层社会一种新的普法方式，它既塑造了国家法律在场的权威形象，也推动了法治话语在乡村社会的生产。

C 县实施"法律明白人"培养工程与维护基层社会稳定形势需要有关。2015 年以前，C 县社会治安形势比较严峻，用 X 镇法律服务所黄所长的话说："大闹三六九、小闹天天有。"所谓"大闹"就是一些非正常死亡、交通肇事致人死亡、医治无效死亡的案件，如果没有满足诉求方利益，他们就会以"大闹"的方式冲击政府办公场所，有些甚至打砸政府办公用品。"大闹"大概是没隔几天就有（一般是每月 3 日、6 日、9 日、13 日、16 日、19 日等）。"小闹"一般是指邻里之间相互吵架、磕磕碰碰，这样的事情天天都有，如果处理不好也可能引发群体性事件。此外，即便是政府出面协调解决，如果当事人对政府解决方式和结果并不满意，那么还是会引发当事人上访，甚至在有些事件中许多人在县委、县政府办公楼前"静坐"。面对复杂的社会治安形势，县里主要领导有一次到 C 县 X 镇调研时对黄所长说："如果每一户都有像你这样一位法律明白人，那么社会就好了。"此后县委书记主抓，X 镇作为试点乡镇，并且在 C 县、X 镇两级形成了"法律明白人"培养方案，后来在实践中逐步总结经验在全县推广。

从经验层面来讲，C 县的"法律明白人"培养经验主要是塑造黄所长调解工作的典型模式。黄所长在 X 镇从事基层普法工作 36 年，在化解矛盾纠纷过程中形成了自己的工作方式和方法，那就是"四心"调解法，也即诚心、真心、耐心、专心，以及调处"五字功"，即排、调、度、巧、廉。这套工作方式方法产生了一定实效，得到了县里主要领导的肯定。由于黄所长本身是国家机关的代表，也是国家法律在乡村社会的代表，因此通过对他的典型塑造可以为国家法律进入乡村社会并发生作用奠定良好基础。当"黄所长"式的人物与政治权力结合在一起的时候，这种经验被政治力量塑造为一种典型的普法经验。

从经验层面看，C 县 X 镇"法律明白人"培养和发展呈现以下特征：一是"法律明白人"培养有领导重视。此前，黄所长在乡村社会中发挥了国家法律在场的威慑作用，但并没有得到县里领重视和支持。党的十八届四中全会以后，随着法治话语在全社会中再次被高度建构起来，自上而下各级党政主要领导逐步重视法治在乡村治理过程中的作用。当时 C 县政法工作面临复杂环境，社会治安形势严峻，再加上乡村社会结构变迁、乡村公共道德观念衰弱等背景，都使得 C 县迫切需要国家法律重塑乡村社会治理秩序。于是，在县里领导支持下，农村"法律明白人"培养工程开始启动。二是"法律明白人"培养服务维稳目标。C 县农村的村庄社会结构多为宗族型村庄，在历史上就曾发生过宗族与宗族之间用暴力解决问题的情况，如果村民之间生活交往出现矛盾纠纷，首先想到的不是国家法律在场，而是宗族与宗族之间、家庭与家庭之间的力量对抗。而在村庄社会结构转型背景下，各种利益矛盾纠纷不断增加，有些纠纷本可以在村庄社会中内化解决，但由于宗族性力量强大，使得很多基层群众认为只要"闹"就可以得到政府协调解决，并可以得到更多补偿。如此一来，"以闹取利"现象频发，影响了基层社会稳定。维稳是地方党委政府重要的职责使命，也是地方党政主要领导晋升提拔的重要依据。领导高度重视农村"法律明白人"培养，其目的是希望"法律明白人"培养能够服务基层社会维稳的需要。三是"法律明白人"培养依托典型人物的塑造。C县X镇司法所黄所长多年来从事普法工作，坚持依法依规依情依理调处矛盾纠纷，形成了自己的工作方法和特色，并取得了一定成效，他所在的司法所多次获得"全国优秀司法所""全国先进集体"等荣誉称号，黄所长本人多次荣获省部级以上奖励。黄所长的普法工作经验证明，创新法律在基层社会的运行方式，可以使得法律在乡村社会中起到一定实效。正是在这些背景和条件下，C县县委、县政府以X镇作为"法律明白人"培养试点镇，以黄所长进行典型塑造，推动实施"法律明白人"培养工程。培养的标准和目标是习近平总书记提出的"办事依法、遇事找法、解决问题用法、化解矛盾靠法"。①

不过，农村"法律明白人"培养与苏力提到的"送法下乡"模式不一样，它可以称为党的十八届四中全会之后C县为创新基层社会治理而提出新的"送法下乡"样板。新"送法下乡"经验与旧"送法下乡"实践最主要区别是，前者更多的是基于维护社会稳定需要，后者更多的是怎么让国家法律运用于乡村社会；前者带有法律的政治维稳属性，后者具有法律的政治权力建构属性。前者是一个系统基础性工程建设，后者往往需要在具体个案中逐步显现。

农村"法律明白人"在基层社会普法实践的创新，最主要的表现为以下几个方面：一是从普法对象来看，"法律明白人"培养区分骨干"法律明白人"和一般"法律明白人"两种不同类型，并针对不同类型提出不同的培养计划和目标要求。在培养过程中，特别注重严格要求骨干"法律明白人"，希望培养他们来影响周边群众尊法、学法、守法和用法。骨干"法律明白人"主要包括村"两委"干部、村小组长、老党员、退休的国家机关干部、致富能人等，这些人在村民中具有较高威望并且在村庄社会人缘关系比较好，通过把他们塑造为国家法律的形象代表，来影响他身边的关系人。二是在普法的形式和内容方面更加生活化。"法律明白人"接受培训的材料是一些发生在农村生活中的典型案例，试图通过这些案例来告诉农民在遇到类似情况之后应该首先想到法律。当然，除了集

---

① 习近平：《领导干部要做尊法学法守法用法的模范　带动全党全国共同全面推进依法治国》，《人民日报》2015年2月3日第1版。

中讲课和培训之外，还会组织群众表演小品和戏剧的方式演绎法治故事。三是普法过程的长期性和基础性。"法律明白人"培养是一项基础性工程，是通过"润物细无声"的方式增强基层群众的法治观念，而不是一种宏大的法治宣传和叙事。在法律进入村庄之前，首先是要铺好一些基础设施。如果说村庄中的"关键少数"是桥梁的"路基"以及房屋的"骨架"，那么其他"法律明白人"则是路面和砖瓦。只有将"法律下乡"的基础设施建好之后，国家法律进入村庄社会的道路以及立体网络才能建构起来，进而为国家法律进入村庄社会奠定基础。

农村"法律明白人"选培之后，乡村社会的法治话语生产机制有了更多支撑性力量。在"法律明白人"培养的倡议初期，县乡村三级联动推进"法律明白人"培养，不断在乡村社会中建构法治话语。相比以往的农村普法实践，这种法治话语建构具有自上而下的政治属性，也是推进法律进入村庄社会的重要方式。通过力推"法律明白人"工程，使得法律积极主动地嵌入乡村社会生活，而不是被动地被基层群众选择性地忽略或利用。当法律进入乡村社会的基础设施逐步完善之后，也即当农村"法律明白人"稳步有效持续地推进时，法治乡村建设的进程也就会逐步加快。

三　培养农村"法律明白人"的重点在"人"

从理论上看，"法律明白人"这个词，初看上去好像是形容一个人很懂法律，但实际情况不是，"法律明白人"与一个人是否懂多少法律以及是否能用法律调解矛盾纠纷关联不大。从经验层面看，"法律明白人"这个词的重点内涵是在"人"的观念和行为塑造上。

而在现实层面，骨干"法律明白人"的法律知识并不一定比普通"法律明白人"或者个别普通群众的法律知识高，关键是要看不同类型"法律明白人"在法治乡村建设中发挥了什么功能，以及在遇到具体事情时"法律明白人"是如何被调动起来参与乡村社会治理。"法律明白人"的重点并不是在"法律明白"而是在"人"。"法律明白人"重点在于遴选和塑造一批"人"，使他们能够代表法律的存在，并通过他们带动一批人明白法律的存在，懂得法律能够切实解决或回应个人诉求。因此，从这个意义上讲，"法律明白人"的重点是"人"的观念和行为塑造上。

首先，"法律明白人"培养着重回应普法过程中"人"的法律需求。

以往我们谈到普法，一般通过各种宣传手册形式分发各种法律文本，目的是宣传国家法律的权威性和严肃性，要求全民都遵守法律。与此同时，还预设通过普法能够提高农民的法律意识。然而，现实情况是，农民的法律意识并没有显著提高，相反农村中"不讲法讲蛮""讲暴力"的问题并没有明显减少。这也就意味着，以往地普法形式与农民的法律意识提高并不存在显著关联。C县X镇"法律明白人"培养的提出实际上改变了过去普法形式，更加注重从"人"的法律需求角度出发创新各种法律宣传形式，真真切切地让基层群众感受到法律的存在，感受到法律对群众的实用性。人在一定条件和环境下，到底需要何种法律，普法主体并不关心。以往一些普法活动更像是需要完成的任务，至于是否产生实效，则缺乏持续性跟踪。而如今，实施农村"法律明白人"培养工程的工作重点放在如何选培"人"的观念和行为上，在此过程中，结合"人"的法律需求有针对性设置培训内容，并通过相关案例材料演绎法律故事，让法律以一种看得见、听得懂、得实惠的方式呈现。

其次，"法律明白人"培养抓住的是村庄社会"关键少数人"。既然"法律明白人"的重点是在"人"上，那么如何选培"人"成为推进"法律明白人"培养工程的关键。于是问题就转化为：哪些人可以成为农村"法律明白人"培养对象？这些人当然是在农村社会中产生。如果不在农村社会中产生，不了解村庄生活的基本情况，根本无法发挥自身的作用。从这个意义上讲，身处乡村社会以外的人可能不能成为"法律明白人"。从实用的角度来讲，"法律明白人"选培之后要发挥一定的作用。这种作用不仅是要让法律在乡村社会中发挥实际作用，而且要让法律的权威在乡村社会中得到维护。要让法律在乡村社会中发挥作用，同时又不违背乡村社会中的道德伦理、风俗习惯以及村民自治。如此一来，能够担任农村"法律明白人"的范围就小了。这个人员的范围相比以往普法对象范围而言，更加侧重既要懂得法律又要兼顾法律、人情、伦理、习惯等多方面。懂法律的前提肯定是要有一定的文化，至少要识字。而在人情、伦理等方面了解比较多的人大多是村庄社会的能人和知识分子，这主要包括村"两委"干部、老党员、退休的机关干部、老教师、企业带头人、外出见过世面的人等，这些人在识字方面一般没有太大问题，并且在村庄中往往能够团结一群人，在一定范围内有一定的威望。当遇到邻里纠纷、宅基地纠纷等矛盾纠纷时，他们能在一定环境下创造相关条件调解纠纷。选培他们成为农村"法律明白人"的目的是让他们能够在自己所熟悉的人群中或者他所代表的人群中宣扬国家法律的存在，主动引导他所在的人群遇到矛盾纠纷依靠法律手段解决，而不是依靠暴力手段解决。

最后，"法律明白人"培养的目的是注重发挥"人"在化解矛盾纠纷中的作用。X镇在培养"法律明白人"过程中，主要是选培村"两委"干部、村民小组组长、老党员、退休的国家干部、退休教师、村庄致富能手以及外出务工有一定影响力的人员，这些人员的一个共同特征就是在村庄有一定的威望，能够明辨是非，在化解矛盾纠纷时需要他们加入或者说他们本身可能就能化解一些矛盾纠纷。对于一般的乡村矛盾纠纷，"法律明白人"本身能够利用自己经验进行化解。但是，对于那些矛盾冲突比较大、"法律明白人"无法有效化解的矛盾纠纷，则需要上报乡镇党委和政府组织协调多方力量化解。从这个意义上讲，农村"法律明白人"化解矛盾纠纷的功能大小需要依矛盾纠纷的冲突大小程度决定。通常而言，尽管那些"急、大、难"的案件，农村"法律明白人"无力化解，但也需要在乡镇党委和政府统筹协调下做当事人思想工作。通过他们做工作，既可以了解矛盾纠纷的发生原因，也能够通过他们来劝解具体当事人遵守国家法律，维护司法部门权威。因为他们在之前培训的过程中，至少了解过法律对待类似案件处理的结果，通过他们来劝解纠纷当事人接受调解结果能够起到事半功倍的效果。

问题是，上述人员为什么要当选"法律明白人"呢？从C县X镇培养经验看，现有的激励手段大部分停留在精神层面。例如来参加培训的人给予某种精神上的号召，很少有物质上的激励。而在乡村社会生活日益理性化和计算化背景下，如果没有足够的货币化补偿，将很难调动"法律明白人"积极参与培训。因为当选"法律明白人"要定期接受培训与考核，不仅占用工作时间，并且不能获得误工补贴，而且接受培训的内容不一定与他自己的生活体验息息相关，听起来也可能索然无趣。因此，如何激励当选的"法律明白人"持续性接受培训或者说激励他们用自身行为影响周边群众尊法守法是"法律明白人"培养的关键问题。

如果说选好"人"是关键的一步，那么激励"人"做事是关键的关键。这一点在"法律明白人"创始人黄所长那里得到证实。他讲："每年我工作室的运行，县委政法委没有专项经费支持，如果有专项经费支持，我的干劲更十足。虽然我评上了'中国好人'，但是好人也要吃饭啊。现在工作室的饮料、水都是我自己出钱买的。"① 关于这个激励问题，县司法局人员也多次谈到其中的不足。例如，县里相关职能部门下乡授课没有补贴，并且农民参与"法律明白人"培训也都没有工作补贴，这大大影响了干部工作积极性和农民参与积极性。在此过程中，如果相关人员没有得到足够激励，很有可能会导致被选上的"法律明白人"骨干仅仅停留在文字名单造册层面，而不会在实践中发挥具体作用。

尽管"法律明白人"培养过程中可能存在激励不足的问题，但总体来看，"法律明白人"作为新时代基层社会普法的一种创新实践，确有其推广的必要性。从必要性角度来讲，以往普法实践大多没有针对具体普法对象，也即普法不针对具体"人"的需求，仅仅是从文本上宣传和维护国家法律的权威。问题是如果普法没有抓住法律适用的对象，也即具体的"人"的心理诉求，没有关注具体的"人"在一定生活状况下所认同的"小道理"，再多的普法内容也无助于提高农民的法律意识。而"法律明白人"的选培实际上是抓住了农村普法实践中的主要矛盾和矛盾的主要方面。在乡村社会中，大部分村庄都是基于地缘和血缘连接的共同体。在南方宗族型村庄中，这一点体现得尤为明显。大部分村庄都是一个单纯姓氏或者几个主要姓氏，很多村庄当中有威望的人大部分是那些族长、辈分高的人，这些人往往在化解矛盾纠纷过程中说话有分量。但在矛盾纠纷发生后，这些人可能制造更大的矛盾纠纷，也有可能帮助基层政府解决重大矛盾纠纷。现如今，把他们选培为"法律明白人"实际上是让他们明白无论是他们本人的纠纷还是他所在的群体的纠纷，只要有矛盾纠纷就应该找国家法律。一方面，这可以为防范和化解农村重大矛盾纠纷提供基础保障；另一方面，可以充分发挥他们在调解矛盾纠纷、带动群众守法方面的示范作用。因此，"法律明白人"确有推广的必要性。

质言之，之所以从普法创新的角度力推农村"法律明白人"工程，主要是因为"法律明白人"的选培在更加微观层面反映了国家法律进入乡村社会的一些机制。而选培"法律明白人"的目的是尽可能消除或者减少影响法律权威的因素，让乡村社会扎牢法律通行的基础之网。相比而言，这种普法模式更加具有针对性，抓住了农村普法实践中的主要矛盾。因为，农村"法律明白人"培养针对的不是具体法律条文的普法，而是

_____

① 资料来自笔者 2020 年 7 月在江西抚州 C 县 X 镇的访谈记录。

针对具体的"人"以及"人"的诉求进行普法,一定程度上反映了提高农民法律意识必须回应农民诉求,而农民的法律意识并不是通过大而化之的普法运动就能够提高的,农民法律意识的提高需要若干个像农村"法律明白人"培养工程的层层推进和铺垫。

四　农村"法律明白人"的类型、特点与功能

(一)"法律明白人"的类型

在 C 县 X 镇的"法律明白人"的选培中,"法律明白人"本身并不需要懂很多法律,但需要完全领会"办事依法、遇事找法、解决问题用法、化解矛盾靠法"的精神。用 X 镇黄老所长的话来说:"这个标准在现实层面的运用就是,老百姓遇到问题或者产生矛盾纠纷,首先要想到法律,不要讲蛮,不要让有理变成无理。"[①] 这二十个字是培养过程中的基本标准。当然,这个标准怎么在实践中检验,实践效果如何,需要在实践中不断探索。不过,这二十个字的精神可归一条:遵守国家法律。问题在于,不可能教育和培养所有农民群众都遵守法律,于是在"法律明白人"培养的过程就有一个分类培养的问题。事实上,"法律明白人"培养不可能"大水漫灌",必须依照不同类型制定相应培养计划、遴选标准以及目标要求。

从类型上看,"法律明白人"一般分为普通"法律明白人"和骨干"法律明白人",前者是按照行政村和村小组的划分,至少每 10 户确定一名,后者往往是在职务、经济以及身份层面带有突出特征,并且在村民中有一定威望,是能够引导村民的村庄精英或者能人。当然,"法律明白人"的这两类划分是从政策层面来讲,或者说从社会治理角度提出来的。这两种类型划分及其培养标准已经纳入正式的制度文件中。关于这一点,在总结 C 县"法律明白人"培养的经验基础时,江西省和抚州市在制度建设层面都出台了相应规范性文件,以指导和保障农村"法律明白人"培养的标准和各项措施落地。

(二)"法律明白人"的特点

表 5-2 是根据 C 县 X 镇 L 村骨干"法律明白人"的档案整理而来,从中我们可以提炼骨干"法律明白人"的一般特点。

---

① 资料来自笔者 2020 年 7 月在江西抚州 C 县 X 镇的访谈记录。

表 5-2 　　　　　　　　　L 村骨干"法律明白人"基本情况

序号	姓名	性别	年龄（岁）	是否党员	身份特征
1	张某春	男	50	是	村委会主任
2	刘某华	男	40	是	退伍士兵、村委副主任
3	周某云	女	44	是	村妇女主任
4	李某波	男	34	是	村庄片石厂厂长、年轻企业家
5	陈某平	男	53	是	村庄服装加工厂厂长、新屋下小组组长
6	杨某析	男	72	是	村庄小型商店店主、曾担任小组组长
7	昌某桂	男	55	否	村小组长
8	陈某平	男	50	是	街上村小组组长
9	王某虎	男	45	否	常年在河北办厂当老板
10	邓某华	男	60	否	常年在河北办厂当老板
11	廖某孙	男	57	是	村小组长
12	乐某孙	男	45	否	个体户、接触的人多
13	李某平	男	54	否	个体户
14	廖某孙	男	55	否	职业为石匠瓦工
15	杨某高	男	64	是	退休教师、曾担任村党支部委员
16	杨某华	男	52	是	村小组长
17	袁某郎	男	52	否	剥谷厂厂长
18	张某富	男	43	否	个体工商户（修电动车）
19	张某远	男	56	否	退伍军人
20	吴某兰	女	46	否	移动营业厅店长，老家是 L 村人

资料来源：根据 L 村"法律明白人"培养的档案资料和当事人访谈整理而来。

通过表 5-2 可以看出，L 村骨干"法律明白人"的特征：一方面，骨干"法律明白人"大多数年龄较大，这些人长期生活在村庄社会中，作为村庄社会中的一员，对乡土社会各种"做人"原则、人情世故相对比较了解。当村庄社会发生矛盾纠纷后，能够依照地方风俗习惯和法律精神判断是非。另一方面，骨干"法律明白人"大多数是在村庄社会中有威望的人，至少是说话比较正派的人。当需要他们参与相关矛盾纠纷解决时，他们能够利用自己的人脉资源优势化解矛盾纠纷。

而在调研中，通过对比分析多个村庄"法律明白人"的身份特征与实际功能，可以得出以下"法律明白人"的一般特征：

一是"法律明白人"一般在村庄社会中"做人"比较到位。懂得如何在村庄社会中"做人"是村庄生活的基本法则。[①]"法律明白人"虽然不需要懂得太多法律，但如果不懂得村庄生活的人情世故、不懂得换位思考、不能识别具体利害关系，就是不懂得如何"做人"。尤其是对于骨干"法律明白人"而言，学会"做人"是做好"法律明白人"的前提条件。乡村社会生活产生的矛盾纠纷，看似是由于利益产生的纠纷，但实际上大多因不会"做人"引起的。所以在产生矛盾纠纷后，需要懂得如何"做人"的人去补充和调节一定范围或特定当事人的人际关系。因此，懂得如何"做人"是做好"法律明白人"的前提条件。

二是有一定的文化水准，能够大致通晓国家法律和政策精神。这里的文化水准至少是能够表达自己并且有一定的书写能力。例如，X镇L村有一位村民，他是一位骨干"法律明白人"，虽然只有初中学历，但他的文字功底较好且普通话说得比较好。相比其他人而言，由于他在这方面的能力比较突出，所以每次县里面听取农民代表关于"法律明白人"的培养经验，村里都叫他去开会交流。这说明有一定文化水准很重要，当国家出台了最新规定时，至少要能够理解国家法律和政策的基本精神，才能向周边群众宣传和传达。

三是在村民当中有一定的威望和权威。在村民当中有一定威望和权威是"法律明白人"发挥带头作用的关键。很多"法律明白人"要么由于自身的职务（如村干部），要么由于自身的经济地位（如企业家），要么由于自身的身份地位（如退休干部、党员、教师），能够影响周边村民。在村庄日常生活中，这些人能够代表一种公正或者权威，也能够在村民困难时提供一定帮助，因而与村民的关系相当密切。在产生矛盾纠纷后，这些人参与过来，能够有效劝解和疏通矛盾。用黄老所长的话来说："他们说话管用，他们说一句话顶得上我们说十句话。"[②] 因而，产生矛盾纠纷后，他们加入进来之后能够有效解决矛盾纠纷。

（三）"法律明白人"的功能

在具体矛盾纠纷化解中，法律明白人主要发挥以下功能：

① 王德福：《做人之道：熟人社会中的自我实现》，博士学位论文，华中科技大学，2013年，第132—163页。

② 资料来自笔者2020年7月在江西东部C县X镇的访谈记录。

一是宣扬国家法律在场。在宗族型村庄中,有些矛盾纠纷发生后如果没有预防往往演变成宗族与宗族之间的群体性事件,进而也影响社会稳定。调研中,包括黄所长在内的乡村干部和农民都认为,以前 C 县的社会治安形势相对比较复杂,很多群众不了解国家法律,通过"法律明白人"选培后,"法律明白人"在一定程度上对国家法律与农民权益保护的关系有一些新认识,拉近了国家法律与矛盾纠纷化解的关系,因而通过"法律明白人"宣讲国家法律政策并对当事人进行心理疏导,在一定程度上推进了乡村社会矛盾纠纷有效化解。

二是织牢乡村社会治理法治化的组织之网。乡村社会治理法治化需要多元主体共同参与,其中农村"法律明白人"参与尤其是骨干"法律明白人"参与将会密织用法律化解矛盾纠纷的网络。实践表明,"法律明白人"作为一个新的身份加在村"两委"干部和村小组组长身上,看上去与过去的工作方式和方法没有什么两样,但实际上如果对他们进行组织化和常规化法律培训,不仅提高了村组干部的法律素养,而且强化了村级党组织动员和组织的能力,夯实了乡村社会治理的组织基础。

三是铺垫了"法律下乡"的基础设施。国家法律下乡,需要一套完整的基础设施,正如车辆要正常行驶在马路上需要保证路面的基础设施平坦和畅通一样。如果乡村干部本身是骨干"法律明白人",并自觉运用法律手段防范和化解乡村矛盾纠纷,不仅为国家"法律下乡"奠定了坚实基础,也为构建乡村社会治理自治、法治与德治相结合的乡村治理体系提供了基础保障。这种保障是一种基础性权力保障。迈克尔·曼在《社会权力的来源》中指出权力可以分为基础性权力和专制性权力,① 国家法律下乡的过程需要像"法律明白人"这样的基础性工程作为依托。区别于国家法律的专制性权力,农村"法律明白人"培养工程是强化国家基础性权力的重要体现。国家基础性权力增强,有利于国家法律的专制性权力渗透到基层社会。

当然,也需要辩证看待"法律明白人"培养发挥的制度功能。通常而言,农村"法律明白人"本身无法单独处理一些"急、大、难"案

---

① ［英］迈克尔·曼:《社会权力的来源》第 1 卷,刘北成、李少军译,上海世纪出版集团 2015 年版,第 10—13 页。

件，需要在乡镇党委和政府的支持和协调下处理这些案件。从目前的成员构成来看，骨干"法律明白人"这个身份符号扩充了乡村社会治理的主体力量，为乡村社会治理的社会化和法治化提供了前提条件。不过这里面需要注意的是，第一，不能过分夸大"法律明白人"在乡村矛盾纠纷化解中的作用。"法律明白人"在基层党委和政府统一组织协调下，才能有效介入矛盾纠纷的调解。如果没有基层乡村干部引导，"法律明白人"在矛盾纠纷化解中也不可能有效发挥作用。一般而言，在矛盾纠纷化解中需要考虑双方当事人的情绪和接受调解的意愿，因此"法律明白人"的介入需要掌握时机，这都建立在乡村干部丰富的调解经验基础上。第二，"法律明白人"的加入并不必然能够化解矛盾纠纷。"法律明白人"的参与只意味着矛盾纠纷调解将更加有效，或者说矛盾纠纷的调解将更加顺利。"法律明白人"的加入只是矛盾纠纷顺利化解的重要因素而已。从实践层面来讲，要有效化解矛盾纠纷还需要调动与当事人有联系的其他关系人，例如当事人的亲戚在县里机关当干部的，如果村书记打电话让他们来调解纠纷，他们还是愿意来帮助劝解和宣讲相关政策，以维护乡村社会稳定。第三，"法律明白人"参与化解矛盾纠纷并不等同于用法律去化解矛盾纠纷。骨干"法律明白人"看似比普通村民懂得多一点，但其实则不然，他们和普通村民一样都要应对日常生活的多方面，在短期培训之后并不能显著提高他们的法律知识。并且有些"法律明白人"的素质参差不齐，即使通过短暂培训之后对法律有一个新的认识，如何消化也完全依照个人的理解能力。从这个意义上讲，"法律明白人"虽学习了法律知识，但这并不意味他们能用现代法律制度化解矛盾纠纷。

事实上，在乡村社会，熟人社会的特性以及人际关系的非商业化属性决定了乡土社会的日常生活不可能完全在现代法律制度体系中运行，除非是有些矛盾纠纷解决如不在法律上进行判定将与乡村社会对国家法律预期产生巨大落差，否则"法律明白人"就不可能完全用法律化解矛盾纠纷。结合实践层面来讲，"法律明白人"参与矛盾纠纷调解不是应用法律而是在增加关系协调的行为空间。增加后的行为空间可能会容纳"法"的要素，但不是完全吸纳进来，并且这种容纳是抽象意义上的，意在塑造一种国家权威。

第三节　"法律明白人"参与乡村矛盾
纠纷化解的社会机制

一般而言，化解乡村矛盾纠纷是乡村干部的职责，而一般的普通群众很少介入。现实中，乡村干部化解矛盾纠纷的治理性资源总是有限的，为了尽快化解矛盾纠纷、维护基层社会稳定，总是要调用村庄"法律明白人"参与。那么村庄"法律明白人"为什么会参与乡村矛盾纠纷化解？"法律明白人"到底是如何发挥作用的？

一　"法律明白人"参与矛盾纠纷化解的不同情境

要有效回答"法律明白人"如何参与乡村矛盾纠纷化解，首先必须区分不同矛盾纠纷的性质。在实际调研中，有些利益冲突比较小的矛盾纠纷，一般村庄骨干"法律明白人"就能处理好。这里的调处可能不需要法律的手段，而更多的是利用自身在村庄中的权威和自己的关系资源调解。

案例7：L村某组，有一位骨干"法律明白人"既是小组组长又是村庄企业家，有一回他调处两夫妻吵架的矛盾纠纷时，在认识到夫妻双方吵架是因为男方不够勤奋时，他利用自身的关系把男方介绍到村里另一家企业工作。那家企业老板和骨干"法律明白人"关系比较好，所以男方顺利找到了工作，夫妻之间的矛盾纠纷也就解决了。①

从上述案例中可以看出，"法律明白人"可能很多时候不是在利用法律解决问题，而是利用自身的权威或者关系资源来化解矛盾纠纷。当然，调研经验表明，村庄"法律明白人"并不一定能够解决好所有矛盾纠纷，有时候也是无能为力。这里面的"无能为力"主要由于"法律明白人"主观的因素：一是他们并不是很懂法律，某些问题在自己看来是法律专业问题，往往会推给镇里司法所解决。二是他们毕竟不是国家干部，权威是有限的，再加上自己还有其他工作要做，也没有很多时间和精力去化解矛盾纠纷，因而他们往往选择把矛盾纠纷上交。上交不但自己可以免责，也可以省去很多不必要的麻烦。

---

① 案例来自2020年7月5日在江西省C县L村的田野调查。

再者，如果矛盾纠纷本身是一些"急、大、难"的问题，"法律明白人"客观上没有能力解决，那么就必须上报到乡镇层面解决，但骨干"法律明白人"并未因此而摆脱责任，他们在后续地调解工作中也必须参与进来，如案例 8 所示。

案例 8：一天傍晚，X 镇某村的一位退休教师罗某玉在马路上散步，当时恰巧一辆货车和与一辆电动车会车，骑电动车的是张某花，X 镇 L 村人，不慎把罗某玉撞伤了。后来交警判定，由于电动车逆行，因此对人身伤害负主要责任。后双方协商，张某花赔偿罗某玉 10000 元医药费，并当场给了 3000 元。临近年终，张某花还没有给剩下 7000 元，而罗某玉两个儿子回家过年，看到张某花家的房子盖得很好（由于张某花家是贫困户，房子是国家帮忙盖的），以为张某花欺负罗某玉家故意不给钱，于是准备纠集自己亲戚和朋友数十人到张某花家闹。得知这一情况后，M 村党支部书记（骨干"法律明白人"）考虑此事涉及两个不同行政村的村民以及事态紧急，于是立即上报给镇里领导。后来镇里分管领导立即组织 L 村和 M 村驻村干部和村干部，并叫上双方的家属中有经济能力和说话比较公正的人在场组织调解。经过多方做工作，双方达成调解协议并偿还剩下的医药费。①

上述案例反映出，虽然"法律明白人"不能解决所有乡村矛盾纠纷，但必须积极协助乡镇党委和政府做好劝解工作。从体制角度来讲，骨干"法律明白人"参与矛盾纠纷化解，主要是因为在乡镇层面建立了综合治理的组织体系。通常而言，乡镇层面建立了综治中心。综治中心主任由乡镇党政主要领导担任，副主任是分管政法工作或综治工作的乡镇副职领导，成员是乡镇各个站所和行政村党支部书记或主任。所以，一旦出现"急、大、难"案件，乡镇层面的综治组织体系就会运转起来。从社会层面来讲，一些"急、大、难"案件也需要"法律明白人"加入进来，尤其是需要骨干"法律明白人"参与进来。骨干"法律明白人"之所以要参与进来，主要是为了调动与纠纷当事人有关系的人一起来做当事人的思想工作。

此外，如果骨干"法律明白人"本身是和矛盾纠纷当事人有关系的人，那么有义务协助和配合乡镇党委和政府做好工作，如案例 9 所示。

---

① 案例来自 2020 年 7 月 6 日在江西省 C 县 L 村的田野调查。

案例 9：李某波是村庄采石厂老板，也是 L 村骨干"法律明白人"。李某波和王某山两家人一直是邻居，李某波此前与通过村委会签订协议得到了一块地，并在该块地建了房子。不久后，李某波家还在这块地上建起了围墙。王某山认为围墙占用的地是自家的。于是两家经常吵闹。有一天晚上，因为两家争执，王某山拿菜刀跑到李某波家，但没有伤人。后来得知此事后，村干部和镇里面副书记还有人民调解员都来现场调解。李某波家签订的协议也拿出来，发现李某波家并没有越界。在摸清了双方的基本情况后，镇里领导对李某波说："这个地你家已经建好了房子，而且你现在开厂，不差这点钱。"李某波作为骨干"法律明白人"表示接受镇里面调解，做好自己家属的工作。于是，乡镇领导又去做另一方工作，镇法律服务所黄所长则这样调解："我和我的邻居关系处得很好，他们有什么困难，我都愿意帮助的，邻里之间抬头不见低头见。"经过镇里面做工作，李某波也做了自己两个哥哥的工作，答应退让一米，最后两家人达成协议。①

上述案例反映出，如果"法律明白人"本身是纠纷当事人，"法律明白人"参与化解矛盾纠纷的可能性很大，并且也容易促成矛盾纠纷化解。"法律明白人"骨干此时参与主要是协助和配合乡镇层面化解矛盾纠纷。这种协助和配合具体表现为在乡镇党委和政府统一领导下在不同阶段做当事人工作。而不同阶段的设定又与矛盾纠纷的冲突性以及当事人的核心诉求有关，因而"法律明白人"的协助与配合需要乡镇党委和政府依照化解矛盾纠纷的需要适时加入。当然，"法律明白人"协助和配合乡村矛盾纠纷化解，其作用的发挥主要看矛盾纠纷的具体情势：如果化解矛盾纠纷需要"法律明白人"做工作，那么"法律明白人"才能参与进来；如果"法律明白人"参与进来反而会激化矛盾纠纷，那么"法律明白人"本身是乡镇党委和政府做工作的对象。虽然"法律明白人"懂得一点法律知识，但也会遇到与自己有关的利益矛盾纠纷问题，此时乡镇党委和政府在化解矛盾纠纷时就需要审慎引入"法律明白人"。

二　"法律明白人"参与矛盾纠纷化解的原因

总体来看，"法律明白人"之所以加入到矛盾纠纷化解中，主要基于

---

① 案例由笔者根据 2020 年 7 月 11 日 C 县"法律明白人"培养档案整理而来。

以下几方面考虑：一是有些骨干"法律明白人"本身具有维护基层社会稳定的职责。例如村"两委"干部、包村干部、村民小组长对本辖区内的社会稳定具有属地管理责任，这个责任既通过年终综治考核来体现，也通过层层签订综治目标责任书来体现。如果考核达标，则村干部绩效工资能够保留，反之则不会保留。基于维护社会稳定需要以及完成年度综治考核目标，村"两委"干部通常会配合乡镇党委政府化解"急、大、难"案件。二是"法律明白人"参与矛盾纠纷化解主要考虑私人关系的感情。乡镇干部和村庄"法律明白人"在工作实践中形成了相对熟悉的社会网络关系。当乡镇干部在化解矛盾纠纷过程中需要村庄"法律明白人"加入时，个人之间的私人关系也很重要。基层社会浓厚的私人关系使"法律明白人"更加有动力参与矛盾纠纷化解，这也是乡村社会人情的"亏欠"机制在发生作用。[1] 三是如果"法律明白人"与矛盾纠纷当事人是邻里或者亲朋好友关系，那么"法律明白人"参与乡村矛盾纠纷化解便是常态。因为纠纷产生和解决本身具有社会性，"法律明白人"在村庄社会中生活，首先是村庄社会中的一员，当自己身边的人发生矛盾纠纷时，作为普通一员也有这个动力参与矛盾纠纷化解。如案例 10 所示，"法律明白人"本身生活在村庄社会中，总是会形成各种关系网络，当身边的邻里或亲朋好友出现麻烦或者困难时，也会参与矛盾纠纷化解。

案例 10：经人介绍，X 乡东边村民童某园与 M 镇 Z 村村民黄某认识并发展为恋人关系，到了谈婚论嫁的阶段。根据双方商定，2016 年 2 月 18 日，黄某支付给女方童某园家 12.8 万元作为彩礼。2017 年 2 月，双方感情破裂，就彩礼返还一事发生分歧。男方多次扬言要召集亲戚朋友讨要说法。面对可能引发的群体性事件，得到消息后，一方面，X 乡党委、政府派出乡党委副书记、司法所所长、派出所所长进行调解；另一方面，M 镇党委政府与 X 乡党委政府分别安排双方及其父母亲属较为熟识的"法律明白人"黄某春和邓某珍上门做思想工作，详细讲解相关法律法规，使双方认识到暴力是解决不了问题，相反还可能会造成严重后果。经过多次做思想工作，双方终于达成协议，由女方返还甲方彩礼 9.2 万元，并履行了协议签署的内容。[2]

---

[1]　陈柏峰：《"气"与村庄生活的互动——皖北李圩村调查》，《开放时代》2007 年第 6 期。

[2]　案例由笔者根据 2020 年 7 月 11 日 C 县"法律明白人"培养档案整理而来。

三 "法律明白人"参与矛盾纠纷化解的实践逻辑

(一)"法律明白人"参与矛盾纠纷化解的角色定位

"法律明白人"参与矛盾纠纷化解并非意味着用法律去解决矛盾纠纷。实际上,当事人的矛盾纠纷很多都与法律不大相关,或者说即使有关,但不用法律途径解决问题,那么"法律明白人"用法律手段解决问题似乎功效不是很大。从调研所了解的矛盾纠纷来看,具有以下特点:一是很多矛盾纠纷不涉及法律,无法套用现代法律制度进行解决。二是乡村矛盾纠纷大都因一些琐事引起或者出现意外人身死亡而引起,当事人并没有想到运用法律解决。三是有些矛盾纠纷的最终化解并不是仅仅依靠乡镇党委和政府出面就能解决,这又表现为两个方面:一方面,乡镇党委和政府通常充当的是矛盾纠纷化解的组织协调者,具体需要依靠相关部门(司法所、派出所、村干部、"法律明白人"等)配合解决。另一方面,有些涉及不同乡镇的人的矛盾纠纷,需要县级层面协调解决。因此,从这个层面来讲,建立县乡村不同层面的综合治理组织体系十分必要。

农村"法律明白人"参与乡村矛盾纠纷化解主要是配合或者协助乡镇干部做好当事人的思想工作。特别是在乡镇党委和政府组织双方调解时,需要"法律明白人"参与进来做当事人工作。做工作当然涉及是非价值判断,但更多的是对当事人讲清楚利害关系,讲清楚政府的态度,劝解当事人接受调解方案,如案例11所示。

案例11:2016年4月19日,X镇K村村民黄某良拆旧房建新房,并请了挖掘机帮助拆除旧房,在拆除过程中,挖掘机不慎将邻居黄某仁家的房屋弄坏。黄某仁回家后发现房屋被打破,便喊来亲戚朋友,气势汹汹地到黄某良家,随时可能爆发冲突。在得知这一情况后,K村的骨干"法律明白人"黄某冬主动介入,积极劝导双方正确认识问题,妥善解决纠纷。黄某冬先找到黄某仁,劝说他要心平气和,大家都是邻居,抬头不见低头见,不要动不动就打架,并依据相关法律和政策进行解释,特别是对出现类似问题的处置程序作了介绍,并分析了有关利害关系。同时找到与黄某仁关系较为密切的亲朋好友,帮助做其思想工作。通过多次做思想工作后,黄某仁态度有所缓和,答应进行调解。之后黄某冬便找到黄某良,告知其侵犯了他人的合法权益肯定是要赔偿的,黄某良本人也同意赔偿,但赔偿应该在合理的范围内,不能漫天要价。于是黄某冬将黄某良、黄某仁两家人拉到一起，在双方比较信任的亲朋好友见证下，运用自己所学的法律知识，动之以情，晓之以理，最后双方达成一致，由黄某良向黄某仁赔偿 18000 元。就这样，"法律明白人"黄某冬运用自己所学的法律知识，主动介入帮助调解邻里纠纷，心平气和地将一场可能引发的血案化解在萌芽之中。①

上述案例反映出，在矛盾纠纷化解中，"法律明白人"的加入意在疏通当事人的执念。这里面，"法律明白人"不仅要宣传国家法律和政策的规定，还要针对当事人的性格和脾气做好心理疏导工作，所谓"一把钥匙开一把锁"。有时候，碰到那些特别执拗的当事人，"法律明白人"还需要考虑和当事人关系比较好或者当事人家中说话做事比较公道的家属联系，希望通过做通他们的工作来调动当事人亲属一起来做工作。如此，才能真正做通当事人的思想工作。

(二) 矛盾纠纷化解中"法律"的多重面向

如上文所述，农村"法律明白人"参与乡村矛盾纠纷化解的目的主要是帮助基层党委和政府做通当事人的思想工作，疏通当事人的心理，劝解纠纷当事人接受调解协议。在此过程中，"法律明白人"很少运用法律对当事人做工作，动用的大多是个人感情、生活伦理以及亲属关系等。但是，这并不意味着法律在"法律明白人"参与乡村矛盾纠纷化解中没有发挥作用，只是它呈现出不同面向而已。在基层社会矛盾纠纷化解中，基层群众可能会从不同角度认识法律的存在。之所以对法律存在不同的认知，并不是因为基层群众理论素养有多高，而是基层群众总是会从自己的需求出发去认识法律的存在。有时候这种需求可能会无限放大，以至于超越了法律的边界，而人民调解员通过把法律语言转换为地方语言，并通过具体场景下对基层群众的诉求进行规训，此时法律便会产生多重面向。

在乡村社会，法律在基层群众中总是代表一种国家形象，并且离乡土社会生活非常遥远。然而，通过仔细分析乡村矛盾纠纷化解的过程，又会发现法律在化解矛盾纠纷中总是呈现出多重面向，通过勾勒这些面向，可以发现具体场域下的当事人是如何认知国家法律及其产生的微观权力关系。不可否认的是，国家法律在乡村矛盾纠纷化解中存在威严。法律在乡村矛盾纠纷化解中可能并不会呈现出像城市工商社会那样用具体法律规定

---

① 案例由笔者根据 2020 年 7 月 11 日 C 县"法律明白人"培养档案整理而来。

做出的裁判，而是以一些非常微观的话语机制和权威面向出现。经过梳理相关纠纷的化解过程以及对 X 镇司法所黄所长的访谈，可以归纳出以下几种法律的面向。

1. 法律可能作为一种行为后果出现

法律作为一种制裁，往往是伴随着行为后果出现的。当事人之间因为琐事而闹矛盾在乡村社会中常常有。乡村社会中，很多矛盾纠纷本身是非常小的问题，但是当事人容易把自身的损害扩大。

案例 12：2017 年 6 月，退休教师罗某玉不慎被一个村民骑车摔倒，后经交警大队认定摩托车车主负主要责任，罗某玉住院治疗花了近 10000 元，报销 3000 元要求摩托车车主赔偿 7000 元。但是摩托车车主家庭困难，拖了大半年都没有给。年前罗老师的两个儿子回来了，问起母亲这个事情之后气不过，想让摩托车车主多赔钱，于是就组织自己的亲戚朋友到摩托车车主家闹事。摩托车车主报告给乡村两级干部后，镇里面要求黄所长组织双方进行调解。调解过程中，黄所长直接对罗某玉的儿子说："如果你们闹事打架，过年就要去班房过。"①

案例中说的"班房"就是指监狱，也就是说如果罗某玉的儿子为了拿到钱而打摩托车车主，那么黄所长将给公安机关打电话，然后依法进行拘留。这就是法律在纠纷调解中出现的面向之一。可以看出，这种面向反映出法律在农民心目中就是一种制裁后果。回到纠纷解决的具体场景，如果黄所长没有这样表达，不用国家法律的权威去震慑那些企图通过暴力达到目的的人，那么纠纷调解也没有办法顺利进行。上述案例虽然没有具体呈现法律是怎样运用的，但是法律在纠纷调解中也起到了一定作用。在调解过程中，法律作为一种整体面目出现，言及法律意味着一种行为后果的制裁。然而，这里面也涉及话语转化的问题。如果黄所长不用地方方言"班房"来表示打人的行为后果，对方也不一定能意识到自己的行为后果。正是因为黄所长的语言转换，使得当事人意识到国家法律的存在，进而才调整自己的行为，冷静自己的情绪，引导纠纷朝向可调解的方向发展。

2. 法律也呈现出以证据的形式出现

在那些涉及人身损害赔偿案件中，需要正确断定事实以及双方当事

---

① 案例由笔者根据 2020 年 7 月 11 日 C 县"法律明白人"培养档案整理而来。

人是否有过错。在化解矛盾纠纷过程中，往往需要对基本事实做出判断。例如，如果当事人因为人身损害住院治疗，人民调解员或者"法律明白人"往往要求当事人提供相关证据。在确定调解的方向时，也要看当事人是否有证据以及核心诉求是什么。一般而言，在涉及人身损害赔偿时，往往争议的是赔偿数额问题。赔偿数额是要根据基本的事实进行判断。如果不根据具体事实判断，即使强行调解，也可能引发当事人上访。实践中，调解员或者"法律明白人"当然也不会用法律上"证据"的话语要求当事人提供相关证明，而是自己调查或者由"法律明白人"提供相关事实信息。这些信息当然不会用规范的证据形式呈现，而常常是以表达当事人的核心诉求以及生活上存在某种困难的话语来呈现。在这种场景下，每个人的核心诉求总是有各自的道理，但在矛盾纠纷化解中想达到一种折中的方案就必须在考虑每个人的核心诉求前提下，用相关证据事实说话。在调解员或"法律明白人"看来，只有证据才能支撑其法律诉求。为了使双方尽快形成一个折中的调解方案，就必须把当事人可支持的核心诉求转化为法律和人情都能支持的诉求。此时，法律作为一种"证据"就会在当事人中出现，并且在纠纷调解中认定的事实也会以较为通俗的语言反映出法律上的证据效力。

3. 法律也是一种威胁手段

纠纷调解中常常会产生一些威胁话语。这种情况发生的前提是，当事人始终无法通过协商的办法解决矛盾纠纷。这个时候，调解员可能告知当事人去起诉，或者为了让当事人认为调解是解决矛盾纠纷的最好选择，于是告诉比较难缠的一方，如果不接受这个调解方案，对方可以到法院起诉。对当事人考虑到时间成本和收益的情况下，往往会接受调解作为最优的矛盾纠纷化解选择。这里面"起诉"可能并不会出现在具体矛盾纠纷调解中。通常而言，出现在纠纷调解中往往是这样表达的："如果不行，可以到法院告他。"不过，这里还是需要调解员或者"法律明白人"利用当地方言把具体法律规定转化成普通群众能够听得懂的话语，让当事人感受到国家法律就在身边，如何做出最优选择需要仔细考虑一下。实践中，考虑到法院起诉的时间成本及最后的结果没有什么不一样，通常而言会选择接受调解。这里面"法律"的出现往往呈现一种以起诉相威胁的面向，它背后隐含的是法院、公安等国家暴力机器对矛盾纠纷的司法适用。

4. 法律表现为一纸"人民调解协议"

人民调解协议是人民调解委员会对当事人接受的调解方案进行的书面表达。通常而言，双方在调解结束后会收到人民调解委员会制作的调解协议书并加盖公章。人民调解协议盖章后会产生法律效力。双方在看到加盖公章的调解协议书之后，就能够感受到这就是法律的存在。从调解员的角度来看，人民调解协议书生效后当事人不能反悔。如果当事人反悔，那么将移送到人民法院。从纠纷当事人角度看，人民调解协议书加盖了政府的公章，反悔不太可能。在基层群众眼里，公章就是一种权威。尽管他们并不太懂人民调解协议要产生法律约束力需要经过人民法院的司法确认，但是只要看到调解协议书上有公章还是会感到国家法律的存在。尽管在调解过程中，法律并没有直接地界定权利和义务，但是有了一份调解协议书，至少表明了国家已经介入双方当事人之间的矛盾纠纷。因而，从这个意义上讲，在基层群众眼里，法律也可能表现在一纸人民调解协议书。

法律在基层群众中呈现出不同面向，本身反映了法律在化解矛盾纠纷过程中的重要作用。调研中，有着多年调解经验的黄所长多次提出为什么要依法解决矛盾纠纷，其中一个重要原因就是要告知普通老百姓：不要有理的变成无理。通常而言，所谓有理都是站在各自立场上，但是如果自己认为有理却通过非法的手段迫使对方做出赔偿或者其妥协，那么就是变成无理了。因而，有理变成无理的标准在于是否超越了法律的边界。然而具体什么才是法律的边界，普通群众并不知道。这就要求人民调解员或者"法律明白人"在化解矛盾纠纷过程中将法律语言准确转化为基层群众的生活语言，并结合地方风俗转化为基层群众心中对法律的预期。不过，这一切都建立在娴熟的调解技巧基础上。

乡村社会矛盾纠纷扩大化都是为了寻求某种利益，与之相对的是，人民调解总是希望把某种矛盾纠纷化解在萌芽之中或者大事化小、小事化无。其中，法律是人民调解过程中常用的手段，人民调解员为了实现调解目标，总是会以各种行为方式和策略技巧呈现出法律的多重面向，在此基础上也形塑了基层群众对国家法律的认知。国家法律并非以整部法律条文的形式呈现，恰好相反，国家法律在乡村矛盾纠纷化解中总是会产生各种微观权力关系。

总体上看，当前乡村社会正处于转型期，现代法律体系并没有完全在乡村社会扎根。乡村社会日常生活很多还处于费孝通先生所说的"熟人社会"。乡村矛盾纠纷光靠乡镇党委和政府的力量化解总是不够的。乡镇层面的综合治理当然不能只靠法律手段，很多时候矛盾纠纷的有效化解需要"法律明白人"参与。"法律明白人"参与会向当事人讲明道理。可能讲明某种道理中会涉及法律的基本精神，因而也就会在不同情境中呈现法律的多重面向。但是，讲道理还不是完全在讲法律，并且如何"讲道理"也涉及"法律明白人"运用地方性语言转化的问题。"法律明白人"作为乡村社会中普通一员，生活于乡村社会中，有自己的人脉资源。这为"法律明白人"参与矛盾纠纷化解奠定了前提条件。矛盾纠纷产生于社会交往中，解决矛盾纠纷的条件也存在于社会关系网络中。费孝通认为中国基层社会是以私人关系为纽带的"差序格局"①。以"法律明白人"为中心，周边总是存在相关的社会关系网络。从这个意义上讲，矛盾纠纷产生和解决都具有一定的社会性，产生于社会之中又解决于社会中。而在乡村社会中培养"法律明白人"，既为用法律的手段解决矛盾纠纷做好铺垫，也是宣传和普及法律知识的重要载体。

第四节 "法律明白人"助推法治乡村建设的路径反思与优化

一 农村"法律明白人"培养的困境分析

农村"法律明白人"培养侧重关注的是基层法治建设领域"人"的问题。然而，这里的"人"的问题区别于以往法治建设领域的制度问题和法治实践问题。有关"人"的观念和行为塑造涉及方方面面。可以说，实施农村"法律明白人"培养工程是基层法治建设领域旨在塑造"人"的法治观念的众多公共政策之一。从这个意义上讲，分析影响农村"法律明白人"参与法治乡村建设的体制机制因素还必须从公共政策执行的视角深入剖析。换言之，农村"法律明白人"培养从试点经验再到制度提炼，虽然形成了相关政策指导意见，但需结合政策执行的体制机制因素深入分析。

（一）领导注意力分配不连续导致实施过程中的间歇性

C县农村"法律明白人"培养是县委和县政府高位推动的结果。由

---

① 费孝通：《乡土中国》，北京出版社2011年版，第30—41页。

于当初有县委和县政府主要领导的高度重视和亲自过问，所以这项工程能够顺利启动运行。此时，部门与地方之间、部门与部门的"踢皮球"现象会减少很多。由于县委主要领导的重视，所以在C县X镇试点实施农村"法律明白人"培养工程的头两年，县里相关部门投入了大量的相关场地和资金资源。此后，C县农村"法律明白人"培养经验也得到官方媒体报道。与此同时，C县拿黄所长树典型，积极宣传他的事迹。但是，针对这个工程的持续推进问题，大部分乡镇干部也都表示过一丝担忧："如果县委主要领导调走了，不知道这个工程还能不能搞下去。"

"法律明白人"培养工程搞得好，可以维护基层社会稳定，这是上级考核领导干部的重要部分。然而，上级考察领导干部又不仅仅是维护社会稳定的能力，还主要包括经济发展、生态环境保护、民生事业保障等方面。因此，从领导晋升提拔的注意力分配来看，投入在社会稳定方面的注意力只是其中的一部分，当这部分的注意力被其他部分的注意力挤占之后或者压缩之后，与之相关的社会事务将会被忽略，甚至停滞不前。访谈中，不少骨干"法律明白人"反映，自己都不清楚为什么会成为"法律明白人"，有些"法律明白人"甚至直言不讳地说，这项工程在头一两年搞得比较好，"法律明白人"培训的课程也上得比较密集，最近两三年则有所懈怠。据黄所长讲，"法律明白人"培养工程实施的头一两年，县委书记每年到他家都要去9次，3年来去过20多次。后面县委书记就来得比较少了，这项工程实施起来也就不那么严格。

上述事实反映出，农村"法律明白人"培养工程实施存在间歇性问题。这种间歇性具体是指如果县里主要领导重视这项工程，那么下面的乡镇党委和政府就会重视"法律明白人"培养；如果县里主要领导不关注这项工程，那么县司法局、乡镇党委和政府以及村级组织就不重视这项工程实施。因此，县里主要领导的注意力是否持续投入与这项工程能否持续开展有密切关系。现实当中，由于实施这项工程存在间歇性问题，所以工程实施效果不稳定，甚至当初的很多政策规定都停留在纸上。例如，按照当初的政策预想，县里要组成普法讲师团分区域对接不同的乡镇，并对乡镇下面的农村进行法治授课。起初工作还是会进行，后面由于工作激励不足，有些县级政法部门领导和工作人员根本没有动力下乡讲课，有些即使下去了也就是拍拍照、走个过场而已。与此同时，乡镇层面的讲师团成员更加没有时间和精力去村庄中讲课，有些乡镇干部甚至直言自己从来没有下乡授课，并且授课内容都是黄所长为他们写的。由此可以看出，领导重视对于推进一项工程顺利实施以及取得相应实效是非常重要的。

（二）组织实施的"条""块"分割与激励不足

尽管省级层面出台了相关规定，确定了农村"法律明白人"培养的一些基本规范，但是这项公共政策的执行需要多个部门积极配合。一项政策在制定之初，便有了它自己的目标定位，而这些目标需要相关部门去组织执行。按照政策文件规定的方案去执行是保障政策目标实现的关键。实施农村"法律明白人"培养工程不但涉及司法行政部门，还涉及县委政法委、乡镇党委和政府、村"两委"、相关政法部门、银行以及相关人民团体。这些组织机构在贯彻实施"法律明白人"培养政策时，总是有自己的目标激励，[①] 有的尽管是直接的业务指导部门，但是光靠一个部门，没有县乡党委和政府的主要领导重视、没有村"两委"的组织动员，这项工程在实施过程中注定会产生很多困境，有些规定停留在纸面上，没有真正地落地。

还可以看到，农村"法律明白人"培养工程实施过程中，相关激励制度保障也很关键。如果缺乏相关激励制度，也容易使这项工程的实施陷入困境。这项工程实施涉及的单位主要是县司法局和乡镇党委和政府。县司法局主要是业务上的指导，是政府条块结构中的"条"，而乡镇党委和政府主要是抓政策落实和组织动员执行，是政府条块结构中的"块"。"条"上的业务要在乡村社会得到落实和执行，需要乡镇党委和政府的组织动员和执行。尤其是，需要乡镇党委和政府组织动员村级组织实施这项工程。但是，乡镇党委和政府在组织和实施这项工程时需要相应的经费支持，如果"条"没有直接的经费支持，就没有足够的动力去组织执行。特别是在乡镇党委和政府财力紧缺的情况下，不太可能花大力气督促乡村干部加大"法律明白人"培训，并积极引导农民参与"法律明白人"培养。如果乡镇党委和政府不支持"法律明白人"培养，那么县司法局的业务要求就无法真正落实到乡村社会，"法律明白人"培养目标就永远处于"悬浮状态"。

解决"条"上的业务指导和"块"上的组织执行之间的矛盾需要一个共同的领导权威加以协调。这个共同的权威就是县委和政府，具体而言

---

① 陈家建、边慧敏、邓湘树：《科层结构与政策执行》，《社会学研究》2013 年第 6 期。

就是县委政法委。这是因为，县委政法委是县委的重要组成部门，承担着运用法律手段维护社会稳定的职责。按照常规来讲，当县司法局和乡镇党委、政府出现工作上的协调问题时，县委政法委应该出面进行协调。但据黄所长讲，虽然他找过分管财政的县委政法委副书记，但是最终还是没有解决。这里面的原因可能有：一是县委政法委领导可能认为县委主要领导在这个时期不会重视这个问题，所以就没有出面解决这个问题；二是县委政法委如果出面协调这个问题，就必须拿出一部分经费解决乡镇层面或者司法局层面激励不足的问题，而在政法工作经费本身有限的情况下，这个问题最后变成一种"冷处理"。当然，由于县委政法委没有出面协调解决这个问题，所以也影响了县司法局主要负责人主动推进"法律明白人"培养的实施力度。而在乡镇层面，由于财力有限，很多时候乡镇党委和政府主要领导可能并不会持续关注县级领导不重视的问题，或者说乡镇党委和政府主要领导如果觉得推进"法律明白人"培养工程并不会助力自己的政治升迁，就没有足够的动力去积极推进，而是会打政策的"擦边球"，把这个实施责任推给县司法局。正如黄所长自己所讲："现在乡镇党委书记认为'法律明白人'培养好与坏都不会影响到自己升迁，所以不会很重视。并且这个工程已经实施一届了，许多干部还在这里干，政治晋升还不确定。"[①] 而县司法局认为自己只是一个业务技术指导部门，关键还是要乡村两级组织去执行，因此会把自己的责任主动推给乡镇党委和政府。从这个意义上讲，"条""块"分割导致工作中协调困难，在缺乏相应激励机制作为保障前提下，农村"法律明白人"工程的实施注定会陷入困境。

（三）村级组织无法有效组织基层群众参与

从"法律明白人"培养的对象来看，村干部和村民如果不积极参与进来，那么实施"法律明白人"培养工程也会陷入困境之中。现实当中，尽管县乡村三级都出台了农村"法律明白人"培养工作方案和实施细则，但实际上到了村一级就很难落实。按照方案规定，农村"法律明白人"培养需要定期接受培训和听课，但是，当前乡村社会人员流动性比较大，很多青壮年都在外地打工。即使很多被推选为"法律明白人"的在村村民或者村干部，大都有自己的事情，农忙时会在田里做事，而村干部除了

---

① 资料来源于笔者2020年7月在江西C县X镇的访谈记录。

在村里面任职之外还有自己的其他工作，根本没有时间参加"法律明白人"培训。笔者在"法律明白人"培养的典型村——C县X镇L村调研了解到，上了墙的"法律明白人"骨干，部分已经不在本村，有些甚至常年在外地打工、在县城生活或者在河北办企业。而对在村的人员来讲，由于每次培训时会占用他们的个人时间，有些人因为自己有工作要干，根本没有时间和动力来参与"法律明白人"培训。如此，有些政策文件规定的严格培训和准入机制，在村一级根本无法执行。有些"法律明白人"即使按照政策文件规定可能要退出，但是他本身就从来不认为是"法律明白人"，也就谈不上退出的问题。政策层面一到实践去执行，总是会出现政策当初无法预料到的因素。而如果不在实践中分析这些政策执行的影响因素，政策制定就缺乏相应的考量和论证。

农村"法律明白人"实施过程中的上述困境是公共政策执行过程中必然存在的。从激励层面来讲，如何化解实施农村"法律明白人"工程过程中激励不足的问题，当然不是说只需要投入更多的财政资源就可以达到有效激励的效果。最重要的是，有关农村"法律明白人"培养的各种激励制度需要建立在"法律明白人"培养实效评估基础上。尽管从维护社会稳定的角度来看，实施"法律明白人"培养工程确实会在一定程度上强化基层群众的法律意识，引导基层群众"办事依法、遇事造法、解决问题用法、化解矛盾用法"。然而，这是一个基层社会的法治理想状态，这种状态与经济发展、民生事业保障所呈现的效果不一样，后者往往可以用直接的测量数据衡量政策实施的效果，而前者很难用准确的数据量化基层法治建设的成效。尤其是在乡村社会，在某种意义上讲，小农经济生产方式决定了农民的日常生活不可能处处想着国家法律的存在，实施"法律明白人"培养工程是否有助于提高农民的法治意识、是否有助于提高村"两委"干部依法办事的能力等都无法用准确的数据证明，也无法在短期内看出来。因此，要有效评估农村"法律明白人"培养在推进乡村社会治理法治化方面的实效是一个长期的过程。从理性的角度看，投入财政资源激励和健全相关制度需产生一定的绩效才具有价值，正是因为有价值才能不断推动财政资源的优化投入和相关制度的优化完善，进而形成"制度投入—绩效产出—制度投入"的模式，保障某些工程或者项目顺利推进。因此，有必要适时评估这些工程产生的实效。如果无法评估"法律明白人"在乡村社会中具体产生了多大的治理绩效以及如何产生绩效，那么也就无法推进相关制度的建立和完善。当然,实施"法律明白人"培养工程是一个长期的过程,其实效也需要在一个时期内才得以显现。在此过程中,关键是要分析实施困境产生的原因并建立和完善制度,进而为实施"法律明白人"工程提供持续的动力。

二 农村"法律明白人"培养助推法治乡村建设的制度路径

分析上述困境主要是为了在制度层面提出改进建议。提出的制度建议主要针对如何使农村"法律明白人"培养真正成为推进法治乡村建设中的基础设施,以及如何优化相关制度路径使农村"法律明白人"积极参与法治乡村建设。

第一,用制度明确县乡两级党委和政府在推进"法律明白人"培养工程中的主体责任,最大限度释放"法律明白人"服务法治乡村建设的功能。试点地区经验表明,县乡两级党委和政府是"法律明白人"培养工程的最主要实施者,然而,县乡两级党委和政府要执行上级党委和政府的决策和部署有很多,这就存在一个注意力投入与分配的问题。如果县级党委和政府主要领导不重视"法律明白人"的培养,那么县级相关政府部门、乡镇和党委政府也不会重视此项工作实施。如果"法律明白人"培养的相关工作和措施没有持续跟进,必将影响其功能发挥和培养目标实现。为此,一方面要细化责任规定,把"法律明白人"培养实效作为县级党政主要领导提拔晋升的重要依据。设区市一级要出台相应的责任追究细则,倒逼县级党政主要领导把"法律明白人"培养作为县域法治建设的基础性工作来抓。同时,要在制度层面把基层法治建设成效尤其是"法律明白人"培养实效作为县级党委和政府主要负责人提拔晋升的重要考核依据。另一方面要在基层法治建设考评指标体系中增加"法律明白人"培养的考核权重,并纳入年终综治目标考评。县域层面要建立有效的农村"法律明白人"培养实效评估制度,并把培养实效作为县级财政投入的重要依据。与此同时,在法治建设考核指标体系中,通过设定相应考核权重并与干部的个人业绩和述职考评挂钩,积极引导县级党委和政府相关部门负责人重视"法律明白人"培养在推进基层法治建设中的基础性地位。

第二,不断完善相关激励制度,推进"法律明白人"培养常规化运行。现行农村"法律明白人"培养实践中,还存在人员流动性较大、地域较为分散、培训人员经费保障不足等问题，而最为关键的问题是激励制度不健全。为此，一方面要建立健全"法律明白人"培养的工作激励。鼓励县乡两级干部积极参与"法律明白人"授课和培训工作。对于那些积极参与"法律明白人"培训的县乡干部应该建立正向激励制度，并在绩效工资以及年度综治考评中给予适当奖励。对于那些在参与"法律明白人"培训过程中弄虚作假、走形式主义的县乡干部，要给予负向激励。另一方面要建立"法律明白人"参与乡村矛盾纠纷化解的激励机制。"法律明白人"参与乡村矛盾纠纷化解，必然会耽误一定的务工时间。为了激励"法律明白人"积极参与乡村矛盾纠纷化解、宣传国家法律法规并及时上报基层社会矛盾纠纷信息，应预算足够的政法专项经费用于乡村两级"法律明白人"的务工补贴和工作津贴，并通过各种形式、创造多种途径让"法律明白人"参与乡镇党委和政府组织的矛盾纠纷调解工作和其他中心工作，不断推进乡村社会治理法治化。

第三，增强基层党组织的组织凝聚力，充分动员基层群众积极参与"法律明白人"的培养。当前在"法律明白人"的培养实践中，基层群众参与"法律明白人"培养的积极性不高、认识不到位的问题比较突出，有些基层群众甚至对"法律明白人"的培养标准和要求都不熟悉。村级党组织是村庄各项社会事务的领导核心，如果村级党组织不发挥战斗堡垒作用，积极组织群众参与"法律明白人"培养，那么在村庄治理过程中就难以有效构建"三治融合"体系。为此，要加强基层党组织建设，通过党建引领基层群众积极参与"法律明白人"培养。村级党组织要加强党的组织建设，通过党建引领"法律明白人"培养工作有效推进，为"法律明白人"培养和村民自治沿着正确的政治方向前进提供坚强的政治保证。首先，要践行党的群众路线，在村庄社会重要节日、传统风俗等人员比较密集时期，以群众日常的法律需求为切入点，积极宣传农村生活中的法治故事。其次，要探索建立党建+"法律明白人"培养模式，积极发挥党员的带头作用，不断通过各种形式和平台激发广大党员和群众争做"法律明白人"的热情。最后，要建立线上和线下联动的培训体系，增强"法律明白人"培养的实效性。要借助移动互联网平台和新媒体宣传农村社会生活的案例故事，激发广大基层群众线上学习的热情，让村庄流动人员参与"法律明白人"培养，使其不断档、不缺位。同时，通过大数据平台实时监控和掌握学习数据并加以管理和反馈，积极塑造农村"法律明白人"培养的典型人物，并通过以点带面的形式，强化培养的自觉性和实效性。

本章总结

2021 年 11 月 8 日，中宣部、司法部、民政部、农业农村部、国家乡村振兴局、全国普法办公室等部门联合印发《乡村"法律"明白人培养工作规范（试行）》的通知，要求着力推进农村"法律明白人"培养工程。农村"法律明白人"是法治乡村建设过程中普法教育创新宣传手段，也是推进治乡村建设中的一项基础性工作。从江西 C 县农村"法律明白人"的具体实践中可以发现其与维护基层社会稳定的需要密切相关。在具体操作过程中，以"人"的需求为重点，吸纳村庄社会中大致通晓国家法律与政策精神同时具有一定威望的人成为"法律明白人"，调动农村"法律明白人"参与基层社会治理，使得国家法律得以从微观层面深入乡村社会。如此一来，农村"法律明白人"培养在宣扬国家法律的同时，逐步织牢乡村社会治理法治化的组织之网。在肯定农村"法律明白人"参与基层社会治理的前提下，也需要认识到目前农村"法律明白人"培养过程之中仍然存在政策实施的间歇性、激励不足、配合不足、组织能力不足等问题，为此在实践中要有针对性地明确和细化"法律明白人"培养工程实施过程中的主体责任，从人、财、物等方面提供资源保障并不断完善激励机制，进而为法治乡村建设打下坚实的社会基础。

第六章　人民法庭助推法治乡村建设的路径构建

　　2020 年 3 月，中央全面依法治国办印发的《关于加强法治乡村建设的意见》指出，要强化乡村司法保障，完善司法为民便民利民措施，畅通司法便民"最后一公里"。加强人民法庭建设，完善人民法庭巡回审理制度，合理设置巡回办案点和诉讼服务点，做好巡回审判工作，最大限度减少群众特别是边远农牧区群众诉累。① 这意味着人民法庭在法治乡村建设中被赋予新的时代使命。人民法庭是基层人民法院的派出机构，在方便群众诉讼、践行人民司法理念、开展乡村社会治理方面发挥了重要功能。在法治乡村建设背景下，人民法庭作为乡村社会的主体性司法力量，将国家法律实施于乡村社会，通过司法维护基层社会稳定，指导人民调解组织依法常态化运行，成为人民法庭组织建设和能力建设的重要内容。与此同时也必须看到的是，人民法庭在开展乡村司法过程中受乡村社会结构制约，因此要认识到乡村司法在法治乡村建设中的能与不能，以法治乡村建设为司法目标，不断调试司法行为和策略，积极优化乡村司法的组织行为方式和现实路径。

　　关于乡村司法，国内不同学者从不角度分析了其运行现状。苏力基于国家建设理论分析了乡村司法实践，强调法律对乡村社会具有国家建构意义。在《送法下乡》中，苏力以陕西北部的一起借贷纠纷为切入点，提出司法下乡是为了保证或促使国家权力向乡村有效渗透和控制。② 此后以贺雪峰为代表的"华中乡土派"基于乡村社会调研并在对转型期乡村社

---

　　① 《关于加强法治乡村建设的意见》，2020 年 3 月 25 日，http：//www.moj.gov.cn/pub/sfbgw/qmyfzg/202003/t20200325_150392.html，2021 年 1 月 21 日。

　　② 苏力：《送法下乡——中国基层司法制度研究》，北京大学出版社 2011 年版，第 27 页。

会性质深描基础之上提出"半熟人社会"① 下的新乡土中国，这为后续法治乡村的一系列研究打下了基础。而有学者通过研究人民法庭的运作，从微观角度展示国家力量向乡村渗透的具体过程，② 逐步形成了以乡土社会为基础，重视民间法、习惯法等多元法律规范，以纠纷解决为方向的研究模式。杨力在《新农民阶层与乡村司法理论的反证》一文中，通过对传统乡村司法理论的批判，强调当代中国乡村社会出现新农民阶层，提出"自致机制"取代乡村司法理论原先的"继承机制"，并在此基础之上提出了由"司法特殊主义"回归"司法普遍主义"、以程序化解地方性司法知识的结构性冲突、建立新农民阶层不同群体利益表达机制、提升系统性结果权重、将乡村司法复归为判断权等主张。③ 有别于前两者，陈柏峰通过审视"法治论"与"治理论"的经验基础，提出了乡村司法中的"双二元司法结构"理论。在这个"双二元司法"结构之中，呈现出三大形态即基层法官法治形态、基层法官司法的治理化形态、乡村干部司法的治理化形态。④ 但正如有学者指出，"治理论"学者所依赖的"乡土中国"社会基础今天已然发生巨大变化，而在乡村治理的过程中过分强调地方性知识与纠纷解决，本身也可能再次陷入法治化陷阱。然而"乡土中国"社会基础的变化也并非如"法治论"学者所描述的那样，即使传统的乡土社会发生巨大变化，也没能形成其所描述的"新农民阶层"，或许更多的是二者之间的中间地带。而"双二元司法结构"本身是基于前两者而提出，同时强调实体法治也有可能被误认为是滋长功利主义倾向。⑤

　　上述学者从不同的角度深刻揭示了转型期乡村社会中国家法律运行的现状，为准确定位新时代人民法庭参与法治乡村建设的路径提供了理论前提。当前，针对人民法庭的相关研究更多的是 20 世纪 90 年代及 21 世纪

---

① 贺雪峰：《论半熟人社会》，《政治学研究》2000 年第 3 期。

② 丁卫：《秦窑法庭》，生活·读书·新知三联书店 2014 年版，第 119—179 页。

③ 杨力：《新农民阶层与乡村司法理论的反证》，《中国法学》2007 年第 6 期。

④ 陈柏峰、董磊明：《治理论还是法治论——当代中国乡村司法的理论建构》，《法学研究》2010 年第 5 期。

⑤ 张青：《中国乡村司法研究范式之理论检讨》，《中国农业大学学报》（社会科学版）2018 年第 2 期。

初针对人民法庭撤并所引起的对人民法庭的存废、地位及功能的思考，① 当然也有从微观层面分析人民法庭具体运作的实际情况的研究②。不过，这些研究还没有从制度建构层面深入分析人民法庭参与法治乡村建设的实践困境与制度保障问题。在法治乡村建设背景下，如何重新定位人民法庭在法治乡村建设的职能，如何构建相关制度促使人民法庭深度参与法治乡村建设，依然需要结合转型期乡村社会实际进一步探讨。本章首先从历史层面梳理人民法庭在不同阶段的制度结构和职能，并分析其在当下的现实定位，接着结合乡村社会的实际分析乡村司法所处的客观环境以及社会结构，引出构建人民法庭参与法治乡村建设需要审视的问题，最后在此基础上深入分析人民法庭参与法治乡村建设的路径，并从乡村司法工作的政治属性、群众路线贯彻以及积极履行审判职能等方面提出路径构建。

本章认为，乡村人民法庭的制度结构是法律所赋予的，并在不同时期随着国家治理任务和乡村治理动向发生变化。这体现出人民法庭始终以服务国家治理为目标，充分履行审判职能回应乡村社会的治理问题。通过梳理不同时期人民法庭的制度结构和功能演变可以发现，人民法庭的职能不断扩充，其中人民法庭主动参与乡村社会治理的延伸职能是新时代赋予基层人民法庭的使命和任务。与此同时也必须看到，人民法庭通过履行审判职能参与乡村社会治理过程受到乡村社会环境以及乡村社会结构制约。这主要表现为当前乡村社会还存在一些无须法律干预的秩序状态，并且人民法庭在推进国家法律下乡过程中还要考虑乡土社会案件的结构。在此前提下，人民法庭参与法治乡村建设要与其他组织机构和社会组织相互配合，指导人民调解组织常态化运行，搭建人民法庭与人民调解组织良性互动的平台。与此同时，人民法庭要贯彻群众路线，开展巡回审判，在审判中实现普法教育宣传的社会效果，构建乡村社会自治、法治与德治"三治融合"治理体系，不断推进法治乡村建设。

---

① 顾培东：《人民法庭地位与功能的重构》，《法学研究》2014 年第 1 期。

② 徐清：《人民法庭组织体制论》，《河北法学》2016 年第 5 期；张青：《案件的微观结构与乡村司法之运行——基于鄂西南 H 法庭的个案分析》，《西北大学学报》（哲学社会科学版）2015 年第 3 期。

第一节　人民法庭职能的历史变迁与现实定位

一　人民法庭职能的历史变迁

在全面推进依法治国的时代背景下，基层法院体制改革与基层社会法治化建设面临新的时代要求。人民法庭作为基层法院在乡村社会的派出机构，其与基层社会有着更为密切的联系，是推动司法服务"最后一公里"的重要力量。正如最高人民法院在《关于推动新时代人民法庭工作高质量发展的意见》中指出，"人民法庭作为基层人民法院的派出机构，是服务全面推进乡村振兴、基层社会治理、人民群众高品质生活需要的重要平台，也是体现中国特色社会主义司法制度优越性的重要窗口"①。

从历史层面来看，通过梳理不同时期人民法庭的职能定位与司法方式，把握其中的变革趋势，对于深入研究人民法庭参与基层社会治理的行为逻辑、推进人民法庭运行体制改革具有重要意义。自1954年《人民法院组织法》正式确立人民法庭是基层人民法院的派出机构以来，人民法庭制度经过了一个漫长且艰辛的发展历程。大致以1998年全国法院人民法庭工作会议对人民法庭的大规模撤并为分界线，经历了人民法庭发展的不同时期。② 立足于各历史时期人民法庭发展的实践特点，并结合新时代以来基层司法体制改革的新导向，可以将其进一步划分为初步探索阶段（1954—1998年）、转型发展阶段（1998—2014年）与现代化发展阶段（2014年至今）。

第一，从1954年正式确立人民法庭制度到1998年大规模撤并，这一时期由于政治体制、经济建设、社会环境、历史发展等一系列因素，我国的法律体系较为薄弱，人民法庭制度还处于初步探索阶段，人民法庭的职能定位初步确定。

在1954年正式确立人民法庭制度后，"人民法庭作为基层人民法院的重要组成部分"这一重要地位得到确认。而围绕人民法庭的职能构建，

---

① 《最高人民法院关于推动新时代人民法庭工作高质量发展的意见》（法发〔2021〕24号），《人民法院报》2021年9月16日第2版。

② 刘晓湧：《乡村人民法庭研究》，博士学位论文，武汉大学，2011年，第30页。

1963 年最高人民法院制定了《人民法庭工作试行办法（草稿）》，以规范性文件的形式进一步在人民法庭的地点设置、人员构成、审理方式等方面做出详细规定。其中，对于人民法庭的基本任务，该文件明确规定了审理简单案件、参与指导调解、宣传政策法令、处理接待信访、完成基层法院交办事项五个方面。而后，虽经过"文化大革命"发展停滞，但在改革开放热潮下，我国法制建设开启了新的阶段，与此同时人民法庭制度得以重建，并在职能规划上延续中华人民共和国成立初期的体系架构。根据1992 年《最高人民法院工作报告》有关阐述，人民法庭的基本工作职能演变为"审判有关案件、指导调解工作、参与综合治理、处理民间纠纷"四项。[①] 与此同时，在基本任务的导向下，人民法庭坚持"说服教育、调解为主"的方针。[②] 这体现为在司法活动中更为注重在结果上化解基层群众间的矛盾冲突，并通过调解式的审案方式化解大量矛盾纠纷。据统计，1993—1997 年五年内全国人民法庭共受理一审案件 10074984 件，占全国法院受理一审案件总数的 50.27%。[③] 可以看出，中华人民共和国成立以来至改革开放初期，人民法庭制度不断完善，并通过立法与司法两个层面初步确定了人民法庭参与基层治理的职能定位，在基层司法建设上取得了良好效果。

第二，改革开放后，随着我国政治、经济、文化等多个领域产生了巨大变化，原有的人民法庭运行模式已经无法适配基层社会。在这一时代背景下，1998 年 11 月，最高人民法院组织召开了首届全国人民法庭工作会议，并根据社会治安形势的变化对人民法庭工作安排提出了制度化、规范化、规模化发展的要求。因此，20 世纪 90 年代以后，积极回应基层社会生产生活实践、重新调整人民法庭发展思路，成为转型期人民法庭发展的主要目标。

一方面注重对人民法庭审判权能的强化。2005 年，最高人民法院发布《关于全面加强人民法庭工作的决定》，其中指出人民法庭的基本任务是"遵循审判规律，规范审判管理，完善审判制度"。不难看出，转型期

---

① 胡夏冰：《我国人民法庭制度的发展历程》，《法学杂志》2011 年第 2 期。

② 张世进：《中华人民共和国法律规范性解释集成》，吉林人民出版社 1990 年版，第 663—665 页。

③ 任鸣：《我国人民法庭工作面临新的挑战》，《法律适用》1999 年第 1 期。

人民法庭依法审判的核心职能日渐强化。一是在布局上，人民法庭在设置上始终坚持"两便原则"，围绕着审判职能的履行，改变原有地"一乡一庭"设立方法，根据基层社会的客观发展状况进行撤并。据统计，2009年我国人民法庭数量减少至 9835 个，相比最高时期减少了 45.1%，① 此时人民法庭的优化布局任务基本完成。二是在制度上，面对着更为严峻的审判任务，转型期人民法庭不断深化体制改革。这一时期人民法庭改革以强化审判为主线，要求行使审判职权时不得参与其他行政执法活动，实行立案、执行与审判相分立，并要求配备专门的执行、立案人员负责有关事务。与此同时，还要求巡回审判制度常态化，不断推动人民法庭审判工作日益走向科学化、制度化、系统化。三是在法庭队伍建设上，为了保障审判活动的公正高效，改革总体要求是选拔"政治强、业务精、善协调、懂管理"的法官担任人民法庭庭长，并定期开展对人民法庭的业务培训工作，提高基层司法水平，增强审判能力，以建设一支司法公正、廉洁高效的人民法庭审判队伍。据相关资料显示，2009 年全国人民法庭共审结各类案件 2183722 件，同比分别上升 13.23% 和 31.47%。② 此阶段人民法庭审判职能得到进一步明确并强化。

另一方面侧重强调人民法庭司法过程的乡土性。长久以来，我国乡村社会相对封闭，且主要的交往规则注重人情和道德习惯。在这样的社会里，人们日常生活交往主要依靠道德权威、教化仪式，以及人们在内心中认同和熟悉的在一定社区范围内通用的规矩。并且，这种乡土社会秩序在当前基层司法中依法存在。根据 2009 年最高人民法院《关于进一步做好2009 年人民法庭工作的通知》的具体内容，"面向农村、面向基层、面向群众"是这一时期人民法庭开展工作的基本方向。可以看到的是，在转型期乡村社会中，人民法庭既根植于乡土人情与风俗习惯之中，受其限制与影响，又要在司法实践中落实司法为民的要求，贯彻落实党的群众路线，积极利用村落规范与传统价值解决基层群众复杂多元的利益诉求和矛盾纠纷，努力实现政治效果、社会效果与法律效果的有机统一。有学者对这一时期的人民法庭司法过程与技术开展实证分析，认为人民法庭实现了预裁判与调解相混合的纠纷解决过程，通过这一过程最终赋予法律在乡土

---

① 《人民法院年度工作报告（2009 年）》，《人民法院报》2010 年 7 月 14 日第 5 版。

② 《最高人民法院年度工作报告（2009 年）》，《人民日报》2009 年 3 月 18 日第 2 版。

社会的真实意义。① 因此，无论是基于乡土社会的历史传统，还是从人民法庭充分履行审判职能的现实角度，人民法庭在司法过程中都体现出了浓重的乡土色彩，具有明显的乡土特质。②

第三，党的十八届四中全会以来，随着全面推进依法治国理念不断深入发展，基层人民法庭被赋予将法治中国理念推进至基层社会这一新的历史使命和任务。2014 年 12 月，最高人民法院发布的《关于进一步加强新形势下人民法庭工作的若干意见》明确指出，坚持司法为民、公正司法，依法独立公正行使审判权，是人民法庭的核心职能。依法支持其他国家机关和群众自治组织调处社会矛盾纠纷，依法对人民调解委员会调解民间纠纷进行业务指导，积极参与基层社会治理，是人民法庭的延伸职能。2015 年最高人民法院工作报告中对基层人民法庭建设做出"方便群众就近诉讼"的要求。同时提出"要积极推广远程视频庭审，通过'车载法庭'等方式开展巡回审判，深入社区乡村、田间地头，让司法走进群众、贴近群众"的工作要求。③ 截至 2019 年，全国共计有 10759 个人民法庭，人民法庭优化布局的任务基本完成。人民法庭积极参与县域社会治理，充分履行自身审判职能及时化解矛盾纠纷，共调解、审结案件 473.1 万件，并涌现出延安、寻乌等坚持群众说事、民事直说、法官说法的人民法庭。④ 伴随着乡村振兴战略的实施以及建设法治乡村的目标提出，人民法庭在新时代面临着通过司法保障乡村振兴和服务法治乡村建设的重要任务与使命。

二　人民法庭职能的现实定位

新时代背景下，在制度层面，人民法庭的职能定位也日益调整。2016—2020 年五年的时间里，最高人民法院提出了"建立电子法院、网络法庭，让信息多跑路，建设流动法庭，积极参与基层治理，推动社会矛盾综合治理、源头治理"等有关人民法庭的工作措施。这些措施除了强

---

① 高其才、黄宇宁、赵小蜂：《人民法庭法官的司法过程与司法技术——全国 32 个先进人民法庭的实证分析》，《法制与社会发展》2007 年第 2 期。

② 高其才：《乡土社会中的人民法庭》，《法律适用》2015 年第 6 期。

③ 《人民法院年度工作报告（2015 年）》，《人民日报》2015 年 3 月 21 日第 2 版。

④ 《人民法院年度工作报告（2020 年）》，《人民日报》2020 年 6 月 2 日第 7 版。

调经济原则与便利原则的深化外，开始更加重视矛盾纠纷的多元解决与诉源治理，把实现公平正义放到更加突出的位置，逐步强调人民法庭在服务基层社会治理，构建基层社会治理体系中的重要作用。表 6-1 通过对2017—2022 年最高人民法院工作报告中涉及基层人民法庭的表述内容及其变化进行梳理，可以更加清晰地观察上述变化。

表 6-1　　　　　**2017—2022 年最高人民法院工作报告中涉及基层**

人民法庭的表述内容比对情况

年份	最高人民法院工作报告中涉及基层人民法庭的表述内容
2017	建立电子法院、网络法庭，实行网上立案、网上审理、网上送达，让信息多跑路、让群众少跑腿，推广"车载法庭""背包法庭"
2018	内蒙古、云南、西藏、青海等法院推广"车载法庭"，湖北、重庆、甘肃等法院在山区推广"背包法庭"，新疆和兵团法院深入农牧区开展巡回审判，广大法官深入田间地头、草场林区，就地化解纠纷，让司法更加便利人民、贴近群众
2019	推广"车载法庭""移动背包科技法庭"，让"流动的人民法庭"更好地满足群众司法需求。深化涉诉信访改革，方便群众依法理性表达诉求
2020	充分发挥全国 10759 个人民法庭作用，积极参与县域基层治理，共调解、审结案件 473.1 万件。"马背法庭""背篓法官"跋山涉水，深入田间地头、百姓家中，努力做到哪里有司法需求，人民法庭司法服务就跟进到哪里
2021	积极参与基层治理。坚持和发展新时代"枫桥经验"，把一站式建设融入党委领导的城乡社会治理体系，发挥基层法院和人民法庭功能，推动社会矛盾综合治理、源头治理
2022	在扫黑除恶、攻坚执行难、一站式建设、人民法庭建设等一场场硬仗中，代表委员大力支持，人民群众广泛参与，推动我国社会主义司法制度展现蓬勃生机。全国四级法院院长、班子成员到 6028 个乡镇人民法庭驻庭调研，与法庭干警同志同吃同住同工作，拜群众为师，面对面听民声，心贴心解民忧。创建"枫桥式人民法庭"，服务乡村全面振兴

资料来源：根据 2017—2022 年最高人民法院工作报告整理而成。

2021 年 9 月，最高人民法院《关于推动新时代人民法庭工作高质量发展的意见》对人民法庭的职责建设又提出了新任务。该意见共 35 条，以"三个便于""三个服务""三个优化"的工作原则为引领，为实现人民法庭的高质量发展，强调既要把握人民法庭的核心职能与重要职能，也要充分发挥人民法庭的司法延伸性职能。通过梳理最近几年最高人民法院工作报告中有关人民法庭职能定位的内容表述和最高人民法院在新时代背景下专门对人民法庭职能定位的目标要求，可以得出新时代人民法庭职能的现实定位。

一是人民法庭将以更为积极主动的姿态参与基层治理。《关于推动新时代人民法庭工作高质量发展的意见》中指出，人民法庭要积极服务基层社会治理，坚持和发展新时代"枫桥经验"，积极服务人民群众高品质生活需要。这就意味着，人民法庭要积极参与基层社会治理，推动司法力量下沉，创新工作模式，提升参与乡村矛盾纠纷化解的行动能力。同时，人民法庭将参与构建乡村公共法律服务体系，联合多方力量就地化解乡村矛盾纠纷，加强法治宣传，努力成为法治乡村建设的中坚力量。

二是人民法庭将深入践行"三个便于"和"三个服务"理念。《关于推动新时代人民法庭工作高质量发展的意见》中指出，人民法庭应当坚持"三个便于"与"三个服务"原则。进入新时代，随着乡村公共基础设施不断完善，信息化服务水平不断提高，诉讼便利化水平得以提升，人民法庭服务基层群众法律需求的能力也不断加强。当前，我国现今的社会主要矛盾已发生新变化，人民群众对美好生活的向往不断增加，对公平正义的需求也不断提升。随着人民群众的法律意识和权利意识不断提高，人民群众对专业化的法律服务需求也越来越大，并且在乡村矛盾纠纷日益多样化的背景下，基层群众给人民法庭解决矛盾纠纷提出了新的要求和期待。① 因此，要在之前"两便"（便利群众、便利诉讼）原则基础上，增加"便于人民群众及时感受到公平正义"的原则，形成"三个便于"原则，以主动回应了基层社会发展的客观现实。而在具体的司法实践中，人民法庭法官不仅需要掌握更加专业的法律知识，更要进一步践行"三个便于"司法理念，正确处理现代法律与村落规范间的辩证关系，促进村庄社会自治、法治与德治相结合。在乡村社会"三治融合"的治理体系下，围绕"努力让人民群众在每一个司法案件中感受到公平正义"的目标，人民法庭要切实履行审判职能，满足基层人民群众的法律需求，为实现基层社会善治提供法治保障。

三是人民法庭将以科学评价方法推进基层司法改革。《关于推动新时代人民法庭工作高质量发展的意见》中对人民法庭的建设提出了"不断深化新时代人民法庭人员管理机制改革"与"建立健全新时代人民法庭工作考核机制"两大改革方向。在管理模式方面，要完善司法工作队伍的锻炼与培养机制，切实优化管理，为人民法庭履行司法职责提供保障。

---

① 王裕根：《充分发挥人民法庭在乡村治理中的职能作用》，《人民法院报》2019 年 7 月 29 日第 2 版。

要从完善司法责任制综合配套改革、探索建立人员编制动态调整机制、完善干部锻炼培养机制、落实人民陪审员制度和加强履职保障五个方面进行规定，不断深化新时代人民法庭人员管理机制改革。在考核机制层面，进一步推动人民法庭司法队伍建设，完善考核内容，优化考核指标，量化考核指数，在此基础上探索建立符合人民法庭工作规律的专门考核办法，适当增加诉源治理、诉前调解等考核权重，在加权测算中合理设置比重。在为基层减负的同时，贯彻落实"三个便利""三个服务"原则，不断提高人民法庭裁判质量，为新时代人民法庭参与构建基层社会治理模式提供更为科学地评价方法，从而不断提高人民法庭裁判质量，为法治乡村建设奠定坚实的制度基础。

人民法庭作为人民法院的重要组成部分，是乡村社会的重要法治力量。回顾人民法庭制度数十年的建设历程并联系人民法庭职能的现实定位，可以看到，人民法庭制度有其不同的时代特征。这些时代特征反映了人民法庭的职能演变，以及人民法庭在不同历史时期面临不同的基层社会治理任务。在这些时代特征中总结经验，有利于准确定位人民法庭在新时代的职责和使命，不断优化基层司法模式，从而为乡村振兴战略实施提供法治保障。

第二节　人民法庭参与法治乡村建设的具象问题

当前，乡村社会正在发生转型，原先捆在土地中的"熟人社会"已经发生了变化。集体劳动的解体、社会流动的增加与经济收入的分化以及村庄陌生化，使得村庄社会半熟人化，村民之间有了心理距离。[①] 在此背景下应该看到，人民法庭在参与法治乡村建设中面临着乡村文化断裂、公共价值衰弱、法治与道德习俗相冲突等现实问题。

一　现代法律体系与基层社会多元化利益诉求的不对称

在半熟人社会的背景下，乡村社会矛盾纠纷的化解难以通过村庄内部消化。这不仅缘于乡村干部难以有效化解乡村矛盾纠纷，更反映出乡村矛

---

① 贺雪峰：《农村的半熟人社会化与公共生活的重建——辽宁大古村调查〈革命的普罗米修斯〉》，载黄宗智主编《中国乡村研究》第6辑，福建教育出版社2008年版，第147—148页。

盾纠纷所涉利益的多元性。转型期乡村社会，多元化的利益诉求不断溢出村庄而流向派出法庭。例如随着人口的流动与经济发展，还存在一些跨地域的经济纠纷如借贷合同、土地承包、农产品买卖等。这些矛盾纠纷的化解对法律的需求较大，也给人民法庭化解这些矛盾纠纷提出了新的要求和挑战。但是，现代法律体系对转型期乡村社会的矛盾纠纷所涉利益点并没有完全覆盖或者容纳，这导致人民法庭在依法审理具体案件过程中需要采用调解的方式进行处理。经验表明，现代法治规范从实然层面并未实现对乡村矛盾纠纷的有效覆盖，这是人民法庭参与法治乡村建设中必须要面对的问题之一。如案例 13 所示。

案例 13：福建省厦门市集美区人民法院杏林人民法庭，在处理征补纠纷时，遇到了因母亲是"外嫁女"身份而被当地"村规民约"排除出征地补偿款分配范围之外的情况，涉及当地群众 8 人。村民认为"外嫁女"的子女虽然户口都落在村里，但没沿用自己母亲的姓氏，不应当认为他们是村里人，村民小组因此无须将征地补偿款分给这 8 人。对于上述纠纷，当地人民法庭的陈法官没有简单地用法律规范进行判断，而是开展了一次征地补偿政策的宣讲会，针对问题对村民进行耐心的宣传和说服工作，同时促使当地召开村民大会，对原先的村规进行调整，避免了群体性事件的发生，村民们不再上访，"外嫁女"的子女也获得了征地补偿款。①

上述纠纷反映出法律规范难以覆盖现实社会多元的纠纷，这需要人民法庭创新基层司法方式，回应基层社会治理的难题。诸如此类的矛盾纠纷，在乡土社会之中还有许多。在此背景下，人民法庭只有创新基层治理方式，而不是单凭法律规范去解决纠纷，才能提升基层司法回应基层社会治理的能力，不断推进法治乡村建设。

二　单纯依靠法律难以使矛盾纠纷终结

当前，基层群众的生产生活离现代法律所建构的规则还有一定的距离。仅仅依靠法律手段化解乡村矛盾纠纷难以取得预期的社会效果。在乡土社会中，由于纠纷双方对未来生活具有较长的生活预期，所以基层司法用判决化解纠纷的效果往往弱于调解。2004—2013 年联村纠纷调解情况

---

① 安海涛：《杏林人民法庭创新司法中的实践与担当》，《人民法院报》2015 年 5 月 10 日第 8 版。

统计数据显示，9 年间该村共发生纠纷 483 件，其中调解促成纠纷解决的案例有 464 件，占比为 96%，法院判决案例只有 19 件，占比仅为 4%。① 用调解方式化解乡村矛盾纠纷在中国古代也很常见。宋元时期，徽州地方有势力者、有名望人士参与乡村纠纷处理的现象十分普遍，或被视为"长者处士排难解纷"，或被视为"豪民武断乡里"。元代顺应这一趋势，以年高德望的社长负责乡村纠纷的处理。② 当下乡村社会中，虽不再有所谓"社长"，但也出现了"新乡贤"参与乡村矛盾纠纷化解的典型实践。调解之所以比判决更加在乡村社会中得到广泛适用，主要是乡村矛盾纠纷调解的社会效果优于裁判的社会效果。在现实当中，如果发生矛盾纠纷，即使村民将矛盾纠纷诉诸人民法庭，并迈过一道又一道程序，最后虽获得有利于自己的判决，但能否有效执行暂且不论，关键是不一定能从根本上解决矛盾，有时还会将矛盾继续深化。在此情景之下，基层社会治理主体联合调解反而会取到更好的效果，如山东省枣庄市山亭区人民法院速裁团队邀请人民调解员、区矛调中心工作人员、律师等共同组成矛盾化解小组，对冯卯镇某村 30 余件农村土地承包经营权纠纷开展多元化调解工作。通过矛盾化解小组的共同努力，成功调解 19 件。③

　　下述案例是笔者在河南省商丘市 X 村调研时，商丘市 L 区人民法院 M 人民法庭驻庭调解员谢某所讲述的。目前，该人民法庭管辖 60 个村，人口 14.7 万人，面积 11.6 平方千米。人民法庭负责审理婚姻家事纠纷、土地纠纷、侵权纠纷等民事案件，配有庭长 1 人，审判辅助人员 2 人，驻庭调解员 2 人，保安 1 人，调解员 60 人。调解员大都为当地有影响、有威望的村支书、村主任。

　　案例 14：男方 46 岁，女方 48 岁。双方进行换亲（女方嫁给男方，男方的妹妹嫁给女方的哥哥）。然而，有一天男方的妹妹离开了女方的哥哥，由此女方感到十分不公平，也搬回娘家了。男方由于自身不自信、没钱、长得也丑、没本事，女方走了，男方认为自己不可能再娶到媳妇。怕

---

① 李牧、李丽：《当前乡村法治秩序构建存在的突出问题及解决之道》，《社会主义研究》2018 年第 1 期。

② 王绍欣：《评中岛乐章著〈明代乡村纠纷与秩序——以徽州文书为中心〉》，载张显清主编《明史研究》第 12 辑，黄山书社 2012 年版，第 354—355 页。

③ 连士华、崔玉峰：《多元解纷进网格》，《人民法院报》2021 年 11 月 2 日第 8 版。

打光棍的心理使得他从 2017 年至今，一直恐吓女方，威胁女方复合。女方的回应则是："你妹妹从我哥哥身边走了，我为什么要回来？"截至调研之日，女方已经四次起诉离婚。时间长了，人民法庭也没办法，不可能再拖延，否则法庭工作人员也要受处分。于是法庭判决双方离婚，女方只需要拿出 1 万元给男方作为补偿。得知判决的男方不愿意，扬言杀人放火，抱怨女方只给这 1 万元，说离开自己就离开。男方大喊："我要报复你！"随后男女两方在庭上打架，各自家人也参与了打架。更恶劣的是男方还殴打法官，说法官偏袒女方，认为法官利用自己的职权强行判决。实际上，现在程序公开透明，法院有结案率的工作要求，在一个月内进行调解，如果调解不了的，则需要转审判庭。工作人员也认为："一直调解也没啥意思，调解不成也就调解不成了。"

离婚纠纷在基层社会十分常见，也十分容易出现离婚双方之间的案后纠纷。同样是离婚纠纷，如果涉及不同地域的人，其处理过程则不一样，如案例 15 所示。

案例 15：男女双方 35 岁左右，三次离婚都离不掉。女方是二婚，云南妇女，带着一个 14 岁男孩嫁到本镇。女方跟男方结婚以后又生了一个男孩。男方婚前患有癫痫，隐瞒病史。婚后，女方发现男方病情严重，且越来越严重，一吵架就发作，女方一说离婚，男方就闹着自杀上吊："你跟我离，我就死！"男方之前没结过婚，娶媳妇不容易，找了个二婚的，彩礼 10 万元，盖房子花了 30 万元。男方认为自己不可能再娶到媳妇了。

被访谈法官说："男方条件很难再找，稍不注意，很有可能有极端行为，暴力、上吊。我们也非常害怕男方有极端行为，只好去调解。问题是，小孩怎么办？女方死活不要跟男方生的这个男孩。"女方说："我自己带的一个男孩，负担就够重了，如果让我带着两个男孩嫁给别人，别人不会接受。"考虑到离婚之后的再婚问题，女方坚决不要孩子，为让男方接受，让爷爷奶奶接受孩子，法庭调解人员要求女方放弃所有财产，包括结婚盖的房子和女方带来的东西。其实，女方也不可能要房子，要了也没用，无法变现。法官劝爷爷奶奶接受这个孩子："你们也知道这个女孩山穷水尽了，也给你儿子留个根，以后也有人照顾。"最后法庭人员找到村书记劝男方，让爷爷当孩子的监护人。最终在三方的共同劝解之下，此案以调解结案。

案例 14 中，双方将离婚纠纷起诉到人民法庭，意外的是矛盾纠纷久调不成，反而出现恶化的情况。这起纠纷并非普通的离婚纠纷，而是有"换亲"行为。双方离婚纠纷也是由于"换亲"行为失败导致的，且不论其法律性质如何，这种情况本身反映了乡土社会中矛盾纠纷的多元性和复杂性。由于双方生活在同一社区之中，可想而知，如果人民法庭强行判决，事后两家人又会产生许多纠葛。这反映出，人民法庭如果强行依法判决，带来的社会效果和法律效果并不一定好，如本案中人民法庭法官在久调不成的情况下依法判决，并不一定能够完全化解这起离婚纠纷。这也就意味着，乡村社会中的人民法庭面临着复杂的司法环境，基层司法过程中并非完全通过法律解决纠纷，这是人民法庭司法过程中必须要面对的问题。而案例 15 中，女方本身来自外乡，这是案件的特殊性，与案例 14 中的女方呈现出较大差异。案例 14 中双方均为本镇人，夫妻双方的矛盾纠纷由于地缘因素，容易将双方家族牵涉其中，矛盾也较易激化。而案例 15 中女方来自外地，在本镇中没有宗族亲戚关系。人民法庭调解人员、男方父母以及村支书的案前调解工作也做得十分到位，所以顺利调解结案。因此，基层司法过程中，由于案件的复杂性和多样性，基层司法并非都能依法判决。在基层司法中，还要考虑案件裁判的社会效果。

三　"案多人少"迫使人民法庭履职受限

随着乡村社会不断转型发展，乡土社会的关系网络趋向复杂，乡村矛盾纠纷也不再局限于以往的家庭矛盾、邻里矛盾，相反，与农民生计相关的各类经济纠纷不断出现。例如当前农村土地流转加快、"农户+公司"经营模式不断普及，使得原本较为简单的农村经济关系渐趋复杂，由此诸如农地流转过程中出租、互换、转让、委托第三方经营等方面的纠纷或是农户与公司、合作社之间的矛盾纠纷层出不穷。在经济关系日益复杂、新的纠纷不断萌生的背景下，随着法治宣传不断普及，基层群众的厌讼情感也逐步消解，同时随着外生权威纠纷解决渠道的不断便捷及内生权威的日渐式微，越来越多的纠纷并不经过内生权威调处，而是直接寻求乡镇站所或者人民法庭等外生权威处理。[①] 但是，外生权威处理过程中又主要是依

---

① 张青：《乡村治理的多元机制与司法路径之选择》，《华中科技大学学报》（社会科学版）2020 年第 1 期。

靠人民法庭进行司法处理，尤其是如果乡镇政府、派出所、司法所等部门
受制于繁重的地方工作压力或是绩效考核占比之时，便会出现大量矛盾纠
纷导向人民法庭处理的情况。而对于日益繁多的纠纷案件，各地人民法庭
应对起来捉襟见肘。

　　乡村人民法庭在人均办案量较大的情况下，还面临着人员配置的问
题。例如，山东省高级人民法院课题组曾对本省各市人民法庭员额法官办
案数量进行统计，显示本省员额法官人均办案量在两百件到三百件之
间。① 此外，在越来越多的乡村矛盾纠纷涌现人民法庭的背景下，基层法
官对面临人手短缺的问题。由于乡村人民法庭所处的地理位置较偏以及较
大的办案压力，往往难以吸引年轻法官入驻，甚至有许多地方的乡村人民
法庭因员额法官缺乏无法组成合议庭。有学者对 H 省 Z 市的 105 个乡村
人民法庭进行调研，发现当地仅有 43 个人民法庭的员额制法官人数达到
3 人。② 随着乡村社会中原生型权威日渐式微，乡村矛盾纠纷化解纷纷涌
入基层法庭。与此同时，随着国家权力不断深入乡土社会，外生型权威纠
纷解决渠道不断完善，这使得人民法庭审理的案件数量将会不断增加。而
在当前，应对乡村矛盾纠纷过程中扁平化的纠纷解决结构、分流制度的不
健全以及各部门其他工作压力的制约使得人民法庭成为乡村矛盾纠纷案件
的主体性司法力量，这给乡村人民法庭带来了许多的工作压力。受制于
"案多人少"的现实境况，乡村人民法庭难以腾出手来去落实"车载法
庭""背包法庭"等新时代"马锡五式审判方式"。因此对于法治宣传工
作难有兴致，对审前、审后以及其他治理性工作也往往力不从心。在种种
因素的制约下，人民法庭履职受限。

第三节　人民法庭参与法治乡村建设的结构制约

　　上述人民法庭参与法治乡村建设的具象问题实际上反映出人民法庭履
行自身职能过程中还存在的一些体制和机制问题，这些问题制约着人民法

---

① 山东省高级人民法院课题组编：《人民法庭参与乡村治理的功能定位与路径选择》，《山
东法官培训学院学报》2021 年第 6 期。
② 张素敏：《美丽乡村建设背景下人民法庭参与诉源治理的进路》，《沈阳工业大学学报》
(社会科学版) 2021 年第 4 期。

庭履行自身的核心职能和延伸职能。但是，如果考虑乡村社会的性质和结构，人民法庭在履行自身职能的过程中与上述问题相关联的根本问题是基层司法行为本身亦受到乡村社会结构的制约，这与乡村社会性质以及人民法庭要处理的乡村社会案件结构有关。

一　乡村社会仍然存在"无需法律的秩序"

"无需法律的秩序"最早是美国学者埃里克森用来形容邻人如何看待和解决自己纠纷。在此书中，埃里克森详细地形容了邻人为什么不采取法律手段解决自己纠纷的心理和社会原因，较为生动地呈现了人与人之间相互尊重和信任在纠纷化解中的重要机制。① 回到中国乡村社会来看，20 世纪 30 年代，费孝通先生在《乡土中国》中描述中国乡村社会是一个"无讼社会"，主要从礼治和法治的区别以及乡村社会的长老权力等角度进行具体论证。当前乡村社会还处在变迁中，许多传统礼仪规范已经开始式微，许多人际关系的演变已经变得日益理性化和经济化，法律进入乡村社会的开放度越来越大。但也必须看到的是，当前中国乡村社会依然还存在传统道德文化的底蕴，许多公共事务的治理和公共产品的提供还是需要一些传统道德权威力量支撑。例如，宗族村落的集体行动需要依靠一个宗族领袖和权威进行组织引导，以最大可能提供符合本地实际的公共事务治理方法以及解决本地群众之间的矛盾纠纷。与之相反的是，如果人民法庭强行介入处理某些涉及村落风俗习惯、传统惯例的纠纷，那么最终取得的法律效果和社会效果并不一定好。在此种情况下，可以看到的是，法律无力介入乡村社会的一些领域，在这些领域里面，乡村社会可能存在"无需法律的秩序"。这种"无需法律的秩序"，并非否定了法律在纠纷解决方面的重要作用，只是进一步反映出人民法庭在"送法下乡"过程中需要充分关注这些地方性知识，才能有效地推进"法律下乡"，实现自治、法治和德治的"三治"融合。

"无需法律的秩序"还可以从法律人类学的视角进一步窥测其中的社

① ［美］罗伯特·C. 埃里克森：《无需法律的秩序——邻人如何解决纠纷》，苏力译，中国政法大学出版社 2003 年版，第 1—13 页。

会机制。① 马林诺夫斯基的《原始社会的犯罪与习俗》是法律人类学的标志性著作。在书中，他通过对特罗布里安德群岛上土著居民的互易制度、习俗礼仪、婚姻制度、遗产继承、宗教信仰、犯罪与惩罚、秩序与巫术等方面情况的真实记录，生动诠释了原始社会是否存在法律、居民是否因为集体感情而盲目遵守一系列或合理或不合理的规则，以及原始社会的制度运转和秩序维护问题。马林诺夫斯基认为，原始社会虽没有国家制定并保证实施的法律，但存在约束每一个部落成员的实质上的法律，即部落的习俗。而保证其实施的动力是部落成员建立在互赖基础和互惠服务的同等安排认同上的复杂心理机制与社会动机，由此产生了一种无需法律的内在秩序。

原始社会并不存在国家，故不存在保证法律实施的国家强制力，从而也就没有严格意义上的法律。在原始社会中，人们以氏族部落为单元共同生产生活，于是各部落内部、部落与部落之间便逐渐地形成了相应的一套以权利和义务为主要内容的行为准则，部落中的每一个成员都自觉服从特定的规则，部落才能够正常运转。原始社会并不像大多数人想象的那样，只有残忍怪异的"刑法"，他们也有与其所处社会相适应的"民法"。不同于现代社会的地方在于，他们并没有明确地要划分这两种"法律"的意识，对他们来说，这只是必须要遵从的习俗。在特罗布里安德群岛，同一家族的人们有意识地形成了具有功能划分的经济协作组织，大家各司其职，并公平分配渔猎所得；成年男子每年在丰收季节为姐妹家送去大量的优质食材，并精心为食物展示仪式做准备；当人们触犯部落的规则被人发现后，会从椰子树上纵身跃下以示自己的悔恨之情或挑战对方的目的，书中所记录的这些景象无一不打破了人们对原始人野蛮愚昧的刻板印象，他们表现出了与文明社会中的人类似的心理活动。每一个部落成员都明确地知道自己的角色与肩负的职责，他们恪尽职守，自觉履行义务并享受其应有的权利，共同营造出了所在部落的井然秩序。

在这种没有用以保证法律实施的国家机器的原始部落中，促使这一系列的习俗得到普遍遵守与实施的动力不是对诸如惩罚的恐惧或对所有传统的盲目遵从的笼统动机，而是一种建立在互赖基础与互惠服务的同等安排

---

① 陈佩瑶、王裕根：《无需法律的内在秩序——读〈原始社会的犯罪与习俗〉》，《人民法院报》2021 年 6 月 18 日第 7 版。

认同上的复杂心理机制和社会动机。例如，互惠带来的稳定、长远的利益维系了原始的渔猎过程中存在的明确分工与严格的双向义务关系。美拉尼西亚人对充裕的食物及财产方面的抱负与虚荣心促使他们严格遵守交换制度，定期定量将剩余食物赠予对方；葬礼上丰厚的礼仪性补偿使寡妇自觉在葬礼上实行悲痛洒泪的哀悼行为；人们出于对违反部落规则所招致的冷眼与厌恶而羞愧不已，只能通过从椰子树上跳下的方式来赎罪；肩负荣誉与公正的巫师对部落中实施非法行为的成员进行惩罚等。① 可见，促使人们遵循这些习俗的心理因素主要有自利心、远大的抱负、虚荣心、根深蒂固的氏族观念、对传统的敬畏、满足公共舆论的需要，而在社会层面表现为巫术、首领权力对人的行为约束。

　　诚然，对于部落中符合人们心理期待的习俗，人们往往会自觉遵守与维护。但是，对于一些违背人类天性与伦常的规定，上述规则的约束力也许并不足以保证其得到履行。以原始部落的继承制度为例，母权和父爱这两项原则最敏感地集中在一个男人与他姐妹的儿子及其亲生的儿子各自的关系上。他的母系的外甥是他亲等最近的亲属，是他荣誉和职务的合法继承人；他亲生的儿子与他在法律上没有关系，与他母亲的婚姻关系所产生的社会地位是他们之间唯一的纽带。儿子在成年之后，就要被迫离开父亲前去接受舅舅的教导，成为舅舅的继承人，父亲也要接受自己的外甥作为自己的法定继承人。这种制度显然不符合人的天性，可它依然被部落世代传承。这项制度的源起可能是母系氏族社会架构下的必然产物，儿子必须与其母系部落捆绑在一起才能够达到维护母权的目的。而它之所以被世代传承，则是因为部落文化对人们产生了潜移默化的影响。自母系社会建立之始，母权至上的理念就被部落成员所接受，并随着部落的发展延续越发根深蒂固，人们不再质疑这不合理的规定，只是习惯地加以履行，也许当中会出现许多不愿违背自己情感与天性的人，但他们也只是发展出了表亲互婚制度确保儿子享有在父亲的社区里继续生活的权利，并没有去打破这项根本原则。这进一步反映出，某些特定部落成员的思想和行为虽然不受法律控制，但受其所处的部落文化、家庭和社会结构制约。

　　总体上来看，马林诺夫斯基通过对特罗布里安德群岛上土著居民的生

---

① ［英］马林诺夫斯基：《原始社会的犯罪与习俗》，原江译，法律出版社 2007 年版，第8—31 页。

活情况考察，反映出特定地区的风俗习惯对人的行为具有重要约束作用，构成一种无需法律的内在秩序。这种内在秩序的生成与作为国家法律的外在秩序是不一样的，它具有自发性和天然性。充分认识到这种内在秩序的生成逻辑，对提高基层司法裁判的可接受性具有重要意义。

　　而在我国，《马背上的法庭》也曾描绘出了一幅"无需法律的秩序"的实景。2006 年基于《人民法院报》有关宁蒗彝族自治县的图片新闻改编的《马背上的法庭》上映，2019 年《人民法院报》刊载《"马背上的法官"御风送公正——"超级大 V 法院行"走进内蒙古法院侧记》① 一文，引起社会广泛讨论，次年"马背法庭"出现在了最高人民法院工作报告有关立足城乡基层化解纠纷的论述之中。② 电影中法官老冯身处在由喇嘛教文化、彝族等少数民族传统与国家制定法统一并存的多元秩序的西南地区之中。电影中老冯来到鸡肚寨处理一起借贷案，其中的摩梭人也如特罗布里安德群岛上的土著居民一般，在原本的宗族秩序之下仍存在母系氏族社会的传统。由于年轻法官阿洛的疏忽，导致国徽被偷。失窃的国徽不仅是程序上的必备之物，也是国家法律与权威的象征。当一行人在村寨中宣传偷国徽违法时，摩梭人毫无反应，老冯只得求助摩梭人长者，当最后发现窃贼，摩梭人也坚持私自惩罚，拒绝交由司法机关进行惩处。原生的彝族秩序与国家制定法所呈现的法律秩序发生冲突，在这一过程中，不断伴随着老冯与摩梭人长者的商谈与妥协，其背后也是两种秩序之间的妥协。电影以老冯的失足落崖，彝族人不承认国徽为结尾，宣告以国家制定法为中心的法律秩序不得不退出彝族聚居地。故事为追求戏剧性效果将两者对立推向极端，虽然内在秩序与外在秩序在当下并不存在如此强烈的主导权争夺，但影片中老冯与阿洛之间的新与旧、父子矛盾冲突所表达的正是中国法治的现代化转型中所面临的国家法中心主义与法律多元主义之间张力的缩影。③

　　当前，在乡村社会转型过程中，传统的道德、习惯仍然在大部分人心底植根，并影响着人的思维模式与行为方式，尤其是广大乡村社会中还存

　　① 吴凡、韩璋：《"马背上的法官"御风送公正》，《人民法院报》2019 年 9 月 22 日第 1 版。

　　② 《人民法院年度工作报告（2020 年）》，《人民日报》2020 年 6 月 2 日第 7 版。

　　③ 徐斌：《"法治专业化"的陷阱》，《文化纵横》2018 年第 5 期。

在相对稳定的地方风俗习惯。我国《民法典》第 10 条规定，"处理民事
纠纷，应当依照法律；法律没有规定的，可以适用习惯，但是不得违背公
序良俗"①。即在法律规定不明确甚至是出现法律空白的情况下，法官可
以依据相关的善良风俗进行审判。这在法律和制度层面为人民法庭法官依
法适用习惯提供了基本的法理依据，同时从另一个层面反映出，基层司法
过程中需要关注地方性习惯。而乡村社会习惯是乡村社会内生秩序的重要
组成部分，其构成对基层司法行为的制约。

二　基层司法行为受社会结构制约

应该看到的是，转型期乡村社会的利益关系日益多元，很多纠纷都进
入人民法庭。一方面，人民法庭要进行诉源治理，积极构建多元化纠纷解
决机制；另一方面，人民法庭也注重根据乡村社会的实际，依据案件所涉
及的具体结构调动多方面资源和力量参与案件审理。这是因为，尽管在转
型期乡村社会中基层司法有更为广阔的空间，但是依然受到案件社会结构
的制约，如果过多依赖法律审判来解决纠纷将导致乡村矛盾纠纷解决中法
律失灵。② 在乡村社会中，案件大多涉及一些家庭邻里、婚姻以及赡养方
面的纠纷。从这些案件当事人的角度去思考，个案中所形成的判决结果往
往是经历过多方的社会角逐之后达成的一种妥协。乡村司法总是处于一定
的社会结构中，特定的社会结构决定了乡村司法的运作模式、形态。通过
对社会结构的把握，可以有效地解释并预测人民法庭的运作行为。③ 每一
个个案中都涉及裁决的第三方和对立的双方，他们之间如何互动以及相互
影响将影响到法官的判决。谁控告谁？谁处理这一案件？还有谁与案件有
关？每一案件至少包括对立的双方（原告、受害人以及被告人），并且可
能还包括一方或双方的支持者（如律师和友好的证人）及第三方（如法
官或陪审团）。④ 这是布莱克在《社会学视野中的司法》一书中所阐述的
案件的社会结构。在布莱克看来，通过分析案件的社会结构可以预测和解

---

① 参见《民法典》第 10 条。

② 周梅芳：《乡村纠纷解决中的法律失灵》，《社会学评论》2014 年第 4 期．

③ 张青：《乡村司法的社会结构与诉讼构造》，《华中科技大学学报》（社会科学版）2012
年第 3 期。

④ ［美］唐·布莱克：《社会学视野中的司法》，郭星华译，法律出版社 2002 年版，第
5 页。

释案件处理的方法和结果。

　　按常理讲，法律具有确定性和普遍性，任何法律案件在规范层面上都有条文规定，并指引着法官依法作出裁判。然而，这在美国的经验主义和实用主义的司法主导理念下似乎不太可能。本来，法官做出任何判决需要遵循先例，但美国法律现实主义学派认为，法官做出的判决含有个人的价值信念、宗教信仰乃至个人情绪等烙印，而要研究法官如何做出判决，必须关注法官的日常现实行为，法官的现实行为影响着法官的判决。法律现实主义的经典命题为：司法裁判与法律判例之间的关系还不及这些裁决与法官的早餐更密切。这也就意味着，当法官凭借个人的价值理念做出判决时，先前案例所体现的法律原则并没有在具体判决中体现多大的指引作用。法律现实主义揭示了案外社会因素对司法判决的影响，但没有反映影响法官做出判决的全部因素。而作为纯粹法社会学家代表，布莱克通过观察和分析具体个案中诉讼参与人各方表现，并用科学统计的方式归类分析各类案件中的社会结构，进一步发展了法律现实主义的经典命题。布莱克认为，真正解释和预测法官的判决需要分析每一个案件的社会结构，不同案件的社会结构可以解释和预测不同案件的处理方法和结果。

　　布莱克在《社会学视野中的司法》一书中分析了案件的社会结构是如何影响案件的判决。① 在他看来，法律条文提供了法律的语言，而案件的社会结构提供了语言表达的语法。这里的案件社会结构，既包括对抗双方是否存在同等的社会地位、是否是同一个种族、是否是同一种性别、是否是同一个组织以及是否存在亲密关系，也包括律师的社会地位、律师介入案件的强度以及第三方在对抗双方之间的权威性程度，甚至还包括诉讼参与者的讲话方式、法官与对抗双方之间的交流等，这些都将影响案件的处理和判决的结果。那么，通过了解案件的社会结果，布莱克指出每一个案件都有特定的社会结构，这也就会导致类似案件的判决会存在差异。例如，家庭内部亲人之间的犯罪比对陌生人的犯罪处罚要轻，还比如个人起诉组织总是比组织起诉个人的胜诉率低，特别是在劳资纠纷中体现得比较明显。

　　既然案件的社会结构能够影响案件的处理结果，那么对抗双方可以借助有社会经验的律师去影响法官的判决，这个时候就变成一种社会学意义

①　王裕根：《司法裁判需关注案件的社会结构》，《人民法院报》2019年7月19日第5版。

上的诉讼，也即通过筛选案件、收取费用、设计案件、调整审判前的策略、做好审判前的准备工作、灵活调整法庭审理的策略能够影响案件处理的结果。然而，如果诉讼双方的社会地位和阶层原本就不平等，有经验的律师加入之后就会更加造成案件处理的不平等。如何减少案件处理过程中的不平等呢？布莱克认为可以从以下三个方面进行改变：首先是从进入法律体系的案件结构进行重新设计，例如，对抗双方中的个体建立法律合作社团，从而形成一种组织的优势以对抗另一方的组织，这样能够大致实现诉讼地位的基本平等。其次是改变案件的处理过程。例如在涉及案件双方的社会信息方面进行屏蔽，不让案件的社会信息影响法官作判决，比如利用电子司法的方式避免法官与当事人接触，从而减少接触过程中透露出有优势地位的社会信息。最后是改变法律权限本身，也即对那些不利于营造平等地位的法律条文进行修改或者废除，让法律最小化，使得社会主体能够自助解决矛盾纠纷，这样一来可以减少案件处理过程中的社会结构对判决的影响。

布莱克运用社会学的视角来分析案件背后的社会结构是如何影响司法裁判结果，给司法实践带来的启发意义至少可以表现在以下两个方面：一方面，每一个司法案件背后的社会结构表明法官并不是法律的"自动售货机"。相反，法官在做出判决前会受到案件本身所牵连的社会结构的影响，从而导致同一个案件因为背后的社会结构不同导致不同的判决结果，这为我们分析和解释现实的司法审判实践中"同案不同判"提供了启发。另一方面，认识和理解法律的运行不能停留在文本上。法律规定的价值目标和理念并不会在社会中自动实现。相反，要认识法律在司法实践中的现实运行，必须依托社会学知识才能有效理解司法实践中的复杂性。每一个司法案件中都有其特定的社会结构，通过分析社会结构有助于解释司法案件的处理方法和结果。

不过，布莱克运用社会学的知识分析案件背后的社会结构也存在一定的局限性。首先，虽然每个司法案件的社会结构影响判决结果，但并不能因这个方面就证明司法裁判的不公或者法律规定没有得到有效运用。换言之，个案的社会结构只是在一定程度上影响了法律的普遍运用，但不能因此否定法律是一国社会整合的重要力量，并且在特性上呈现出整体上和更大范围内的权威性和公正性。其次，尽管司法案件的社会结构可以用来解释案件的判决结果，但不能因此否认法律规则体系内部的完整性以及法官顶住多方社会力量依法公正做出判决的可能性。最后，法官并不是法律的自动售货机，但也不会被案件的社会结构完全俘获，因为法官在做出判决时具有相对独立的空间。

整体上看，布莱克通过经验观察司法案件的判决过程，充分揭示了司法裁判面临的复杂的案件社会结构制约，而这种社会结构制约在乡村社会中表现得比较明显。应当看到，转型期的乡村社会，人民群众的利益诉求越来越多元，各种利益矛盾纠纷也不断出现新类型，具体反映出乡土案件的社会结构的复杂性。而与此同时，调整乡村社会各种纷繁复杂的社会关系不仅存在国家法律，还有乡规民约、风俗习惯等社会规范。各种社会规范在各自的领域交互调整乡村社会各类关系，且相互之间存在冲突和对立。人民法庭审理案件过程中不可避免存在法律规范和其他乡土社会规范的冲突，也不可避免遇到法律语言与乡土语言的冲突，这些冲突背后反映了转型期乡村社会多元化的利益结构及相关联的案件社会结构。在审理过程中，如何对乡土社会各种社会规范进行有效整合使各种规范能够在各自的范围内调整相应的社会关系，如何平衡每一起案件中当事人的利益，如何实现案件审理的社会效果，依然考验着人民法庭的司法整合能力。

第四节　人民法庭参与法治乡村建设的路径构建

一　人民法庭在法治乡村建设中的职能定位

中共中央办公厅、国务院办公厅印发的《关于加强和改进乡村治理的指导意见》指出，要充分发挥人民法庭在乡村治理中的职能作用，不断健全自治、法治与德治相结合的乡村治理体系。人民法庭是人民法院工作的基础，是人民法院践行党的群众路线、密切联系群众的重要桥梁，在基层社会治理中发挥着至关重要的作用。从司法实践角度来看，人民法庭作为基层人民法院派驻在乡村社会的审判组织，直接面对广大人民群众开展司法活动，通过发挥人民法庭自身的审判职能作用，积极回应乡村社会人民群众多元化利益诉求，是人民法庭践行司法为民的最直接体现。

进入新时代，随着社会主要矛盾的转变，人民群众的法律意识和权利意识不断提高，一方面，人民群众对专业化的法律服务需求越来越大；另一方面，乡村社会很多矛盾纠纷涌向人民法庭，对人民法庭解决矛盾纠纷提出了新的要求和期待。可以看到的是，转型期的乡村社会，人民法庭在履行审判职能时，既要回应人民群众对专业化法律服务的诉求，也需要立足审判职能服务于基层社会治理的需要。但是，乡村治理涉及基层社会事务的方方面面，面对基层社会事务的不规则性、低度法治化以及人情网络关系的束缚，无论是从构建多元化的纠纷解决机制的角度，还是从推进人民法庭参与乡村治理的角度，人民法庭都需要在新时代背景下充分履行自身职能，主动服务于基层社会稳定的大局，不断提升公正司法能力，践行党的群众路线，积极参与基层社会治理。

（一）人民法庭在法治乡村建设中要主动融入基层社会治理大局

维护基层社会稳定是基层党委和政府的重要政治职责，人民法庭在履行自身审判职能时，要积极服务于基层党委和政府的中心工作，主动服务基层党委和政府综治维稳工作的大局，综合运用多元化纠纷解决机制开展基层社会综合治理。一方面，在推进乡村振兴战略中，人民法庭要充分运用法律手段配合基层党委和政府防范社会风险、化解社会矛盾，对于涉及农民群体的土地流转利益、征拆矛盾的事件，人民法庭要充分发挥自身优势，积极为当地党委和政府提出防范社会风险的法律建议。另一方面，对于那些涉及大多数农民切身利益的土地流转纠纷、宅基地置换纠纷、乡村企业环境污染等重大涉法涉诉问题，人民法庭应该积极与当地党委政府沟通，以司法建议、决策咨询意见的形式融入基层党委和政府的决策部署中，促进基层党委和政府的决策向法治化方向转变，推进乡村治理法治化。

（二）人民法庭在法治乡村建设中要切实发挥审判职能推进"三治融合"

转型期乡村社会的矛盾纠纷越来越多，也越来越复杂。很多矛盾纠纷不能够通过村级组织和基层调解组织解决，相反，随着基层群众的法律意识不断提高，群众对公正的司法产品的需求越来越高。对于那些带有普遍性和教育意义的矛盾纠纷，人民法庭应立足自身的审判职能，依法及时地做出判决，以回应人民群众对公正司法的期待。与此同时，人民法庭应该充分发挥专业化的审判优势，通过法定程序对一些争议比较大、矛盾比较突出并且通过判决的方式能够起到良好社会效果的案件及时进行司法裁判，尽早把乡村社会的一些矛盾纠纷化解在萌芽之中，防止乡村社会出现一些不稳定的因素。一方面，人民法庭在审理乡村社会各类案件过程中，应该坚持依法裁判，充分发挥司法对各类社会规范的整合功能，不断将法律融入调控各种社会规范过程中。另一方面，人民法庭也要充分考虑到乡土社会中各种社会规范相互作用的机制，在将国家法律实施在乡村社会的同时，也需要创造一些条件，着重把乡土社会的各类社会规范引导到法治的轨道上来，寻找法律和其他社会规范的最大公约数，推进自治、法治、德治"三治融合"的乡村治理体系。

（三）人民法庭在法治乡村建设中要贯彻群众路径践行司法为民理念

人民法庭身处乡村社会，不仅要把法律实施到田间村落，还要懂得做群众工作。司法工作不仅是一项法律工作，也是一种群众工作。因此，人民法庭的法官在办理具体案件时，需要践行群众路线，从群众中来到群众中，充分了解案件发生的历史来由，熟悉基层群众的生活感情，力戒官僚主义和形式主义。这就要求，法官在具体工作时，不仅要深谙法律的原则规定，也需要充分认识到乡村社会的情、理、法之间的冲突和张力，更需要充分调动人民群众的力量参与矛盾纠纷化解，不断在法律和事实之间寻找交叉点，最终使人民法庭的判决符合基层群众的期待，赢得基层群众的支持，从而实现做到法律效果和社会效果的统一。与此同时，人民法庭应该充分了解乡村社会的村规民约，努力调动人民群众中比较有威望的乡贤积极参与矛盾纠纷化解，大力推进自治、法治与德治的乡村治理体系建设。在组织机制层面，要不定期开展巡回审判，及时回应人民群众普遍关心的利益问题，注重从群众的立场出发，用群众比较接受的方式宣传国家法律政策，避免巡回审判过程中的"机械司法"，更加注重司法裁判的法律效果和社会效果的统一。就法官本身而言，在掌握专业性法律知识的同时，应该加强与人民群众的联系，不断积累做群众工作的经验，提高做群众工作的能力。

充分发挥人民法庭在乡村治理中的职能作用，有利于推进乡村治理体系和治理能力现代化。乡村治理不仅需要法治，更需要促进乡村社会自治和德治。人民法庭作为基层人民法院派驻在乡村社会的审判组织，要在立足服务于基层社会稳定的大局基础上，充分发挥自身的专业审判职能优势，积极践行群众路线，构建自治、法治与德治相结合的乡村治理体系，不断为乡村振兴战略提供良好的治理基础。

二 人民法庭参与法治乡村建设的现实路径

（一）优化人民法庭布局以增强诉源治理能力

人民法庭参与法治乡村建设过程中，需要根据社会经济发展实际不断优化人民法庭治理资源布局。以河北省承德市 X 区人民法院为例，其下辖 7 个人民法庭，当地着眼地域性、考虑城乡差异，结合各辖区交通区位、经济发展情况、人口流动情况等进行改革，升级城乡接合部的乡村传统人民法庭。同时随着新型城镇化的发展，人民法院针对部分乡镇案件数量多且突出的类型化案件，通过设立专业化法庭的方式，在原有法庭基础上加挂交通事故、家事审判等专业法庭牌子，推动案件的高效率审理，充分落实了"三个便于""三个服务""三个优化"工作原则。[①]

河北省承德市 X 区人民法院的人民法庭布局优化方式对其他地区人民法庭建设具有一定的参考借鉴经验，即立足于变化发展的实际调整人民法庭的布局，不断回应基层社会治理的需要。在优化布局的过程中，基层人民法院要结合属地自身经济发展情况与案件分布情况合理配置人民法庭，避免因不合理布局导致工作同质化、司法资源利用率低下等问题，防止因法庭布局不科学导致出现服务乡村振兴能力不够的问题。

在调整人民法庭布局的政策空档期，开展巡回审判、设置巡回审判点同样是优化人民法庭治理资源布局的体现。以北京市丰台人民法院 X 人民法庭为例，三年来 X 人民法庭通过优化人民法庭资料资源布局，构建起了诉源治理的新格局，实现了辖区内收案数量下降近 30%。当地通过构建"巡回审判点"的方式对自身治理资源进行优化配置，对辖区中纠纷案件居高的地区进行巡回审判，使相关案件数量不断下降，同时发挥乡镇司法所作用，联合村委会建立"法治空间站"不断收集当地居民的司法需求，同时采用线上线下相结合的模式进行指导调解。[②] 丰台区 X 人民法庭设置巡回审判点以及建立"法治空间站"的方式是从物理空间维度优化人民法庭治理资源布局的辅助方案，有利于缓和部分地区人民法庭参与乡村治理能力受限的问题，从而不断优化外生权威治理布局。此外，法

---

① 马勇：《城区法院优化人民法庭布局的思考与实践》，《人民法院报》2021 年 11 月 11 日第 8 版。

② 《新时代人民法庭建设案例选编》（一），《人民法院报》2021 年 9 月 16 日第 3 版。

官定期到巡回审判点审理案件的方式，也有利于提升人民法庭的司法公信力①，强化基层人民法庭的治理权威。

（二）构建主体边界明晰的基层综合治理机制

在宏观上，构建基层社会多元的综合治理机制需要对人民法庭在基层社会治理中的定位、任务、作用予以明确，并突出其履行审判职能。与此同时，在微观上，明确其开展非诉调解工作在基层治理体系中的层级与定位。人民法庭要充分借助党政体制的优势，统合多元化纠纷解决资源和力量，构建人民法庭与调解组织良性互动平台。在乡村社会中，人民法庭处理的乡土纠纷大多是一些涉及家事、邻里、土地等方面的纠纷，这些纠纷具有浓厚的乡土性和非规则性，这也就决定了完全用司法手段解决这些纠纷存在一定的局限性。为此，需要人民法庭与乡村社会的调解组织构建良性的互动平台，积极参与构建多元化纠纷解决机制，充分发挥调解组织在回应人民群众多元化解纷诉求、防范化解基层矛盾纠纷、维护基层社会稳定等方面的重要功能。具体来看，一方面，人民法庭应该指导基层人民调解委员会以及专业性调解组织制度化和常规化地运行，帮助调解组织建立健全相关制度；另一方面，调解组织应该在法律范围内调解矛盾纠纷，在遇到专业性法律问题时应该积极请求人民法庭给出相应的法律咨询意见，保证调解活动依法依规进行，注重提高人民调解的实效。

构建基层社会多元综合治理机制在微观上还需要将外生权威纠纷解决方式与内生权威纠纷解决方式进行有效融合，使其形成治理合力。以河北省临漳县人民法院所属 X 法庭为例，当地构建起了以当地党委和政府为主导，法官、乡镇领导、包村干部、村支书协调联动的诉源治理体系。在此体系之中，各村支书负责本村矛盾纠纷的排查上报任务，乡镇干部获悉后联合村委工作人员合理化解纠纷，镇村干部在遇到疑难复杂的案件时，邀请人民法庭法官介入调解，以减少诉讼增量。人民法庭法官每季度将各村诉讼情况向乡镇书记进行通报。② 有别于平面化治理结构，当地以构建起由村委干部、乡镇干部、人民法庭、乡镇党委书记共同构成的阶梯式治理结构，逐步形成了和解、调解、诉讼等功能互补、有效衔接的金字塔形纠纷预防化解体系，有利于引导当事人形成理性的纠纷解决观念，优先选

---

① 公丕祥：《概念与机制：司法公信的价值分析》，《法律适用》2012 年第 11 期。

② 《新时代人民法庭建设案例选编》（一），《人民法院报》2021 年 9 月 16 日第 3 版。

择成本较低、对抗性较弱、修复关系较易的方式解决纠纷，通过分层递进的程序分流方式实现纠纷解决资源的最优化配置。① 这反映出，人民法庭在法治乡村建设中要积极融入当地党委领导的治理框架，并以此为基础充分利用辖区内党委和政府的组织优势，调动村镇干部、人民调解员、派出所、司法所等机关及工作人员的积极性参与基层社会依法治理。与此同时，人民法庭要根据当地社会经济发展实际，在梳理辖区内司法需求的情况下，有的放矢地进行司法资源配置。

此外，基层党委和政府要完善相应制度配套措施，构建基层人民法庭与其他治理主体共同开展法治乡村建设的长效机制，并尝试将人民法庭参与乡村治理工作纳入基层政府综合治理工作体系。以湖北省为例，该省出台《湖北省人民代表大会常务委员会关于充分发挥人民法庭作用促进基层社会治理的决定》对人民法庭如何参与基层社会治理以及参与治理过程中与其他主体的关系进行明确，强调"将人民法庭纳入基层社会治理工作体系，并以乡镇、街道平安建设领导小组为核心构建综治中心、派出所、司法所、人民法庭、信访办、基层群众自治组织等单位和组织参加的社会治理联防联调体系，明确指出要充分听取人民法庭的专业意见，将司法建议纳入社会治理工作的考评范围，同时将相关任务的落实情况纳入法治乡村建设的考核范围"②。当地从宏观上还对人民法庭参与基层乡村治理进行顶层设计，以制度方式明确人民法庭在社会治理过程中的定位，强调乡村治理过程需要充分听取人民法庭的专业意见，这不仅有利于提升人民法庭参与乡村治理的治理意愿，增强其参与乡村治理的治理效能，也能使乡村治理过程更加法治化、专业化。而将人民法庭的司法建议及相关任务的落实情况纳入考评既有利于将其塑造成新时代以乡村法治为核心职能的国家治理机构，③ 进而推进法治乡村建设，也能更好地为乡村振兴战略实施保驾护航。

---

① 廖永安、王聪：《我国多元化纠纷解决机制立法论纲——基于地方立法的观察与思考》，《法治现代化研究》2021 年第 4 期。

② 《关于充分发挥人民法庭作用促进基层社会治理的决定》，《湖北日报》2021 年 8 月 10 日第 2 版。

③ 冯兆蕙、梁平：《新时代国家治理视野中的人民法庭及其功能塑造》，《法学评论》2022 年第 1 期。

（三）多维度提升人民法庭考核力度与专业化水平

在人民法庭的法官队伍建设方面，要改革考核制度以不断激励人民法庭法官扎根基层，服务基层社会治理。基层人民法院对人民法庭的法官的考核应该充分考虑乡村社会实际，更加注重考核法官矛盾纠纷化解以及做群众工作的实际能力。为此，基层人民法院应该对人民法庭的法官进行分类考核，不能以判决数量多少来考核人民法庭的法官，而应结合案件判决率、调解率、撤诉率综合考核。与此同时，要把那些政治素质好、专业素质强、群众工作经验丰富的法官调往人民法庭担任领导岗位，鼓励年轻法官进入人民法庭锻炼，注重提拔那些扎根基层数年、群众工作经验丰富的法官。

长期以来，各地对基层人民法庭的考核机制不健全，使得人民法庭工作专业化程度不足。以湖南省为例，在湖南基层人民法院工作考核指标中，人民法庭所占的分值只有2%，工作考核时往往也围绕着原先不合理的指标，以致未能充分发挥人民法庭的作用，为此湖南省高级人民法院于2021年制定了《湖南省人民法庭2021年度考核办法》，将原先只占2%的分值提升至了40%，同时针对人民法庭参与基层社会治理、服务乡村振兴的情况进行奖励加分。[①] 由此可见，增强人民法庭在法治乡村建设过程中的效能可以从考核办法入手，依据实际情况提升人民法庭参与法治乡村建设占总考核分数的比重。上级人民法院也可对基层人民法院强化人民法庭参与法治乡村建设的考核内容或考核占比进行评估和督促。与此同时，在横向治理体系中也可提升人民法庭参与法治乡村建设在综治工作任务考核中的占比，不断凸显人民法庭工作的重要性。当然，在具体考核内容中不仅要考虑到相关案件的审判数量，也要对其参与乡村治理、乡村法治宣传教育等进行考核，并强化对案件审判质量、案件终局情况的考核，突出人民法庭参与多元纠纷化解的考核占比。与此同时，还要注重司法规则与程序的贯彻，对"以结代收"或忽视实体问题的情况进行相应审查并扣分。由此通过考核制度的完善也可从微观层面对"治理化司法形态"进行优化，防止法官滥用司法权或任意处理案件，不断推进乡村社会的规则

---

① 《新时代人民法庭建设案例选编》（一），《人民法院报》2021年9月16日第3版。

之治,① 逐步提升人民法庭参与乡村治理的专业化水平。

乡村地区人民法庭人员配置相对不足,还可以从制度上完善岗位流动机制,增加乡村人民法庭工作人员的福利待遇,并在晋升等程序上增加相应权重以促使更多优秀青年法律人才流向基层人民法庭,从而缓解乡村人民法庭"案多人少"的结构性矛盾。根据北京法院发布《关于加强全市人民法庭干部队伍建设的意见》的相关内容,该市在安排人民法庭工作人员的过程中,对案件数量相对较多的人民法庭加大了人员安排力度。同时还规定,各地可以优先选派新入职法官助理和新晋升的法官到基层人民法庭工作锻炼,并规定相应工作年限。并且在选拔任用法院领导干部、法官等级晋升、法官遴选等环节向基层人民法庭工作人员予以政策倾斜。② 案件数量较多的人民法庭往往处在基层矛盾纠纷的风口,向其增派工作人员并建立新入职人员选派制度不仅能缓解"案多人少"的矛盾,也有利于乡村人民法庭从审判案件中腾出手来更好地参与多元化纠纷解决机制的建设,开展相应的法治宣传工作。而对基层人民法庭工作人员进行福利待遇或晋升方面的政策倾斜则有利于缓解乡村人民法庭青年法官不断流失的困境,也为人民法庭工作人员更好地参与法治乡村建设提供制度上的保障。

提升人民法庭工作的专业化水平还需要不断提升法庭的信息化水平。例如,江苏省苏州市吴江区人民法院 X 法庭,自主研发"苏智"办案辅助平台,功能齐全、操作便捷,立案、调解、开庭等可全程在线办理。截至 2021 年 8 月,该平台在线调解 2000 余次,成功化解 1344 件,将大量案件化解在诉前,利用信息技术提升了诉源治理水平,体现了当地人民法庭的工作专业化水平。③ 办案辅助平台推广能更为高效地处理简易纠纷,从而减轻基层法院工作人员的工作压力,也便于应对互联网时代下的各类网络纠纷。同时对基层群众而言,能够减低其诉讼成本,避免群众来回跑的情况发生,也是落实"三个便于"原则的重要体现。此外,为提升基

---

① 张丽丽:《新时代人民法庭参与乡村治理的理论逻辑与反思》,《西北大学学报》(哲学社会科学版) 2019 年第 2 期。

② 赵岩:《北京高院印发意见着力提升人民法庭司法水平 完善干部队伍结构优化轮岗交流机制》,《人民法院报》2021 年 11 月 22 日第 1 版。

③ 《新时代人民法庭建设案例选编》(一),《人民法院报》2021 年 9 月 16 日第 3 版。

层治理法治水平，也可将人民法院的网络办案平台与数字乡村的建设结合起来，搭建乡镇人民法庭与乡镇社区对接的网络平台，构建更为便利的线上多元纠纷解决模式，并完善数字技术在法治乡村中的应用，不断提升乡村治理效能。

本章总结

在法治乡村建设中，人民法庭作为乡村社会的主体性司法力量，需要充分发挥其审判职能，积极参与基层社会矛盾纠纷化解。然而，人民法庭参与法治乡村建设中，还必须结合乡村社会的性质和结构进行理性审视。应当看到的是，人民法庭在履职过程中除了面临着乡土社会原生土壤所带来的阻隔之外，也受基层社会治理主体之间协调机制不成熟的影响，同时还面临着人民法庭内部考核机制、激励机制建设所存在的一系列问题。对此，为更好地推动人民法庭参与法治乡村建设，需要进一步明确人民法庭在法治乡村建设中的职能定位，不断优化人民法庭布局，提升诉源治理能力，完善基层社会多元主体参与的综合治理机制，最大限度发挥基层社会各治理主体在乡村法治建设过程中的重要作用。与此同时，为促进人民法庭可持续性地参与法治乡村建设，还需要不断完善和优化基层法院内部考核机制，推进基层人民法庭工作专业化和信息化，从而不断提升人民法庭服务于法治乡村建设的能力和水平。

第七章　党建引领"三治融合"的
法理内涵与实现路径

2017 年 10 月，党的十九大报告提出，要加强农村基层基础工作，健全自治、法治、德治相结合的乡村治理体系。① 2017 年 12 月，习近平总书记在中央农村工作会议提出，健全自治、法治、德治相结合的乡村治理体系，是实现乡村善治的有效途径。② 2019 年"中央 1 号文件"在乡村治理工作中进一步提到要"建立健全党组织领导的自治、法治、德治相结合的领导体制和工作机制"③。2019 年中共中央办公厅、国务院办公厅印发的《关于加强和改进乡村治理的指导意见》也明确提出"健全党组织领导的自治、法治、德治相结合的城乡基层治理体系"④。2020 年 3 月，中央全面依法治国委员会《关于加强法治乡村建设的意见》进一步将法治乡村建设的两项基本原则明确为："坚持和加强党对法治乡村建设的领导，坚持农村基层党组织领导地位"和"坚持法治与自治、德治相结合"⑤。梳理上述文件可以发现，无论在乡村治理还是法治乡村建设中，都强调党组织领导下自治、法治和德治相结合，这可以说建构了法治乡村建设的基本途径。与此同时也可以看出，在法治乡村建设过程中，要始终坚持党总揽全局、协调各方的领导核心地位。通过强化政治和组织保障，

① 习近平：《决胜全面建成小康社会　夺取新时代中国特色社会主义伟大胜利》，人民出版社 2017 年版，第 32 页。

② 习近平：《论坚持全面依法治国》，中央文献出版社 2020 年版，第 191 页。

③ 《关于坚持农业农村优先发展做好"三农"工作的若干意见》，《人民日报》2019 年 1 月 3 日第 2 版。

④ 《关于加强和改进乡村治理的指导意见》，2019 年 6 月 23 日，http://www.gov.cn/zhengce/2019-06/23/content_5402625.htm，2022 年 1 月 21 日。

⑤ 《关于加强法治乡村建设的意见》，2020 年 3 月 25 日，http://www.moj.gov.cn/pub/sfbgw/qmyfzg/202003/t20200325_150392.html，2021 年 1 月 21 日。

发挥乡村传统道德价值与村民自治实践的作用，同时使乡村本土治理资源与国家外部规范力量有机结合，构建自治、法治与德治"三治融合"的乡村治理体系，才能实现法治乡村建设目标，促使乡村社会走向善治。

基于此，本章主要对法治乡村的建构路径，即党组织引领农村自治、法治与德治"三治融合"的基本内涵、法理逻辑、微观经验以及实现路径做出具体论述。

第一节　"三治融合"的基本内涵与法理逻辑

一　"三治融合"的基本内涵

随着社会主要矛盾的变化，新时代的乡村社会结构正在转型。面对转型期乡村社会人们日益改变的生活与思想观念，乡村振兴战略实施过程中乡村社会内生秩序与国家外部法治规范的矛盾性，客观分析法律在乡村社会实施的过程、条件与效果，并积极回应基层社会治理创新的需要，已经成为推进法治乡村建设、提升基层社会治理法治化水平的重要一环。2013年浙江省桐乡市提出自治、法治、德治"三治融合"的基层社会治理创新经验，并在全国得到推广。2017 年，"三治融合"被写进党的十九大报告后，2020 年"中央 1 号文件"《关于抓好"三农"领域重点工作确保如期实现全面小康的意见》进一步提出，"扎实开展自治、法治、德治相结合的乡村治理体系建设试点示范，推广乡村治理创新性典型案例经验"①。可以看到，构建党组织领导的自治、法治、德治"三治融合"的乡村治理体系是推进法治乡村建设的重要举措，也是创新乡村社会治理的体现。因此，把握其中的重要内涵对于推进法治乡村建设、提升乡村社会治理法治化水平具有重要意义。

（一）自治

关于自治的内涵与发展，不同的学者在不同角度展开了论述。从制度层面看，有学者将"自治"的本质概括为"民主之治"，着重提出基层群

---

① 《中共中央　国务院关于抓好"三农"领域重点工作确保如期实现全面小康的意见》，2020 年 2 月 5 日，http://www.gov.cn/zhengce/2020-02/05/content_5474884.htm，2022 年 1 月 22 日。

众自治作为我国社会主义民主政治的基本制度之一，在基层治理上具有举足轻重的重要作用，其中还特别借用"桐乡经验"进一步阐明基层党组织的领导在群众自治中的重要性。① 也有学者从历史视域中指出中国村落社会的自治体系有着丰厚的历史渊源，认为从最初"皇权不下乡"到"乡绅自治"，再到现如今的"村民委员会"，中国乡村的自治模式经过了一个国家权力逐步下沉的变迁。现代性的乡村自治是党和国家认可下的村落民主政治。② 在行动机制上，有学者站在实施乡村振兴战略的背景下指出，乡村自治的核心要素是尊重村民参与公共事务的主体性。自治的核心并非民主选举，而是民主参与。③ 综合学界观点可知，"三治融合"中的自治体系是党组织领导下村民广泛参与的乡村社会民主政治活动，重点在于共建、共治与共享。

（二）法治

法治作为一个经典概念，其基本理念相对成熟。相对于自治而言，"三治融合"中有关法治的论述较少。有学者指出，新时代中国特色社会主义法治有三层基本含义：一是规则之治、程序之治，即对规则与程序的尊重；二是依法而治，构建完备的法律体系，确保推进全民守法、公民依法办事、党依法执政、政府依法行政；三是良法善治，以良好的法律体系推进社会治理的发展。④ 可以说，这较为全面地概括了法治的内涵。但需要注意的是，在时代性语境上看，有学者认为法治除必须遵守法律条文外，更重要的是法的精神。在这种法的精神之下，法治还意味着在一定社会空间下对其中一般性规则的遵守。那么对于乡村社会而言，法治还包括村规民约在内的一整套规则体系。⑤ 因此从这个意义上讲，法治不仅包括国家外部规范，还包括村落社会的内生性规范。正确处理两者间的关系，不断创新治理形式，从而实现乡村善治，才是法治的重要内涵。

---

① 张文显：《"三治融合"之理》，《治理研究》2020年第6期。

② 钟海、任育瑶：《"三治融合"乡村治理体系研究回顾与展望》，《西安财经大学学报》2020年第4期。

③ 欧阳静：《乡村振兴背景下的"三治"融合治理体系》，《天津行政学院学报》2018年第6期。

④ 张文显：《"三治融合"之理》，《治理研究》2020年第6期。

⑤ 郁建兴、任杰：《中国基层社会治理中的自治、法治与德治》，《学术月刊》2018年第12期。

（三）德治

在德治方面，有学者将乡村德治形容为一种乡村文化感召。德治工作的本源正是这种文化有效感召下开展的道德建设。① 总体而言，当前学界大都认同德治的重点在于乡村文化所体现出的道德形式，并针不同历史时期道德做出了论述。在中国传统社会里，与德治相对应的是"三从四德""三纲五常"等价值观念。对此，有学者认为中国传统社会体现为一种"德治"社会，受到儒家传统道德观念的约束。② 而现代意义上的德治与传统社会中的道德约束大相径庭，其内涵更为丰富，更具时代性，其在社会主义核心价值观的基础上，不断融入忠孝、仁爱、信义、和平等传统道德精髓。③ 可以看到的是，德治体现为一种"软治理"手段，这种手段将在良好的社会氛围以及乡土文化价值导向下，提供模范指引，使基层群众对自己的日常行为做出自我约束，从而给乡村治理带来"德润人心"的影响。

（四）三者的内在联系

关于自治、德治、法治三者的内在联系这一问题，不同学者给出过不同回答，大致分有两类，第一类学者坚持三者缺一不可，认为三者在乡村治理中都有其独特作用，但其中必有"一个核心"。在这种结构—功能视角下，有学者将三者归纳为自治为核心、法治作保证、德治作支撑的三治合一体系；④ 徐勇也鲜明地指出"自治为体，法德两用"的乡村治理模式；⑤ 姜晓萍则在总结"桐乡经验"的基础上，将"三治融合"方式直接归纳为"自治是乡村治理的本质属性和法定属性，无论是法治还是德治，都要融入自治这个根本"⑥。可以看出，持这一观点的学者大多坚持

---

① 王文彬：《自觉、规则与文化：构建"三治融合"的乡村治理体系》，《社会主义研究》2019 年第 1 期。

② 郁建兴、任杰：《中国基层社会治理中的自治、法治与德治》，《学术月刊》2018 年第12 期。

③ 钟海、任育瑶：《"三治融合"乡村治理体系研究回顾与展望》，《西安财经大学学报》2020 年第 4 期。

④ 邓建华：《构建自治法治德治"三治合一"的乡村治理体系》，《天津行政学院学报》2018 年第 6 期。

⑤ 徐勇：《自治为体，法德两用，创造优质的乡村治理》，《治理研究》2018 年第 6 期。

⑥ 姜晓萍：《乡村治理的新思维》，《治理研究》2018 年第 6 期。

以自治为主体地位，法治与德治发挥着辅助作用的"一体两翼"①的治理模式。第二类学者则从现实经验层面分析"三治融合"的具体形态，根据"三治"发挥作用的有无与强弱，对乡村社会可能存在的多种"三治"模式进行组合，如有学者依照"三治"中各自治理的强度，组合成 27 种经典类型。②但实际上，在构建自治、法治、德治相结合的乡村治理体系过程中，三者其实缺一不可。由于政策失调或实际情况的差异，或许在短时间内会呈现此强彼弱的态势，但长久来看，这种态势应当会被不断纠正，以期达到较为合理的"三治融合"模式。随着"三治融合"的"桐乡经验"不断深入发展，学界更为普遍地认同"三治融合"是一个整体的治理体系。有学者对此将"三治融合"的乡村治理新格局描述为"等边三角形"。③同时，有学者指出，"基层社会治理中的自治、法治与德治又是可以贯通、结合，甚至是必须贯通、结合的"④。相比"等边三角形"体系，这种观点又进一步深化论证了"三治融合"是相互融合、互相补足的内在联系。

综合来看，关于自治、法治与德治，学者们对于三者间的内在联系虽然有着不同观点，但都基本上认可只有三者达到互相融合程度才能实现乡村善治。当代中国法治建设已经取得了一定成就，中国特色社会主义法治体系不断完善，但在复杂的乡村社会中，推进乡村治理的发展并不能完全依靠硬性法规，而是要在村民自治制度的载体下，与乡村社会内生秩序相结合，循序渐进地推进法治乡村建设，进而不断促进基层治理体系和治理能力的现代化。

二　"三治融合"的法理逻辑

法理也即是关于"法律是什么"的本质探讨。从法学角度来讲，关于"法律是什么"这一问题，西方不同学者曾提出过不同回答。自然

---

① 何显明：《"三治合一"探索的意蕴及深化路径》，《党政视野》2016 年第 7 期。

② 邓大才：《走向善治之路：自治、法治与德治的选择与组合》，《社会科学研究》2018 年第 4 期。

③ 左停、李卓：《自治、法治和德治"三治融合"：构建乡村有效治理的新格局》，《云南社会科学》2019 年第 3 期。

④ 郁建兴、任杰：《中国基层社会治理中的自治、法治与德治》，《学术月刊》2018 年第 12 期。

法学派认为，法律应该彰显公平、正义以及保障人权。分析实证主义法学派认为，法律是主权者制定的命令，它具有强制性和权威性，公民不应该以自己的喜好来选择是否遵守一部法律。社会法学派则认为，法律在社会中发挥一定功能和效果，应在社会中分析法律实现其功能和效果的前提条件。上述三种不同学派基于各自观察法律的利益立场和经验视角不同，分别对法律的本质提出过不同回答。但从社会学的角度来看，法律在社会中运行并产生效果的正当性理由源于社会生活实践本身需要，这即是从社会中揭示法理问题。一般来讲，社会生活存在包括法律在内的多种社会规范，各种规范之间如何和谐共处共同调整社会生活，使得社会生活既充满秩序又充满活力，需要分析各种社会规范在一定时空场域下的实践逻辑。而在不同国家和社会，法律的实践逻辑不一样。这是因为，不同国家的文化传统、社会环境以及制度体制不一样，法律在不同国家和社会中的实践过程也不一样，并且法律在实践过程中所彰显的法理内涵也不一样，因此有必要深入一国社会生活条件了解法律在社会运行过程中的法理问题。[①]

　　当前，"三治融合"既反映了中国基层社会治理的一般规律，也体现了法律在基层社会运行的一般实践。继党的十九大首次提出"健全自治、法治、德治相结合的乡村治理体系"之后，党的十九届五中全会进一步提出"健全党组织领导的自治、法治、德治相结合的城乡基层治理体系"，这反映出，自治、法治、德治"三治融合"的治理理念不仅体现在乡村社区治理中，还存在于城市基层社区治理实践。而中共中央印发的《法治社会建设实施纲要（2020—2025年)》所述的法治社会建设主要原则也包括"坚持法治、德治、自治相结合"。这就意味着，"三治融合"不仅表征了新时代城乡基层社会治理的特性和规律，也反映了法治社会建设中的一般规律，它进一步揭示了社会中的法律需要结合自治力量、道德权威才能够有效运行，这实质性地凸显了法律在社会生活过程中的运行本质，也即法律在社会中运行的法理问题。因此有必要结合"三治融合"的治理理念和实践重新阐释"三治融合"过程的法理。

　　从社会学的角度来看，社会生活存在包括法律在内的多种社会规范，

[①]　王裕根：《"三治融合"之法社会学阐释》，《中国社会科学报》2021年4月14日第5版。

各种规范之间如何和谐共处、共同调整社会生活，使社会生活既充满秩序又充满活力，需要分析各种社会规范在一定时空场域下的实践逻辑。而由于不同国家的文化传统、社会环境以及制度体制不一样，所以法律在不同国家和社会中的实践过程也不一样。为了探索当代中国社会人们的信仰、权威和法律问题，王铭铭、王斯福（Stephan Feuchtwang）较早倡导在乡村社区中用民族志（Ethnography）方法研究乡村社区的权威、秩序和公正问题，后来这一理念被法人类学研究者深化和拓展，产生了一批有影响力的学术成果。如赵旭东的《权力与公正——乡土社会的纠纷解决与权威多元》、朱晓阳的《小村故事：罪过与惩罚》等。法人类学学者在乡村社区中调查、描述和感知社区居民心中的权威、信仰以及公正等问题，为深入理解法律实施的社区土壤提供了有益借鉴。此后，法人类学的民族志方法也渐渐被引入法社会学的研究范式中。除了法人类学传统的研究范式之外，法社会学的研究问题还更加注重分析特定社会结构对社会成员的影响，并在结构—功能视角下分析行动者的约束条件和行为逻辑。不过，在结构—功能视角下分析具体行动者的行为逻辑并不是抽象的理论分析，而是致力于发展罗伯特·K. 默顿在《社会理论与社会结构》中所主张的一种中层理论。[1] 这种中层理论既在具体社会结构的背景下考察行动者的约束条件，也深入分析结构影响行为的具体过程。

就中国乡村社会的法律实践而言，考察国家法律在乡村社会的运行实践需充分关注乡村社会结构，并在整体把握乡村社会结构背景下深入分析法律实施者的行动条件、过程和目标。乡村社会结构影响法律发生的作用条件和实施效果。费孝通在《乡土中国》中曾指出，"中国正处在从乡土社会蜕变的过程中，原有对诉讼的观念还是很坚固地存留在广大的民间，也因之使现代的司法不能彻底推行"[2]。具体来看，当前乡村社会中还存在许多与现代法律制度不同的风土民情、道德、习惯。为了发挥法律在乡村社会中的最大功效，实现法律与乡村社会其他规范和谐共处、多元共生，这就要求国家法律在进入乡村社会的过程中充分考虑法律与乡村社会的自治土壤、道德权威有机融合。因此，新时代背景下，健全党组织领导

---

① ［美］罗伯特·K. 默顿：《社会理论与社会结构》，唐少杰等译，译林出版社 2015 年版，第 59—105 页。

② 费孝通：《乡土中国》，北京出版社 2011 年版，第 84 页。

的自治、法治、德治相结合的乡村治理体系，具有十分重要的意义。一方面，"三治融合"的治理理念与治理实践表明，自治、法治、德治三者之间是紧密相连的，任何一者都无法脱离其他两者而产生最大的功效；另一方面，从法律社会学角度看，国家法律进入乡村社会需充分考量法律与其他社会因素相互作用的机制，也即法律进入乡村社会的过程中，既反映了法律在乡村社会实施的过程、条件和效果，也生动呈现了法律在乡村社会中实施的法理。区别于在规范层面认识法律的本质，在社会层面重新阐释法律在社会生活中运行的正当性理由与效果，有助于从多个层面重新认识法之理。从法律社会学的角度看，自治、法治、德治"三治融合"凸显了国家法律在乡村社会的运行本质，并在社会层面揭示了国家法律在乡村社会运行过程中的空间、文化以及善治之维。这具体体现了"三治融合"之法理。

首先，法律的空间之维。从现实层面来讲，任何社会关系的产生、发展以及消灭大都需要依赖一定物理空间。在空间范围内，不同社会主体依据各自的利益偏好、习惯、情绪和目的产生各种理性行为，而行为与行为之间的交互就会产生一定的社会关系。法律作为调整社会关系的重要手段，虽由国家制定并具有国家强制执行力，但是法律所调整的对象也即社会关系都是某种空间下具体的现实的社会利益关系，此时要想深入分析法律的本质，还必须回到具体空间下现实的社会关系去理解。在中国乡村社会中，相比城市社区而言，其利益关系的密集程度相对比较高，但利益密集关系并不是主要靠法律来调控，还依赖道德伦理和风俗习惯。在乡村社会的日常生活中，生活在具体时空场域下的农民所经历和体验的国家法律运作相对较少，与国家法律打交道的机会也比较少，因此相比城市社会而言，国家法律在乡村社会中的适应性较差。现实中，乡村社会的生活大都还嵌入熟人社会的关系网络，很多矛盾纠纷基本上在熟人社会的关系网络中能够化解，而国家法律相对处于比较边缘的地位。换言之，相比城市的陌生人社会而言，乡村社会的熟人社会特质相对浓厚，这一特殊的空间属性决定了国家法律的实施效果。正因如此，在乡村治理过程中，既需要坚持法治，也需要考虑融合自治和德治的力量。从法律社会学的角度来看，其法理基础源于法律的运行需要考虑具体运行空间，而通过观察特定空间意义上的法律运行条件、过程和效果，恰从不同侧面揭示法的实践之理。

其次，法律的文化之维。现代意义上的法律代表现代化的一种文化，然而这种文化进入乡村社会的过程中，免不了会与乡村传统文化产生冲突。尽管经历过时代的演变与发展，但相比城市而言，传统意义上的道德、礼义廉耻文化依然相对稳定地保留在农村。因此，法律在进入乡村社会过程中需要充分考虑具体村庄社会的风俗习惯以及村落固有的传统文化。当法律进入乡村社会之后，并不意味着通过强制实施就能够实现其效果。相反的是，法律进入村庄后，需要与村落固有的传统文化和谐相处，才能发挥它的最大功能。法律作为一种外生性权威，其利用过程中需要依靠一套地方性知识，这套地方性知识内生于村落社会中，只有通过借助和利用这套地方性知识，法律才能够在村庄社会中发生作用。当法律利用这套地方性知识发挥作用时，从某种意义上讲，任何法治都是具体的。①法律在具体时空中需要借助地方性知识才能充分发挥其力量。而中国乡村社会存在显著差异，不同区域、不同民族、不同地理条件下的村落之间存在文化差异。相比法律的普世性价值而言，村落文化是一种具体文化，它承载着村落社会集体成员的历史记忆和风俗信仰，具有特殊的文化价值。因此法律的普适性价值如何落实到不同村落社会中，需要充分关注不同村落的地方性文化传统。利用村落社会的自治文化传统以及传统道德权威力量辅助法律的普世性价值实现，正是自治、法治、德治"三治融合"的生动实践。从这个意义上讲，法律实施过程中需要充分关注法律的文化之理。

最后，法律的善治之维。自治、法治、德治相互融合的目标是要实现乡村社会善治。实现乡村社会善治既是推进乡村社会治理法治化的需要，也有利于提升乡村治理体系和治理现代化的水平。然而，在推进自治、法治、德治三治融合的具体实践中，国家法律如何与其他乡村社会的治理资源和力量进行整合是关键。必须看到的是，国家法律进入乡村社会之后，必然会遭到乡村社会的各种结构性力量的抵制，例如乡村社会传统意义上的道德观念、本土的风土人情、风俗习惯等往往与国家法律的规定存在一定的冲突，为了避免国家法律与内生性资源之间发生激烈冲突导致各种乡村治理资源与力量之间的内耗和流失，此时需要一个中心权威力量来整合各种资源力量，使得各种纠纷解决资源和力量在一个中心权威的统筹下能

---

① 苏力：《二十世纪中国的现代化和法治》，《法学研究》1998 年第 1 期。

够恪守各自的权威边界，并发挥各自的优势，不断促成乡村善治的形成。这个主体性权威就是农村基层党组织，通过农村基层党组组织的政治引领，国家法律才能够有效服务于乡村善治目标的实现。因此从这个意义上讲，"三治融合"的实践来凸显了法律的善治之维。如果没有一个主体权威整合法律作为外生性权威与村落社会内生性自治主体和道德权威，那么乡村善治的目标也很难实现。

习近平总书记指出，"健全自治、法治、德治相结合的乡村治理体系，是实现乡村善治的有效途径，要以党的领导统揽全局，创新村民自治的有效实现形式，推动社会治理和服务重心向基层下移"[①]。也即"三治融合"的目标实现乡村善治，而为实现乡村善治目标，需要在党的领导下推进社会治理重心下移并采用"三治融合"的方式。加强党的领导的重要前提是一个坚强有力的农村基层党组织。而农村基层党组织是村庄政治、经济、文化的领导核心。通过基层党组织的统筹协调，使国家法律在实施过程中充分注意其局限性和优势，保障国家法律实施坚持正确的政治方向，推进社会主义核心价值观融入乡村社会治理。因此，在农村基层党组织领导下，统筹和整合法律的权威资源与乡土社会客观存在的自治主体和道德权威，可以促使乡村社会自治、法治、德治三者之间走向实质意义上的融合，不断提升乡村社会善治水平。由此可以看到的是，国家法律进入乡村社会要实现自治、法治、德治"三治融合"，还必须考虑农村基层党组织的领导对国家法律有效实施的重要性，而党组织的领导权威嵌入"三治融合"实践，其主要目的是实现乡村社会良法善治。

乡村振兴，治理有效是基础。从乡村治理有效的角度看，自治、法治与德治"三治融合"是一种治理创新。"三治融合"治理是乡村治理有效的基本途径，而治理有效是推进乡村振兴的基础。因此，乡村社会"三治融合"治理有助于夯实乡村振兴的基础，保障乡村振兴战略实施。而在此过程中，治理有效的前提基础是一个领导有力的党组织进行政治引领。习近平总书记指出，"办好农村的事，要靠好的带头人，靠一个好的农村基层党组织。"[②] 因此可以说，加强农村基层党组织建设既

---

① 习近平：《论全面依法治国》，中央文献出版社 2020 年版，第 191 页。

② 习近平：《论全面依法治国》，中央文献出版社 2020 年版，第 190 页。

为"三治融合"提供了坚强的组织保障，也为实现乡村振兴战略目标奠定了基础。

因此，推进乡村社会"三治融合"必须加强农村基层党组织建设，充分发挥农村基层党组织的政治引领作用。习近平总书记指出："加强党的基层组织建设，关键是从严抓好落实。"① 在新时代背景下，如何从严抓好落实党的基层组织建设，发挥党组织总揽全局、协调各方的作用，推进村民自治组织从形式走向实质，促进村庄社会"三治融合"，需要结合不同村庄实际条件进行探索。显然，农村基层党组织建设并不能停留在制度建设层面，还应该结合乡村治理工作实际抓好落实，其目标是把制度上的规定转化为行动上的指南。只有不折不扣地落实基层党组织建设的制度规定，扎实推进农村基层党组织建设才能有效推进乡村组织振兴，进而促进乡村社会有效治理。

第二节 农村基层党建引领村庄"三治融合"的经验审视

农村基层党组织建设和"三治融合"都属于上层建筑的重要组成部分，它们的衔接离不开经济基础的支撑。根据笔者近几年的调研经验来看，农村党建做得比较好以及"三治融合"比较好的地区，大都是村庄经济发展比较好的地方。这些地区既体现了较强的村民自治参与，也体现了法治的保障。这也就意味着，农村党建引领"三治融合"需要经济基础。经济基础是理解党建引领"三治融合"的关键变量。然而，经济基础与党建的关系、经济基础与"三治"之间的关系、党建与"三治"之间的关系在不同村庄的治理经验中又表现不一样，其中蕴含着复杂的社会机制。从个案村庄经验出发，围绕上述的三个方面在经验层面进一步深入理解党建与"三治融合"的互动关系，并在具体村庄中思考"三治融合"的实践路径问题，可以深入分析党建、经济发展与"三治"之间的关系，进而推进农村"三治融合"实践路径问题研究。

---

① 《习近平在全国组织工作会议上的讲话》，2018 年 9 月 17 日，https：//www.12371.cn/2018/09/17/ARTI1537150840597467.shtml，2022 年 1 月 18 日。

一　党建引领"三治融合"的现实经验：基于两个村庄的对比考察

（一）宜都市 L 村的"三治融合"的经验：强化村规民约的执行

宜都市是湖北省"三治融合"的试点城市。其中，宜都市 W 镇 L 村在整个全市乡镇中算是村庄经济发展比较好的村庄，同时还被指定为带动周边两个村庄经济发展的示范村。L 村之所以能够在周边村庄中做示范，主要是因为该村的集体经济收入每年有 100 万多元，在整个乡镇范围内遥遥领先。全村的经济和社会发展取得较大成就，成为固基工程示范单位、全市争先创优示范单位、党建工作示范点、党员创业示范点、科学发展示范单位，并连续获得 2014—2015 年度、2015—2016 年度、2017—2018 年度、2018—2019 年度宜昌市文明村，以及 2018 年度乡村振兴先进村等荣誉。

L 村位于丘陵地带，植被茂盛，矿产资源丰富，有优质的石灰石矿产资源，吸引了大量的企业落户，壮大了村集体经济。L 村村集体经济来源有在地企业场地占用地租、征地补偿费、水损农田补偿、协调服务费、奖励、集体生态公益林资金、草山费、土地承包款、上级产业发展扶持资金等。2017 年全村经济总收入 11648 万元，人均纯收入 17900 元。2018 年全村经济总收入为 12815 万元，人均纯收入为 19585 元。2019 年村集体经济总收入 14096 万元，人均纯收入 21545 元。村庄集体经济的发展增加了村民收入，也带来了许多治理问题。例如，随着村民生活水平提高，农村办酒宴攀比、铺张浪费现象比较严重。为了有效遏制农村宴席铺张浪费，L 村党支部在乡镇党委和政府的领导下制定了村规民约。其中规定了村民办酒席的一些限制措施。为了有效执行村规民约，L 村还建立了每家每户的诚信档案，如果不执行村规民约的规定或者发生了违法反规民约的行为，将记录进诚信档案。诚信档案的建立不断强化着村规民约的执行。[①]

现在 L 村为"宜都市宜都一家亲""诚信档案"以及"三治融合"的试点村。自治、法治、德治相结合的基层社会治理创新模式在 L 村主要体现在村规民约的制定与执行上。2019 年，L 村在上级党委和党支部

---

①　资料来源于笔者及所在研究团队 2020 年 7 月在湖北省宜都市 W 镇 L 村驻村调研所得。

的主导下起草了 L 村村规民约草案，其中的内容包括正面倡导和负面约束两方面内容，正面倡导包括规范日常行为、推行绿色生产方式、保障群众权益、化解矛盾纠纷等方面。负面约束包括婚丧陋习、天价彩礼、滥办酒席、懒汉行为、家庭暴力、黑恶势力等。在起草草案过程中，L 村委积极听取村民意见，并选择在不同小组的村民家展开意见采集。最后在 L 村全体村民的参会下召开了村规民约审议大会，审议通过了 L 村村规民约。审议通过的村规民约上报镇政府备案，镇政府进行了制定程序以及内容的合法性相关审查，并做出准予实施的决定。村规民约的出台不仅仅有村民自治的过程，还有党政机关的参与。村民民约生效后，L 村采取多种措施推进村规民约的实施，既有民主的方式也有强硬的方式。例如，通过村民代表会议推动村规民约的修改和执行，并对那些不遵守村规民约的人进行经济上的制裁，如涉及法律问题还会上报给司法部门。与此同时，还注重发挥乡村党员干部的"领头雁"作用，带头执行村规民约，以身作则，树立典型，调动群众参与。

（二）无锡 X 村"三治融合"的经验：村民代表会议的常规运行

无锡 X 村位于江苏省无锡市锡山区 Y 镇，处于无锡东南，东接苏州，西连苏舍荡，距沪宁高速 10 千米，离无锡机场 12 千米，交通便利，地理位置十分优越。距离镇政府所在地约 2 千米。X 村有 1017 户人家，共3216 人，村内企业 40 家，总面积 4.2 平方千米。X 村共有 33 个自然村，村党总支共有党员 186 人，其中预备党员 3 人，下辖 7 个分支部，其中非公企业支部 3 个，2017 年缴纳党费 20500 元。2016 年，全村完成工业开票收入 4.2 亿元，村级可支配收入 885.84 万元。2017 年，村级可支配收入 872 万元。2018 年上半年，村级收入 856.8 万元。X 村先后被评为全国民主法治示范村，村党支部书记同时也是市人大代表。在村党支部的引领下，该村利用城乡融合发展的机遇，将现有 1854.89 亩农业用地由村集体通过"反租倒包"的形式进行土地流转，2018 年共获 2376418 元土地租金。该村还有 254.5165 亩工业用地由村集体统一进行出租，2018 年共获租金 3533535.48 元。X 村持续推进村级集体经济股份合作社建设，提高股份红利分配，自 2004 年股份合作社成立以来已累计发放村民股金 700余万元。在 X 村，村民的另一个身份就是股东。村集体收入也是全体村民的股份收入。为了公正有效分配村集体收入，X 村通过村民代表会议的形式召集村民商量股金的分配方式。与此同时，村党总支认真开展党建和

"大走访"活动，听取村民的意见建议，认真对照分析，切实服务好村民，党总支在群众中的凝聚力不断增强。①

在"三治融合"的创新实践中，比较典型的是该村党支部书记兼任村集体股份经济合作社董事长，并在党支部的政治引领下按照《村民委员会组织法》把村务公开和民主管理工作作为村民自治工作的一项重要内容。从集体土地经营权的流转后集体统一发包，到美丽乡村如何规划建设，都是自下而上地听取村民的意见和建议，真正实现村民在村庄公共事务治理上的主体性。村委将落实村民代表会议制度作为推进村级民主决策的有效抓手，尤其是涉及集体土地利益收益分配以及村庄公共事务治理过程中，坚持每周一次的村委例会及每月一次的村民代表会议，每月一次工作要求和决策经村民代表会议反复征求村民意见讨论决议后实施，同时结合村情实际，创新村民自治的有效实现形式，真正做到民主决策、民主管理、民主监督，受到了村民的欢迎和支持，各项工作有序开展。

二　农村基层党建引领"三治融合"的微观机制

（一）强有力经济支撑是村庄"三治融合"的基础

村庄集体经济基础是村庄治理的基础，但不同时期村庄集体经济基础不一样，村庄社会治理模式和结构也存在差异。计划经济时代农业集体化生产是农村集体经济生产的主要表现形式，与之相适应产生的生产关系是"工分制"。当时的社会关系相对比较单一，家庭被吸纳到集体建设，家庭劳动力由村集体统一调度，个人的大多数行为都要受到村集体组织的制约，与此同时，村庄生活的道德力量并未衰退，村级组织的管理权威也比较大。改革开放后，农村实行家庭联产承包责任制，搞大包干制，家庭劳动力的配置效率被激活，农业生产的效率大大提高，有一部分农村剩余劳动力转移到乡镇企业和外资企业，农民增收的方式日益多元。不过，此时村级组织依然承担着收取农业税和农村"三提五统"的任务，与基层群众的交往也日益密切，村级组织具有较高的权威并且对农民的制约手段也比较多。直到2006年，农业税取消后，村级组织的工作重心不再是收取农业税和计划生育，而是对接国家项目资源发展村庄经济以及贯彻执行国家有关"三农"方面的政策。与此同时，外出务工成为农村剩余劳动力

---

① 资料来源于笔者及所在研究团队2018年7月在江苏省无锡市X村驻村调研所得。

转移的主要方式。"打工经济"成为农民增收的重要方式。村庄的社会人群主要是留守儿童、妇女和老人。由于外出务工的人接触的大多是现代都市化的生活方式,再加上村庄社会人口的流动性增加,以往传统意义上的道德力量和舆论力量难以成为村庄社会关系调节的重要力量,村庄生活日益理性化和计算化,这使得村庄日益变成"无主体的熟人社会"。① 在这种情况下,中央提出党建引领"三治融合"的乡村治理格局,目的是为乡村振兴、法治乡村建设提供方向指引。

从宜都 L 村和无锡 X 村"三治融合"的治理经验可知,农村基层党组织引领村庄社会"三治融合"主要建立在一定的经济基础之上。对无锡 X 村而言,其城乡市场要素基本处于融合发展状态,优越的地理位置使得 X 村的集体土地市场化变现率较高,这集中表现为 X 村集体组织通过"返租倒包"的形式释放了集体土地的增值潜能,并利用市场机制调节村集体成员的收入分配,使得村集体成员能够有效地参与村级事务治理,从而构成一种村庄集体收益民主化分配与参与式治理。② 在此这个过程中,经济基础和经济激励保障了村民代表会议的常规化运行,村民参与公共事务治理的行动能力不断增强,比较典型地反映出村级治理自治、法治乃至德治的融合。然而,这一切都是建立在村集体财政收入比较稳定的基础上,村民参与村庄事务治理,进而使得村民自治在法定框架内从形式走向实质。而在宜都 L 村,由于村集体经济收入来源相比一般农村要多,集体财政收入增多。财政收入一多,村党支部统合各项事务的能力就越强,治理资源和治理权威就能增强,进而在党组织的引领下可以建立相关制度。例如在宜都 L 村,在党支部的主导下建立家庭诚信档案制度。如果没有相关财力的支撑,家庭诚信档案所兑现的奖励将不能呈现,也将无法调动村民参与村庄公共事务,村规民约无法真正得到执行。

(二)"政经合一"构成村庄"三治融合"的保障

宜都 L 村和无锡 X 村的经济发展过程中,都体现了经济能人的引领,主要体现在村支部书记不仅是经济发展的引领者,还是村庄社会治理中

---

① 吴重庆:《无主体熟人社会及社会重建》,社会科学文献出版社 2014 年版,第 169—177 页。

② 王裕根:《农村集体土地收益的民主分配与参与式治理——基于苏南荡村"返租倒包"的经营模式分析》,《中国农村研究》2020 年第 2 期。

"三治融合"的创新者。也可以说，由于村支部书记的政治身份和经济身份合一（简称"政经合一"），为村庄创新"三治融合"的方式提供了基本前提和保障。

在 L 村，村庄集体收入除了一部分是来源于国家规定的村集体提留款之外，很大一部分的收入来源靠村党支部书记利用自己的人脉关系激活村庄集体土地所得。可以说，村支书是 L 村的能人，L 村的发展模式一种能人带动模式。① 具体体现在以下几个方面：一是村支部书记自身有丰富的经商经验，为在村集体资产的利用、管理以及村级服务方面，以及在利用村集体资产的过程中按照公司化模式运行。用商业化的运作模式盘活各种资源和提高土地利用效率，为提高村集体资产（主要指土地）的利用效益提供了前提条件。二是村支部书记具有政治身份资源。村支部书记是宜都市人大常委会委员，与宜都市政府各个职能部门的主要负责人都认识。宜都市各个职能部门的工作需要受宜都市人大常委会的监督和评价，而村庄发展需要各个职能部门投入相关的项目资源。村支部书记的政治身份优势使其与宜都市政府相关部门构成一种相互支持和配合的关系。L 村的项目大都能够顺利通过行政审批，进而奠定村庄集体经济发展的基础。三是从 L 村的发展历程中可以看到，中心村庄的成功建设为 L 村奠定了发展基础。2006 年左右，现任村支书（时任村会计）就开始组织动员群众搬迁、改造沿省道旁边的房屋居住条件，当时在资金十分艰难的情况下，现任村支书通过组织动员党员做群众工作建中心村庄，同时自己还身体力行化解征地和占地过程中的矛盾并调动各方资源投入到中心村庄的建设中，通过分批建设的形式盘活中心村庄的资金。正是因为中心村庄的建设积累了一定的村集体资金，使得村集体的资金池不断扩大，从而也就奠定了村庄"三治融合"的治理基础。

在无锡 X 村也能看到能人治村的模式。X 村的党支部书记兼任了村集体股份合作社的董事长，村委会主任兼任村集体股份合作社经理，这样一来村民变成股份合作社的成员。其中，村党支部书记是村庄集体土地"返租倒包"、建设美丽乡村、村民代表会议实体运行的主导者和引领者。在苏南地区，大部分村庄都有企业，并且大部分村庄的党支部书记都由企业的经济能人担任。在乡镇党委和政府看来，能当企业老总一定能够带领

---

① 卢福营：《经济能人治村：中国乡村政治的新模式》，《学术月刊》2011 年第 10 期。

全村人民盘活资源、发展集体经济、促进全村共同致富,有学者把这种村庄发展模式成为"能人经济模式"①。由于村党支部书记还具备经济身份,所以村庄集体经济发展也是在党的领导下进行。在此前提下,《村民委员会组织法》所规定的村民代表会议和村民委员会得到常规化运行,畅通了村民参与村庄公共事务的表达渠道,从而保障了村庄自治、法治和德治三者的有机融合。

（三）激励机制健全是村庄"三治融合"的动力

"三治融合"需要一定的激励机制。2019 年,宜都市 L 村在村里推广家庭文明诚信档案,每家每户都建档。档案中收集家庭成员的身份、电话、住址、工作以及加入的村级项目等个人信息。村干部坦言,这主要是为了在治理的时候有个抓手。现在年轻人都外出打工,家庭个体化,对村民进行治理没有约束点,很难进行"三治融合"。由于现在农村管理难度大,为了依法治村形成一定约束才决定建立诚信档案。家庭诚信档案是以户为单位加分扣分,同时将村规民约、村级治理等各项工作与家庭诚信档案相对接。村规民约的扣分项集中在违反治安安全、环境卫生、文明行为、家庭和睦、邻里关系等方面;加分项主要是见义勇为、志愿者服务、移风易俗、创业带富等方面。对于加分项,需要自己申报和群众推荐,经过道德评议会评审并经过村民代表大会通过,且公示无异议后,记入家庭诚信档案。对于减分的事项,都是现场认定,要拍照,由道德评议会和村民代表大会评定。家庭档案实行年度计分,基础分为 100 分,当年正向积分 30 分以上为诚信户,负向扣分扣至 90 分以下的为失信户。失信户是有惩罚的。总的机制是,诚信档案的记录与村级组织开具政审函、贫困证明、就学就业证明直接挂钩。对于失信户,一是村委会定期发布红黑榜,对失信户予以曝光;二是根据家庭诚信档案如实提供该成员有关公务员、事业单位招聘、征兵、入党等所需的政审材料;三是取消村内福利待遇。由上可知,家庭诚信档案是保障村规民约实施的重要手段。诚信档案不仅对违反村规民约的行为进行负向记录,也对村民自愿服务行为、遵守行为进行正向记录。家庭诚信档案的建立对保障村规民约的实施具有推动作用,进而促进村庄"三治融合"。因此,"三治融合"的推进往往与制约

_____

① 宁世龙:《试论"能人经济"对农村经济发展的作用》,《广西社会科学》1994 年第5 期。

和引导村民行为的机制有关。① 然而，制约与引导村民行为的机制又建立在村集体资金较为雄厚的基础上，也即建立在一定的村集体财政能力以及执行能力基础之上。这一点对比无锡 X 村的治理经验也清晰可见。

在无锡 X 村，为了激励各个小组的村民参与村庄环境卫生整治和建设美丽乡村实践，村集体决定将每年的集体分红福利 400 元与各个小组的环境卫生考核相挂钩。如果各个村小组能够通过验收，则每户都能够拿到 400 元。显然，这种激励机制是建立在村集体资金比较雄厚的基础上。因此，当村庄集体经济发展较好并形成一定的财政能力之后，以及在此基础上建立了相应的激励引导机制，通过党建的形式强化基层党组织的凝聚力，进而有力引导村民积极参与村庄社会自治。与此同时，农村基层党组织充分利用法律的权威和道德的力量治理乡村社会，此时"三治融合"才有可能实现。这里面的一个问题是，为什么"三治融合"必须有相应的激励机制作为配套？这是因为，"三治融合"是一种治理状态，而激励机制是一种行为引导，其逻辑关系是通过行为引导达成一定的治理状态。在其中，党建活动嵌入行为引导中。然而，这种嵌入机制并不必然会形成"三治融合"的状态，党建的嵌入只是为"三治融合"提供了总抓手，关键是要建立相应的激励机制。其中，以经济杠杆作为调整人们行为的重要手段，是实现"三治融合"的关键。因此，那些经济发展好的村庄，"三治融合"做得比较好。

综合来看，宜都 L 村和无锡 X 村的治理经验都反映了农村党建引领村庄治理的一些微观机制。以往我们都强调农村党建在推进乡村治理现代化方面具有重要的引领作用，但是党建是如何发挥这种作用则缺少经验层面的分析。而在政策话语层面，往往强调党建对村庄社会发展的引领作用，但在现实层面党建的有效引领往往离不开村庄的集体经济基础。有些农村基层党组织之所以表现得软弱涣散，大都是因为村集体资金的积累不够，村级组织的运行主要靠上级政府补贴。不同地区的村庄情况不一样，各地的治理经验也不一样。L 村借助诚信档案建设推进村规民约的遵守和执行是一种基层治理的创新。通过借助现代市场经济体系的信用机制来规范村民行为，实际上反映了乡村治理方式随着村庄社会经济基础的变迁而

---

① 孙冲：《村庄"三治"融合的实践与机制》，《法制与社会发展》2021 年第 4 期。

不断创新发展。

三 农村基层党组织引领"三治融合"的路径反思

上面呈现了两个不同村庄的"三治融合"经验，都强调了农村基层党建的政治引领作用，主要体现为一些具体制度和机制的设计。必须意识到的是，由于东中西部地区不同农村的经济发展水平、地方文化传统、道德习惯等存在差异，并且不同农村基层党建的组织力与凝聚力也有差异，所以党建引领"三治融合"治理并没有统一的模式。

一方面，由于中西部与东部村庄集体经济发展水平不一样，村庄通过自有财政治理乡村社会的行动能力不一样。这一点在党建水平、力度和形式上也表现不同。上述经验反映出，党建嵌入村庄集体经济发展的全过程，但村庄集体经济的发展奠定了党建引领的经济基础。农村基层党建过程中，只有充分发挥农村基层党组织的引领作用，建立和健全相关激励机制，同时制定和执行符合村庄社会生活实际的村规民约，才能推进自治、法治与德治深度融合。然而，不同村庄的集体经济发展水平不一样，推进各种相关激励机制的创新能力不一样，因而"三治融合"实践形态和程度也不一样。所以不同村庄在构建"三治融合"治理体系中，不能盲目照搬其他村庄的模式，不能在形式上构建"三治融合"治理体系，而应该结合本村庄实际创新具体形式。农村党建应通过相应激励机制引领"三治融合"。党建引领过程中需要建立在经济激励机制之上。尽管党建是推进"三治融合"的重要主体力量，但是党建的推动主要还是建立在村集体财政能力基础之上。村庄社会"三治融合"是乡村治理过程中乡镇党委和政府、村民、村级党组织等各方主体行为达成的均衡善治状态。在此过程中，除了要严格依照《村民委员会组织法》约束乡镇党委和政府的行政行为之外，还需要在村级组织与村民行为之间建立相应的约束激励机制。这种约束激励机制还应考虑当前中西部广大农村日益"空心化"、村民行为日益理性化和计算化、村庄流动人口加速化的实际。与此同时，约束激励机制的建立还要考虑村庄集体经济的发展水平。

另一方面，新时代"三治融合"治理体系构建面临网络信息技术的冲击和挑战。当前，基层群众日益在网络平台上表达自己的利益诉求、服务需要、生活困难等，许多传统线下的矛盾纠纷转移到网络上，而网络的可复制性、传播性和扩散性导致农村社会矛盾纠纷的冲突增加、风险加大。在此背景下，如果乡村干部运用法治思维和方式化解矛盾纠纷的能力还比较低，尤其是走网络群众路线的能力比较低，将影响到村庄社会"三治融合"治理体系的构建，也影响到乡村社会善治水平的提高。此外，随着大数据技术、人工智能、智慧治理技术的普及，乡村社会生活日益智能化和数字化，基层群众的很多利益矛盾纠纷可通过数据的形式提前预测和预防。大数据技术和人工智能在防范化解社会矛盾风险方面的运用越来越广。在此前提下，乡村干部如何将大数据技术运用到"三治融合"治理体系构建中，以及如何提高乡村社会治理的智能化水平，也是农村党建引领乡村社会"三治融合"治理需要直面的现实挑战。

第三节　农村基层党组织引领"三治融合"的路径构建

坚持党对农村工作的领导是做好"三农"各项工作的根本政治前提。坚持党对农村工作的领导，前提是有一个强有力的农村基层党组织，因此必须加强党在农村的基层党组织建设。2019 年 1 月，中共中央印发《中国共产党农村基层组织工作条例》，从经济建设、精神文明建设、乡村治理等多个方面细化了农村基层党组织的工作方向和要求，其中第 20 条明确规定"党的农村基层组织应当健全党组织领导的自治、法治、德治相结合的乡村治理体系"①。这进一步凸显了农村基层党组织在推进法治乡村、构建"三治融合"治理体系的战斗堡垒作用。在全面推进乡村振兴伟大战略的关键时期，党中央制定农村基层党组织的工作条例，可谓审时度势、恰逢其时，既回应了新时代党的农村基层组织建设的根本任务，也必将引领农村基层党组织建设推向一个新的阶段，从而为乡村社会实现"三治融合"治理提供坚强的组织保障。

加强农村基层党组织建设，关键是要落实制度规定。如何从严抓好党的基层组织建设，从而发挥党组织总揽全局、协调各方的功能，推进村民自治组织从形式走向实质，需要在新时代条件下进行探索。显然，党的基层组织建设并不能停留在制度建设层面，还应该结合乡村治理工作的实际抓好落实，其目标是要把制度上的规定转化为行动上的指南。只有不折不

---

① 详见《中国共产党农村基层组织工作条例》第 20 条。

扣地落实基层党组织建设的制度上规定，扎实推进农村基层党组织建设，才能有效地推进乡村组织振兴，进而才能促进乡村社会有效治理。

一　强化自身建设为"三治融合"治理提供保障

进入新时代以来，随着社会主要矛盾的转变，社会变迁也进入新的历史时期。而在农村社会治理中，原有的社会秩序与治理模式迎来了新的挑战。一方面，农村社会新矛盾、新纠纷层出不穷，急需强有力的治理权威来创新基层社会治理体系，有效解决农村社会发展中出现的新问题；另一方面，新时代背景下，乡村社会的利益诉求日益多元，基层群众对法治的需求也日益高涨。而随着基层群众的法律意识不断提高，如何运用法治思维和法治方式防范与化解乡村矛盾纠纷，依然考验着基层干部的能力和素质。为此，面对现阶段社会治理所存在的诸多新情况和新问题，农村基层党组织需要进一步强化自身建设，充分发挥政治统领作用，增强村庄治理主体性权威，增强自身依法治理能力，为加强法治乡村建设、创新基层社会"三治融合"治理模式提供坚强保障。

一是农村基层党组织要不断重塑自身主体性权威。村庄的治理主体权威内生于村庄社会，并塑造着乡村社会生活的方方面面，是供给村庄内生性治理资源的主体性力量。转型期乡村社会的利益诉求日益多元，使得乡村社会治理面临利益协调难题。而要有效解决利益协调难题，关键是要有一个强有力的战斗堡垒组织。村级党组织作为村庄经济社会的政治领导核心，在乡村治理过程中应发挥组织协调作用。只有强化村级党组织的治理主体权威，才能为解决乡村社会各方面利益矛盾纠纷奠定前提和基础。强化村级党组织的治理主体权威意味着乡村社会治理有一个中心主体力量，各方面的社会利益关系能够在这个中心主体下得到妥善处理和安排，这是转型期乡村社会有效治理的前提。具体来看，一方面，要在村级党组织的统筹协调下，积极回应基层群众反映比较强烈的利益问题，调动各方资源和力量参与利益矛盾纠纷化解，不断在法律的框架下寻求各方都能够接受的方案，发挥法治的保障作用。如浙江桐乡首创"双向派驻"诉调对接机制，通过法官和基层人民调解员双向派驻、下沉上请，形成矛盾纠纷预防化解共同体，构建定分止争新平台。另一方面，村级党组织应该积极引导基层群众客观认识利益问题的复杂性，理性看待自身诉求的合法性和合理性。同时，大力开展法治宣传教育，加强基层群众的法治意识，推动农村形成办事依法、遇事找法、解决问题用法、化解矛盾靠法的浓厚氛围，夯实法治乡村的社会基础。比较典型的是浙江省金华市金东区，在该区司法局的积极探索下，该区杜宅村开创"党建+普法"双普模式，将普法宣传与法治乡村治理相结合，其中着重发挥党建的引领作用，通过普法完善乡村治理的法治保障机制，在法治乡村的目标下不断推进"三治融合"。①

二是农村基层党组织要以民主集中制作为活动原则。农村基层党组织要善于在不同群众的意见之间进行综合，仔细分析各种意见背后的利益冲突，不断寻求达成各方利益妥协的最大公约数，推动村庄公共事务从形式上的民主走向实质上的民主。这一点，可以以2018年获评"浙江省村务公开民主管理示范村"的浙江省柯城区上洋村为例，该村在村委干部引领下积极开展民主协商活动，如在村规民约的制定中，为保障制定过程中的民主性、规范性、透明性，其建立起"征求党员群众意见""村'两委'研究讨论""各村民组讨论""党员村民代表大会逐条表决"等一系列程序性规定，② 以党委组织引领村民自治，以法治保障村民自治，在民主集中制原则下鲜明地凸显乡村治理中"三治融合"的内在逻辑。具体来看，一方面，农村基层党组织要在村庄整体治理上发挥总揽全局、协调各方的功能，同时要在村"两委"班子成员之间广泛听取意见，形成符合本地实际的相关决策，增强决策的科学性与民主性，推动上级党委政府的各项决策部署在村庄中贯彻和实施。另一方面，农村基层党组织要坚持领导与群众相结合的方法，在广泛听取群众意见、村干部以及关心农村发展的村内民主人士的意见基础上进行集中，在集中的基础上代表村庄向上反映基层群众的意见，依法回应群众利益诉求，从而使得国家与基层社会之间能够有效互动，不断提升乡村社会善治水平。

三是农村基层党组织要进一步加强干部队伍建设。强有力的干部队伍是执行党的路线方针政策的重要保障。农村基层党组织要紧紧围绕乡村治理的整体性，强化自身政治功能，推进组织队伍建设。一方面，要不断优

---

① 倪晗：《金华开发区形成共建共治共享新格局》，《金华日报》2021年1月4日第12版。

② 陈明明：《八版〈村规民约〉：上洋村的"法宝"——一个"全国民主法治示范村"的成长印记》，2019年12月31日，http://news.qz828.com/system/2019/12/31/011521835.shtml，2021年12月31日。

化基层干部队伍既有构成模式。如四川省射洪县大力推动"能人治村"政策,注重从返乡农民工、乡村医生和机关企事业单位回乡人员等群体中择优选任村"两委"干部,选配优秀农民工、致富能手担任村"两委"职务,为党建引领"三治融合"进一步优化了基层党组织班子成员结构。因此,农村基层党组组的干部队伍应当选优配强,积极吸纳优秀外部治理人才,实施"能人治村"政策、建立"第一书记"长效机制等,为构建农村"三治融合"治理体系培养政治素质高、治理能力强的领导干部。① 另一方面,要努力建设党员干部队伍,加大对农村年轻党员和干部的培训与锻炼,增强农村基层党员干部用法治思维和法治方式防范与化解矛盾纠纷的能力。同时,不断强化行动监督,落实责任分配,完善绩效考评机制,激发广大基层干部的热情与活力,使广大基层干部真正参与乡村治理工作,努力把基层党组织建设成为引领乡村治理的坚强战斗堡垒。

二 有效激活"三治融合"治理的内生性治理资源

法治乡村建设既要充分发挥法律在乡村治理过程中的重要作用,为乡村振兴提供基础保障,也要看到乡村社会自治与德治方面的内生性治理资源。内生性治理资源是生发于乡村社会内部、具有一定的自治性和伦理性且能够调整乡村社会生活的制度权威和规范力量。乡村社会内生性治理资源在纠纷化解、公共物品供给以及意见收集和表达等方面具有重要功能。有效激活乡村社会的内生性治理资源,充分利用内生性治理资源为法律进入乡村社会创造条件,是法治乡村建设的重要内容,也是构建乡村社会"三治融合"治理体系的重要体现。②

费孝通曾在《乡土中国》中提出中国的乡村社会是以私人关系为纽带的差序格局,③ 这种差序格局长期存在于乡土熟人社会中。当前,乡土熟人社会中的道德观念、礼义廉耻在乡村社会治理过程中依然发挥重要作用。在法治乡村建设过程中,既要强调法律在乡村治理中的权威,也要重

---

① 《党建引领三治融合,创新乡村治理模式》,2020 年 8 月 14 日,https://www.shehong.gov.cn/web/shsswzzb/_m_/-/articles/v/14049878.shtml,2021 年 12 月 31 日。

② 王裕根:《激活村里"人和力"助推法治乡村建设》,《人民法院报》2020 年 10 月 23 日第 2 版。

③ 费孝通:《乡土中国》,北京出版社 2011 年版,第 30—41 页。

视道德伦理、风俗习惯、村规民约等内生性治理资源的规范作用。这些内生性治理资源生发于乡村社会，具有一定的地域性、稳定性和规范性。而国家法律虽然具有普遍性和强制性，但国家法律进入乡村社会过程中无法根本改变内生性治理资源对乡村社会关系产生的支配影响。国家法律作为一种外生性治理资源在进入乡村社会时总会与乡村社会内生性治理资源发生矛盾和冲突，并且在一些微观权力关系中呈现出法律下乡的实践困境。相比而言，国家法律作为一种外生性治理资源，在进入乡村社会过程中需与内生性治理资源相互配合才能发挥最大作用。实践经验表明，法律下乡过程中，总会面临基层群众各种漠视、规避和逃避。而要使法律的权威能在乡村社会中得到承认，则必须有效激活内生性治理资源，进而合理整合乡村社会中各种权力关系，实现法律权威、自治主体与德治力量之间的平衡。

新时代背景下，基层群众的利益诉求日益多元化。乡村治理既要坚持依法治理原则，强化法律在乡村治理中的重要作用，也要看到法律回应基层群众诉求的单一性与基层群众多元化利益诉求之间客观上存在的矛盾。这意味着，用单一的法律手段回应基层群众多元化利益诉求具有局限性。从某种意义上讲，基层群众利益诉求的多元性是客观存在的，然而并非所有的利益诉求都能在法律上回应。在导入法律系统解决之前，如果调动乡村社会中的内生性治理资源参与治理，那么可能能缓解法律回应基层群众多元化诉求的实践困境。因此在回应基层群众多元化利益诉求时，需要考虑乡村社会的内生性治理资源在乡村社会矛盾化解以及回应基层群众诉求等方面的重要作用。

乡村社会的内生性治理资源反映了乡村社会的结构性要素。可以说，乡村内生性治理资源存在于乡村社会运行过程中的各个环节，乡村社会的正常运行离不开这些内生性治理资源的调节。按照西方结构—功能主义学派的观点，社会结构塑造了人的社会行为，人的社会行为是在社会结构下产生的。[①] 从这个意义上讲，表达乡村诉求和解决矛盾纠纷是一种社会行为，它是在一定社会结构下产生的，而多元化的利益诉求反映了转型期乡村社会结构正处于变动中。当前，虽然乡村社会结构还是一个熟人社会，

---

① ［美］罗伯特·K. 默顿：《社会理论与社会结构》，唐少杰、齐心等译，译林出版社2015年版，第250—300页。

但是这种熟人社会正在发生变异，已经呈现出半熟人社会的特质。[1] 半熟人社会中，乡村社会生活更加理性化和计算化，因而产生了很多矛盾纠纷。要使得乡村矛盾纠纷能在乡村社会内部自行消化，需要重新激活乡村社会的内生性治理资源，即需要修复乡村社会中一些正在破裂的结构性要素。

其一，要重视乡村社会治理的道德力量和风俗习惯。当前乡村社会的传统道德伦理观念并没有完全褪去，并且在调节乡村社会生活、规范基层群众行为等方面发挥其重要功能。与此同时，在不同村庄中还存在风格迥异的风俗习惯，这些风俗习惯虽然不以公开文本的形式存在，但却调整着基层群众的行为方向。有效激活这些内生性治理资源，可以厚植法治乡村建设的道德基础。基于此，一方面要充分吸纳村庄社会中的"乡贤"和道德权威参与乡村矛盾纠纷化解。乡村社会的"乡贤"和道德权威往往熟悉乡村社会中的各种运行规则，也相对熟悉国家法律的一些基本规定。例如河北周家庄乡的红白理事会，理事会主要成员为村中"乡贤"，坚持发挥道德模范的引领作用，共同处理村中纠纷事务。而通过这种形式，调动"乡贤"和道德权威的力量参与纠纷解决，有利于缓解现代法律体系与乡村社会传统观念之间的矛盾，调和法治与德治之间的冲突，优化法律在乡村社会治理中发生作用的方式。[2] 另一方面要充分尊重村庄社会长期以来所形成的风俗习惯。村庄社会的风俗习惯在一定程度上凝聚了基层群众的情感和信念。在法治乡村建设中，要在充分尊重村庄社会风俗习惯的基础上，有效引导基层群众对国家法律的认知，尽可能寻求法律与村庄风俗习惯的最大公约数，确保法律下乡的过程中不发生明显的对立和冲突。

其二，要充分发挥乡村社会组织在弥合社会关系、凝聚社会团结等方面的重要作用。乡村社会组织在密切联系群众、反映和表达群众利益等方面具有重要作用，亦是乡村治理不可或缺的内生性资源。充分发挥乡村社会组织在乡村治理中的作用，有利于弥合乡村社会关系，供给乡村治理资源，实现乡村社会治理的组织化和有序化。首先，在《村民委员会组织法》的框架下，创造相关条件激活并保障村民委员会各专业委员会常规

---

① 贺雪峰：《论半熟人社会》，《政治学研究》2000 年第 3 期。

② 李瑾：《晋州市周家庄乡红白事理事会唱响移风易俗新风尚》，2018 年 1 月 17 日 http：//m. hebnews. cn/sjz/2018-01/17/content_6751445. htm，2021 年 12 月 31 日。

运行，调动村民委员会各专业委员会参与村庄事务管理的积极性，优化村级组织的决策机制，保障各专业委员会依法表达群众利益。其次，要充分发挥乡村社会组织的功能。积极吸纳自然村理事会、老年人协会以及基于各种兴趣爱好结合的专业协会或委员会参与乡村纠纷调解和国家政策宣传实践，鼓励各类组织代表群众依法维权和表达利益诉求。最后，基层党组织应当引领社会组织致力于优秀传统乡土文化的重建，鼓励各类组织、协会、理事会、学会等借助节假日开展传统性习俗活动，深挖礼治价值观念，建立新的村庄道德共识，如"桐乡经验"的发源地浙江桐乡，其充分发挥乡贤理事会、道德评议会等社会组织作用，成立了一支"移风易俗文明劝导队"，广泛开展丰富多彩、喜闻乐见的文化活动，激活乡村社会的内生性治理资源，促进德治融入乡村社会治理，形成和谐有序的乡村社会。

三 善于走网上群众路线践行"三治融合"理念

群众路线就要坚持一切从群众中来，到群众中去，一切为了群众，一切依靠群众，广泛听取群众意见，把群众意见有效吸纳到党组织的决策中来，使得党组织做出的决策能够符合绝大多数群众的利益要求，从而提高决策的科学性和有效性。具体表现为，在涉及村内公共事务、国家公共资源分配时，党的基层农村组织要充分调动群众参与的积极性，自觉接受群众的监督，积极引导群众有序表达自己的意见，构建群众与基层党组织之间的良性互动平台。

当前，互联网的飞速发展不断改变人们的生活方式和思维结构，也在不断重塑社会治理结构，与此同时基层社会治理方式也面临新的调整。区别于传统意义上的线下治理模式，通过网络表达意见、参与社会治理、实现个体权益已成为新时代乡村治理的重要组成部分。当前在数字乡村和智慧司法的背景下，新时代乡村治理如何加强智慧治理体系建设，走好网上群众路线已成为基层干部加强法治乡村建设、创新"三治融合"治理体系、推进乡村治理体系和治理能力现代化的重要课题。①

习近平总书记指出，"各级党政机关和领导干部要学会通过网络走群

---

① 王裕根：《走网上群众路线　提升基层司法能力》，《人民法院报》2021年10月19日第5版。

众路线，经常上网看看，潜潜水、聊聊天、发发声，了解群众所思所愿，收集好想法好建议，积极回应网民关切、解疑释惑"。① 习近平总书记讲话精神给新时代乡村治理走好网上群众路线提出了具体要求和行动方向。应该认识到，转型期乡村社会利益结构不断分化、群体性利益表达诉求越来越多元化和多样化，这给新时代乡村治理实践带来新的挑战。特别是随着移动互联网和新媒体的发展，乡村社会的广大群众越来越善于通过网络形式表达自己的利益诉求、参与基层资源分配甚至影响基层政府政策执行等，这都给新时代乡村治理提出了新的问题。因此，新时代乡村治理要树立以人民为中心的发展理念，主动适应互联网技术的发展，立足新时代乡村治理的环境变迁，不断调整自身回应基层群众诉求的方式，充分利用好网络媒介，活化新时代群众路线的新内涵，走好网上群众路线。

群众路线是我们党的生命线和根本工作路线。在新时代乡村治理实践中，表现为要利用网络媒介平台收集群众的利益诉求和意见，同时要通过网络的方式有效回应群众的利益关切。显然，相比传统的乡村治理模式，基层群众通过网络方式表达自身的利益诉求，有利于打破基层政府的科层化管理模式，撬动基层政府更加平面化地感知群众的利益诉求，减少回应基层群众诉求的信息成本。然而，也必须意识到，在走网上群众路线的过程中也将面临各种各样的现实挑战，主要表现在以下几个方面：

首先，基层群众在网络上表达的合法与不合法的利益诉求往往杂糅在一起。相比城市社区群众，乡村社会群众法律意识相对比较淡薄，无法有效区分哪些诉求能够在网上得到及时回复，哪些诉求难以在网上得到回应。这也就意味着，当乡村矛盾纠纷发生后或者自身利益受损后，基层群众通过网络表达自身的利益诉求不一定都能在法律上得到明确保障。而在移动互联网和新媒体不断发展的环境下，基层群众进入网络表达自身利益相对比较方便，且转型期乡村社会的利益诉求多元化，这一客观社会事实在网络上就集中表现为基层群众各种合法与不合法诉求杂糅在一起，这给利用互联网平台和技术依法及时有效回应基层群众的诉求带来一定的困难。

---

① 习近平：《各级党政机关和领导干部要学会通过网络走群众路线》，《人民日报》2016年4月20日第1版。

其次，基层群众在网上表达的诉求和意见容易扩散为群体性的意见和诉求。区别于线下的利益诉求和意见表达，线上利益诉求和意见表达的传播力很强，许多个体性诉求如果没有得到及时回应，基层群众为了获得有关部门重视，往往容易把个体性诉求扩散为群体性的意见和诉求。尤其是乡村社会关系的内聚性使基层群众网上的表达利益诉求更容易传播并扩散为群体性的诉求。而群体性的利益诉求与个体性利益诉求的处理方式并不一样。因此，如何有效区分网上表达的利益诉求是群体性利益诉求还是个体性利益诉求也关系到网上群众路线的有效开展。

最后，乡村干部走网上群众路线的过程中面临网络技术能力和群众工作能力提升的双重挑战。基层群众在利用网络表达自身的诉求的同时，也给基层政府通过网络媒介动员相关社会力量参与处理基层群众反映的问题带来了一定的机遇。如何抓住这种机遇不仅涉及基层干部用法治方式解决问题的能力，同时也涉及如何利用网络环境做好网上群众工作的能力。特别是在执行上级政策以及处理一些争议较大的纠纷时，抓住这种机遇进行网络动员，做好线上群众工作，把矛盾化解在基层，推动政策执行，这是新时代乡村治理走好网上群众路线的应有之义。

面对上述现实挑战，为走好新时代乡村治理的网上群众路线，需要从以下几个方面着手：

一是完善群众诉求网上处理的分流机制。面对线上多元化和多样化的利益诉求，需要建立利益诉求网上分流机制。通过分流有助于调动基层政府多个部门共同应对基层群众网上诉求，同时能够精准化和高效化实现基层群众的利益诉求。一方面，要建立网上诉求信息共享与分流处理的平台。网上信息共享是有效回应基层群众诉求的前提，要结合基层群众事务的多样性实际，通过信息共享平台分流网上诉求，有序引导基层群众选择多元化的利益回应机制，防止群众利益诉求长期积压于网上，如湖北宜都市针对群众诉求，建立市乡村网格三级响应机制和分流、转办、回复、督办、考核制度，构建了党组织领导下的农村自治、法治和德治"三治合一"的农村基层治理有效链条，为实现法治乡村夯基垒台。[①] 另一方面，基层群众在网络上表达的利益诉求需要进一步区分不同类型，进而具体分

①　方勇华、黄伶俐：《让法治有"力度"更有"温度"——宜都以法治力量助推经济社会发展纪实》，《三峡日报》2021 年 6 月 2 日第 12 版。

析。对于网上合法的诉求，应该依法转交给有关职能部门或司法部门及时解决；同时，在农村党组织的领导下，不断建设各部门回应群众诉求的协同响应机制，实现部门力量下沉网格，及时有效地推动群众问题在家门口得以解决。而对于网上非法的诉求，要做好线下的群众工作，并进行政策解释和法律答疑。

二是要用法治思维推动构建线上线下联动的利益回应机制。走好网上群众路线，需要贯穿法治思维和法治方式。在网上回应群众诉求的过程中，应该开展线下调查，准确区分群众的诉求是个体性诉求还是代表群体性诉求，核实个体性诉求是否代表群体性的一般诉求。如果反映的仅仅是个别群众的诉求，应该通过线下心理疏导、利益回应等方式进行解决。如果网上反映的群体性诉求，则应该坚守法治思维进行线上回应，不能因为群体性诉求影响社会稳定，而牺牲法治的基本原则。与此同时，要开展线上线下联动治理。在线上需要及时解答群众心中的法律和政策困惑，在线下利用网上信息共享平台联动相关部门集中力量解决，防止群体性诉求扩散演化为影响社会稳定的事件。

三是要建立网上群众路线相关工作制度。基层政府应建立相应的工作部门专门负责收集和反映网上群众利益诉求，保障群众利益诉求网上表达和回应机制的常规性运作。与此同时，还需要加强相关的制度保障，出台相关措施，将走网上群众路线作为一种工作制度，不断规范管理网上群众路线的开展方式，约束和激励基层干部积极有效地开展网上群众路线。对于那些取得明显实效的基层干部，要给予奖励；对于那些在走网上群众路线过程中弄虚作假的干部，要追究责任，切实防止在走网上群众路线的过程中出现形式主义和官僚主义的态势。

乡村治理是国家治理的基石。转型期乡村社会的治理空间正被互联网改变，互联网的发展在改变乡村治理结构的同时，也形塑了乡村治理方式。新时代乡村治理走好网上群众路线，有助于保障基层群众的合法利益得到及时有效实现，实现乡村治理体系和治理能力现代化，进而为实现国家治理体系和治理能力现代化奠定基石。

本章总结

从浙江桐乡的实践经验到党的十九大报告形成科学表述，"三治融合"治理经验已成为新时代基层社会治理创新的重要实践。在法治乡村建设中，必须坚持党组织领导下的自治、法治和德治相结合的基本路径。自治、法治、德治三者融合，以各自独特的功能共同构建乡村治理现代化的秩序框架，既充分保证国家法律规范的嵌入性，又充分尊重村民自治并利用乡村内生性治理资源的活力，从而使三者间形成弹性平衡。在此过程中，必须注意到的是，农村基层党组织的建设与"三治融合"的关联需要依托村庄社会的经济基础，在治理过程中需要创新多种激励机制和手段。然而，由于不同农村的资源禀赋和历史传统不一样，所以农村党建引领"三治融合"的方式并没有统一的样式。结合既有治理经验以及新时代背景，农村基层党建引领"三治融合"还需要进一步加强农村基层党组织的自身建设，充分发挥党建的政治引领作用，不断重塑治理主体性权威。与此同时，需要有效激活乡村社会的内生性治理资源，以自治为基础，以法治为原则，以德治为先导，推动三者真正融合。而在互联网平台技术不断发展的背景下，随着数字乡村建设和智慧司法理念的提出，针对基层群众在网络平台表达自己的利益诉求和维护自己的权益的现象越来越普遍，农村基层党组织应该践行网上群众路线，构建线上线下相融合的乡村社会"三治融合"治理体系，不断适应和运用新的治理技术，用法治思维创新乡村社会治理方式，提高乡村治理效能，努力实现乡村善治的目标。

结　语

　　在全面推进依法治国的时代背景下，以法治方式推进乡村治理体系和治理能力现代化是新时代的必然要求。而在转型期的乡村社会，乡村矛盾纠纷形态复杂和多元，进一步探索如何采用法治方式化解乡村矛盾纠纷、推进基层社会治理法治化，需要深入分析当下乡村矛盾纠纷综合治理实践，探析乡村矛盾纠纷综合治理实践的治理机制。转型期乡村社会矛盾纠纷日趋复杂，某些矛盾纠纷往往蕴含多层面的矛盾冲突，无法通过单一手段化解，法律手段有时也不可避免地失灵。在此背景之下，通过充分发挥党政体制的制度优势，传递基层党政领导对矛盾纠纷解决的注意力，整合社会关系和社会力量参与矛盾纠纷化解，不断扎牢基层社会矛盾纠纷化解的综治体系，一定程度上维护了乡村社会稳定。基层政府综合治理实践生成了乡村社会的内在秩序。乡村内在秩序生产反映的是一种弱法律性、强协同性以及强乡土性的治理机制。

　　在基层矛盾纠纷解决综治体系中，信访是基层群众化解矛盾纠纷和表达利益诉求的重要手段。当前，基层群众"信访不信法"的心理观念结构仍然存在。基层群众选择信访化解乡村矛盾纠纷，可以从党群关系、干群关系、央地关系等视角去理解。在法治乡村建设背景下，需要将乡村矛盾纠纷信访化解法治化，这具体体现为通过构建矛盾纠纷依法分类治理模式来推进乡村矛盾纠纷化解法治化。但从依法分类治理模式的实践层面来看，当前还存在依法分类标准和界限的模糊性、群众信访事项与既有法律体系的非对称性、基层干部用法治思维化解矛盾纠纷的能力较弱等问题，要充分认识这些问题背后的本质需要关注乡村矛盾纠纷信访化解的两类矛盾：信访工作的科层化运作与基层社会信访诉求平面化之间的矛盾、依法分类的法定标准与群众差异化的信访诉求之间的矛盾。在充分认识两大矛盾的基础上，要进一步看到依法分类治理的政治属性、行政属性以及两者之间的张力，并可尝试通过发挥党政体制的统合优势，建立信访工作联席会议制度，同时采用"先调后导"的工作机制，让信访工作回归社会治理的功能定位。在此过程之中，还要坚持走群众路线，畅通和明晰群众意见反映渠道，利用基层干部在乡土社会中的人情资源，充分发挥基层干部"情感治理"的优势和乡村社会法律精英的作用，不断完善依法分类的治理机制，让乡村矛盾纠纷信访工作在法治轨道上稳步运行。

在分析法治乡村的治理机制之后，本书结合法治乡村建设的任务与目标，立足乡村治理法治化的客观实际，从培养农村"法律明白人"、人民法庭参与法治乡村建设、构建党建引领的"三治融合"模式等方面分析了法治乡村建设的行动路径。

首先，培养农村"法律明白人"是加强法治乡村建设的基础性工程。培养农村"法律明白人"首先是培养以村"两委"干部、村民小组长、老党员、离退休的国家干部以及村庄致富能人为主的乡土社会中具有较高威望且人际关系较好的人员，让他们成为国家法律在乡村社会中的形象代表，并通过他们来影响周边群众尊法、学法、守法、用法。同时，通过采用基层群众接受的生活化语言和身边案例，不断创新普法形式和内容，并进行长期性和基础性的法治宣传，不断重塑基层干部和群众的法治观念。深入研究农村骨干"法律明白人"参与乡村矛盾纠纷化解的实践可以发现，农村骨干"法律明白人"并不一定是使用法律手段去化解矛盾纠纷，而主要是以配合乡镇干部做好思想工作为主要内容，最终目的是实现矛盾纠纷有效化解。与此同时也必须看到，实施农村"法律明白人"培养工程也存在因基层党委和政府领导注意力投入不连续导致实施过程的间歇性、组织实施的"条"与"块"分割、激励机制不完善、村级组织能力不足以及基层群众参与度不足等问题。对此，要对农村"法律明白人"培养路径进行制度优化，以制度方式明确基层党委和政府在推进"法律明白人"培养工作中的主体责任，不断完善相关激励机制，同时增强基层党组织的凝聚力，使基层群众充分参与"法律明白人"的常规化培养，避免法治乡村建设的基础工程空转，扎牢法治乡村建设的社会基础。

其次，乡村社会的人民法庭是加强法治乡村建设的主体性司法力量。从历史和现实的角度看，乡村社会的人民法庭职能都必须回归基层社会治理法治化。法治乡村建设过程中，要加强人民法庭建设，不断强化乡村司法保障，通过完善人民法庭巡回审判制度、建立诉源治理机制最大限度减少基层群众诉累。为更好地发挥人民法庭在法治乡村建设过程中的保障作用，人民法庭需要全面把握自身参与法治乡村建设过程中的结构制约，准确定位自身在新时代背景下的职能定位，并着力解决目前依然呈现出来的法治规范难覆盖多元化纠纷、裁判效果有限无法使纠纷终局、乡村人民法庭"案多人少"等问题。基于此，优化人民法庭参与法治乡村建设的路径，需科学调整人民法庭布局、增强诉源治理能力，并在乡村治理过程中不断完善人民法庭与基层各治理主体之间相互配合的综合治理体系。与此同时，还要通过强化考核机制激励年轻法官下沉到基层社会，不断推进人民法庭工作专业化和信息化。只有不断优化人民法庭参与法治乡村建设的实践路径，才能为法治乡村建设保驾护航。

最后，加强法治乡村建设要在农村基层党组织的领导下，构建自治、法治、德治"三治融合"的乡村治理体系。从法理的角度看，自治、法治、德治三者的结合体现了法律在乡村社会运行的文化、空间以及善治等三重维度。基于个案村庄"三治融合"经验观察可知，只有结合村庄社会实际创新多种方式和手段使得自治、法治和德治相互融合，才能最终实现乡村善治的治理状态。为此，农村基层党组织需要强化自身组织建设，并在法定框架内不断重塑村庄社会治理的主体性权威。与此同时，农村基层党组织要重视乡村社会的道德力量与风俗习惯，并发挥乡村社会组织的凝聚力和号召力，有效激活生发于乡村社会内部具有一定自治性和伦理性的内生性治理资源，善于走网上群众路线践行"三治融合"理念，积极构建法治乡村理念线上线下普及相融合的衔接机制，不断促进乡村社会走向善治。

基层治理是国家治理的基石。深入推进法治乡村建设，有助于实现基层治理体系和治理能力现代化，也是实现国家治理体系与治理能力现代化的基础性工程。中共中央、国务院《关于加强基层治理体系和治理能力现代化建设的意见》明确提出，要加强基层治理法治建设和德治建设，夯实基层治理基础。在推进基层治理体系和治理能力现代化建设中，需要加强法治乡村建设，充分发挥法治固根本、稳预期、利长远的作用，夯实乡村治理的基础。在法治乡村建设中，既要看到法治乡村建设中的机制性问题，也要站在推进基层治理体系和治理能力现代化的视角去分析法治乡村的路径建构问题。本书探讨的相关问题，即实现乡村矛盾纠纷化解法治化，推进乡村矛盾纠纷信访化解依法分类治理，培养农村"法律明白人"，提高乡村人民法庭服务乡村治理法治化的能力，以及健全农村基层党组织领导下的自治、法治、德治"三治融合"的乡村治理体系，既揭示了当前法治乡村建设中的一些机制性问题，也探索了法治建设的路径构建问题。但是，法治乡村建设存在特殊与普遍、示范引领与地区差异等相关问题，因此本书试图抛砖引玉，期待更多理论关注法治乡村建设的实践问题，以回应加强基层治理体系和治理能力现代化的时代要求。深入和完整分析上述问题需要结合实践经验发展进行机制提炼和路径建构，以法治乡村建设的现实问题为研究导向，持续跟踪调查研究，并在实践基础上提出有针对性的对策建议，如此才能充分发挥法治在推进基层治理体系和治理能力现代化过程中的保障作用。

参考文献

一 中文文献

（一）中文著作

曹锦清：《黄河边的中国》，上海文艺出版社 2013 年版。

陈柏峰：《乡村司法》，陕西人民出版社 2012 年版。

丁卫：《秦窑法庭》，生活·读书·新知三联书店 2014 年版。

范愉：《纠纷解决的理论与实践》，清华大学出版社 2007 年版。

费孝通：《乡土中国》，北京出版社 2011 年版。

贺雪峰：《新乡土中国》，北京大学出版社 2013 年版。

廖永安：《中国调解的理念创新与机制重塑》，中国人民大学出版社 2019 年版。

《毛泽东选集》，人民出版社 1991 年版。

宋丽娜：《熟人社会是如何可能的》，社会科学文献出版社 2014 年版。

苏力：《送法下乡——中国基层司法制度研究》，北京大学出版社 2011 年版。

王海峰：《干部国家》，复旦大学出版社 2012 年版。

王铭铭：《村落视野中的文化与权力：闽台三村五论》，生活·读书·新知三联书店 1997 年版。

王铭铭、王斯福主编：《乡土社会的秩序、公正与权威》，中国政法大学出版社 1997 年版。

吴重庆：《无主体熟人社会及社会重建》，社会科学文献出版社 2014 年版。

习近平：《论坚持全面依法治国》，中央文献出版社 2020 年版。

习近平：《论坚持人民当家作主》，中央文献出版社 2021 年版。

喻中：《乡土中国的司法图景》，中国法制出版社 2007 年版。

翟学伟：《人情、面子与权力的再生产》，北京大学出版社 2013 年版。

中央文献研究室编：《习近平关于全面依法治国论述摘编》，中央文献出版社 2015 年版。

（二）外文译著

［英］安东尼·吉登斯：《社会的构成：结构化理论纲要》，李康、李猛译，中国人民大学出版社 2015 年版。

［法］布迪厄：《实践感》，蒋梓桦译，译林出版社 2003 年版。

［英］戴雪：《英宪精义》，雷宾南译，中国法制出版社 2001 年版。

［美］道格拉·C. 诺斯：《制度、制度变迁与经济绩效》，杭行译，上海人民出版社 2014 年版。

［美］杜赞齐：《文化、权力与国家》，王福明译，江苏人民出版社 2010 年版。

［英］弗里德里希·冯·哈耶克：《法律、立法与自由》第 1 卷，邓正来、张守东、李静冰译，中国大百科全书出版社 2000 年版。

［美］赫伯特·A. 西蒙：《管理行为》，詹正茂译，机械工业出版社 2016 年版。

［美］克利福德·格尔茨：《地方知识》，杨德睿译，商务印书馆 2014 年版。

［美］罗伯特·C. 埃里克森：《无需法律的秩序——邻人如何解决纠纷》，苏力译，中国政法大学出版社 2003 年版。

［美］罗伯特·K. 默顿：《社会理论与社会结构》，唐少杰等译，译林出版社 2015 年版。

［英］迈克尔·曼：《社会权力的来源》第 1 卷，刘北成、李少军译，上海世纪出版集团 2015 年版。

［美］乔尔·S. 米格代尔：《社会中的国家：国家与社会如何相互改变与相互构成》，李杨、郭一聪译，江苏人民出版社 2013 年版。

［古希腊］亚里士多德：《政治学》，吴寿彭译，商务印书馆 1983 年版。

（三）中文论文

蔡文成：《基层党组织与乡村治理现代化：基于乡村振兴战略的分

析》，《理论与改革》2018 年第 3 期。

曹斌：《乡村振兴的日本实践：背景、措施与启示》，《中国农村经济》2018 年第 8 期。

曹海军：《新时代村级党建引领乡村治理的实践逻辑》，《探索》2020 年第 1 期。

曹正汉、史晋川：《中国民间社会的理：对地方政府的非正式约束》，《社会学研究》2008 年第 3 期。

陈柏峰：《促进乡村振兴的基层法治框架和维度》，《法律科学》2022 年第 1 期。

陈柏峰：《农民上访的分类治理研究》，《政治学研究》2012 年第 1 期。

陈柏峰：《乡村干部的人情与工作》，《中国农业大学学报》（社会科学版）2009 年第 2 期。

陈柏峰：《乡村基层执法的空间制约与机制再造》，《法学研究》2020 年第 2 期。

陈柏峰：《信访制度的功能及其法治化改革》，《中外法学》2016 年第 5 期。

陈柏峰：《中国法治社会的结构及其运行机制》，《中国社会科学》2019 年第 1 期。

陈柏峰、董磊明：《治理论还是法治论——当代中国乡村司法的理论建构》，《法学研究》2010 年第 5 期。

陈柏峰、刘磊：《基层执法的双轨制模式——以计划生育执法为例》，《华中科技大学学报》（社会科学版）2017 年第 1 期。

陈寒非、高其才：《乡规民约在乡村治理中的积极作用实证研究》，《清华法学》2018 年第 1 期。

陈文琼、韦伟：《民族自治地区的"民间嵌入式"乡村司法模型——"黄登林多元调解法"的理论分析》，《贵州民族研究》2015 年第 11 期。

陈新：《外部介入与内生权力的再整合——对乡村治理公共秩序的思考》，《东北师大学报》（哲学社会科学版）2020 年第 3 期。

党国英：《我国乡村治理改革回顾与展望》，《社会科学战线》2008 年第 12 期。

邓大才：《走向善治之路：自治、法治与德治的选择与组合》，《社会科学研究》2018 年第 4 期。

邓建华：《构建自治法治德治"三治合一"的乡村治理体系》，《天津行政学院学报》2018 年第 6 期。

董磊明、陈柏峰、聂良波：《结构混乱与迎法下乡——河南宋村法律实践的解读》，《中国社会科学》2008 年第 5 期。

杜鹏：《迈向治理的基层党建创新：路径与机制》，《社会主义研究》2019 年第 5 期。

杜睿哲：《涉诉信访法治化：现实困境与路径选择》，《西北师大学报》（社会科学版）2017 年第 4 期。

范愉：《以多元化纠纷解决机制　保证社会的可持续发展》，《法律适用》2005 年第 2 期。

冯留建、王宇风：《新时代乡村治理现代化的实践逻辑》，《齐鲁学刊》2020 年第 4 期。

冯仕政：《国家政权建设与新中国信访制度的形成及演变》，《社会学研究》2012 年第 4 期。

冯仕政：《老问题、新视野：信访研究回顾与再出发》，《学海》2016 年第 2 期。

冯仕政：《中国信访制度的历史变迁》，《社会发展研究》2018 年第 2 期。

高其才：《通过村规民约的乡村治理》，《政法论丛》2016 年第 2 期。

高其才：《乡土社会中的人民法庭》，《法律适用》2015 年第 6 期。

高其才、池建华：《改革开放 40 年来中国特色乡村治理体制：历程、特质与展望》，《学术交流》2018 年第 11 期。

高其才、黄宇宁、赵小蜂：《人民法庭法官的司法过程与司法技术——全国 32 个先进人民法庭的实证分析》，《法制与社会发展》2007 年第 2 期。

耿羽：《"后乡土社会"中的纠纷解决》，《贵州社会科学》2009 年第 10 期。

龚浩鸣：《乡村振兴战略背景下人民法庭参与社会治理的路径完善》，《法律适用》2018 年第 23 期。

顾培东：《人民法庭地位与功能的重构》，《法学研究》2014 年第 1 期。

韩鹏云、刘祖云:《农村基层政治合法性建构与乡村秩序重塑》,《江汉论坛》2014 年第 10 期。

何显明:《"三治合一"探索的意蕴及深化路径》,《党政视野》2016 年第 7 期。

何艳玲:《中国土地执法摇摆现象及其解释》,《法学研究》2013 年第 6 期。

何阳、孙萍:《"三治合一"乡村治理体系建设的逻辑理路》,《西南民族大学学报》(人文社科版)2018 年第 6 期。

贺雪峰:《中国传统社会的内生村庄秩序》,《文史哲》2006 年第 4 期。

侯宏伟、马培衢:《"自治、法治、德治"三治融合体系下治理主体嵌入型共治机制的构建》,《华南师范大学》(社会科学版)2018 年第 6 期。

侯猛:《当代政法体制的形成及其意义》,《法学研究》2016 年第 6 期。

侯猛:《如何评价司法公正:从客观标准到主观感知》,《法律适用》2016 年第 6 期。

侯猛:《政法传统中的民主集中制》,《法商研究》2011 年第 1 期。

胡常龙:《走向理性化的派驻检察室制度》,《政法论丛》2016 年第 3 期。

胡夏冰:《我国人民法庭制度的发展历程》,《法学杂志》2011 年第 2 期。

胡永平、龚战梅:《社会转型期群体性事件的法律控制研究》,《河北法学》2018 年第 3 期。

黄建武:《论法治政府司法保障制度的完善》,《东方法学》2015 年第 1 期。

黄少安:《改革开放 40 年中国农村发展战略的阶段性演变及其理论总结》,《经济研究》2018 年第 12 期。

黄宗智:《集权的简约治理——中国以准官员和纠纷解决为主的半正式基层行政》,《开放时代》2008 年第 2 期。

黄宗智:《中国正义体系中的"政"与"法"》,《开放时代》2016 年第 6 期。

姜长云：《全面推进乡村振兴的法治保障和根本遵循》，《农业经济问题》2021 年第 11 期。

姜晓萍：《乡村治理的新思维》，《治理研究》2018 年第 6 期。

姜晓萍、许丹：《新时代乡村治理的维度透视与融合路径》，《四川大学学报》（哲学社会科学版）2019 年第 4 期。

黎珍：《健全新时代乡村治理体系路径探析》，《贵州社会科学》2019 年第 1 期。

李牧、李丽：《当前乡村法治秩序构建存在的突出问题及解决之道》，《社会主义研究》2018 年第 1 期。

栗峥：《国家治理中的司法策略：以转型乡村为背景》，《中国法学》2012 年第 1 期。

栗峥：《乡土社会的纠纷解决》，《法学论坛》2010 年第 1 期。

梁平：《正式资源下沉基层的网格化治理》，《法学杂志》2017 年第 5 期。

廖万春：《新"枫桥经验"语境下基层司法参与社会治理的因由与路径》，《中山大学法律评论》2019 年第 2 期。

刘磊：《信访的类型化及其法治展望》，《人大法律评论》2016 年第 3 期。

刘晓湧：《乡村人民法庭研究》，博士学位论文，武汉大学，2011 年。

刘忠：《条条与块块关系下的法院院长产生》，《环球法律评论》2012 年第 1 期。

龙飞：《"把非诉讼纠纷解决机制挺在前面"的实证研究》，《法律适用》2019 年第 23 期。

卢福营：《经济能人治村：中国乡村政治的新模式》，《学术月刊》2011 年第 10 期。

陆益龙：《乡村社会治理创新：现实基础、主要问题与实现路径》，《中共中央党校学报》2015 年第 5 期。

欧阳静：《"做作业"与事件性治理：乡村"综合治理"的逻辑》，《华中科技大学学报》（社会科学版）2010 年第 6 期。

欧阳静：《乡村振兴背景下的"三治"融合治理体系》，《天津行政学院学报》2018 年第 6 期。

欧阳静：《运作于压力型科层制与乡土社会之间的乡镇政权——以桔

镇为研究对象》，《社会》2009 年第 5 期。

容志、陈奇星：《"稳定政治"：中国维稳政治的政治学思考》，《政治学研究》2011 年第 5 期。

申端锋：《乡村治权与分类治理：农民上访研究的范式转换》，《开放时代》2010 年第 6 期。

石明磊：《法律社会工作：综合治理的重要内容》，《社会》2002 年第 10 期。

宋才发、张术麟：《新时代乡村治理的法治保障探讨》，《河北法学》2019 年第 4 期。

苏力：《二十世纪中国的现代化和法治》，《法学研究》1998 年第 1 期。

孙立平、郭于华：《"软硬兼施"：正式权力非正式运作的过程分析——华北 B 镇收粮的个案研究》，载清华大学社会系主编《清华社会学评论》特辑，鹭江出版社 2000 年版。

唐皇凤：《回归政治缓冲：当代中国信访制度功能变迁的理性审视》，《武汉大学学报》（哲学社会科学版）2008 年第 4 期。

唐任伍：《新时代乡村振兴战略的实施路径及策略》，《人民论坛·学术前沿》2018 年第 3 期。

唐太飞、梁晴：《人民法庭在基层法院员额法官养成中的作用机理》，《河北法学》2018 年第 7 期。

唐旭超：《规范与重构：基层法院民事审判庭设置的实证研究》，《法律适用》2017 年第 5 期。

陶郁、侯麟科、刘明兴：《顶层设计、干部权威与越轨抗争》，《公共管理学报》2017 年第 3 期。

陶泽飞、杨宗科：《新时代乡村法治建设的核心命题及路径重构》，《郑州大学学报》（哲学社会科学版）2021 年第 54 期。

田先红：《当前农村谋利型上访凸显的原因及对策分析》，《华中科技大学学报》（社会科学版）2010 年第 6 期。

田先红：《基层信访治理中的"包保责任制"：实践逻辑与现实困境——以鄂中桥镇为例》，《社会》2012 年第 4 期。

田先红：《信访的双重属性：政治与行政》，《秘书》2017 年第 10 期。

田雄、王伯承：《单边委托与模糊治理：基于乡村社会的混合关系研究》，《南京农业大学学报》（社会科学版）2016 年第 2 期。

汪公文：《从边陲到中央的"自生"秩序——对中国乡村法律秩序的整体性阐释》，《法制与社会发展》2009 年第 5 期。

王丽惠：《控制的自治：村级治理半行政化的形成机制与内在困境——以城乡一体化为背景的问题讨论》，《中国农村观察》2015 年第 2 期。

王露璐：《伦理视角下中国乡村社会变迁中的"礼"与"法"》，《中国社会科学》2015 年第 7 期。

王文彬：《自觉、规则与文化：构建"三治融合"的乡村治理体系》，《社会主义研究》2019 年第 1 期。

王亚新：《农村法律服务问题实证研究》（一），《法制与社会发展》2006 年第 3 期。

王裕根：《法治融入乡村治理的现实困境与展望》，《理论导刊》2018 年第 6 期。

王裕根：《基层政府综合治理的体制基础与实践机制》，《中国农村研究》2018 年第 1 期。

王裕根：《论乡村社会的内在秩序及其生产机制》，《求实》2017 年第 8 期。

王裕根：《农村集体土地收益的民主分配与参与式治理——基于苏南荡村"返租倒包"的经营模式分析》，《中国农村研究》2020 年第 2 期。

王裕根：《依法分类治理信访诉求：实践困境、内在张力与优化路径》，《理论导刊》2020 年第 2 期。

吴锦良：《"枫桥经验"演进与基层治理创新》，《浙江社会科学》2010 年第 7 期。

吴艳红、李红琼：《中国农村的纠纷解决：资源与可及性——以湖南一个村落的研究为例》，《中外法学》2007 年第 3 期。

吴云瑛、黎欢：《培养"法律明白人"助力乡村法治建设》，《人民调解》2020 年第 4 期。

夏丹波：《法治乡村建设中的国家法与民族习惯规则》，《贵州民族研究》2021 年第 4 期。

肖黎辉：《县委书记视野中的农村信访问题》，《中国行政管理》2009

年第 12 期。

熊万胜、方垚:《体系化:当代乡村治理的新方向》,《浙江社会科学》2019 年第 11 期。

徐建云、江木根、吴云瑛:《农村"法律明白人"参与乡村治理体系和治理能力现代化建设探析》,《中国司法》2020 年第 9 期。

徐清:《人民法庭组织体制论》,《河北法学》2016 年第 5 期。

徐勇:《"法律下乡":乡土社会的双重法律制度整合》,《东南学术》2008 年第 3 期。

徐勇:《自治为体,法德两用,创造优质的乡村治理》,《治理研究》2018 年第 6 期。

徐祖澜:《乡绅之治与国家权力》,《法学家》2010 年第 6 期。

颜慧娟:《民生法治:十八大以来农村社区治理创新的法治保障研究》,《社会主义研究》2016 年第 4 期。

杨华:《"政府兜底":当前农村社会冲突管理中的现象与逻辑》,《公共管理学报》2014 年第 2 期。

杨华:《税费改革后农村信访困局的治理根源——以农民上访的主要类型为分析基础》,《云南大学学报》(法学版) 2011 年第 4 期。

杨力:《新农民阶层与乡村司法理论的反证》,《中国法学》2007 年第 6 期。

杨善华、侯红蕊:《血缘、姻缘、亲情与利益——现阶段中国农村社会中"差序格局"的"理性化"趋势》,《宁夏社会科学》1999 年第 6 期。

杨小军:《信访法治化改革与完善研究》,《中国法学》2013 年第 5 期。

杨雪冬:《压力型体制:一个概念的简明史》,《社会科学》2012 年第 11 期。

尹广文:《"新乡土中国"社会团结的秩序基础——兼论新中国成立 70 年来乡村社会秩序建构》,《西北农林科技大学学报》(社会科学版) 2019 年第 6 期。

印子:《乡土纠纷的解决与正义供给——来自赣南宋村的田野经验》,《环球法律评论》2014 年第 2 期。

于浩:《共和国法治建构中的国家主义立场》,《法制与社会发展》

2014 年第 5 期。

于建嵘：《当前农民维权活动的一个解释框架》，《社会学研究》2004年第 2 期。

于龙刚：《乡村社会警察执法合作与冲突二元格局及其解释》，《环球法律评论》2015 年第 5 期。

郁建兴、任杰：《中国基层社会治理中的自治、法治与德治》，《学术月刊》2018 年第 12 期。

喻中：《论"治—综治"取向的中国法治模式》，《法商研究》2011年第 3 期。

曾明：《"稳定压倒一切"下的乡镇政府》，《武汉大学学报》（哲学社会科学版）2011 年第 1 期。

张红、王世柱：《社会治理转型与信访法治化改革》，《法学》2016年第 9 期。

张紧跟：《党建引领：地方治理的本土经验与理论贡献》，《探索》2021 年第 2 期。

张丽丽：《新时代人民法庭参与乡村治理的理论逻辑与反思》，《西北大学学报》（哲学社会科学版）2019 年第 2 期。

张梁梁、李世强：《社会资本与乡村善治：基于"三治融合"的视角》，《城市发展研究》2021 年第 11 期。

张明皓：《党建引领"三治融合"：机制构建、内在张力与路径构建》，《南京农业大学学报》（社会科学版）2021 年第 1 期。

张明皓：《新时代"三治融合"乡村治理体系的理论逻辑与实践机制》，《西北农林科技大学学报》（社会科学版）2019 年第 5 期。

张鸣：《非制度化的权力半径》，《廉政瞭望》2013 年第 4 期。

张青：《乡村司法悖离官方表达的功利行为及其诱因》，《湖南农业大学学报》（社会科学版）2014 年第 5 期。

张青：《中国乡村司法研究范式之理论检讨》，《中国农业大学学报》（社会科学版）2018 年第 2 期。

张青：《转变中的乡村人民法庭》，《中国农业大学学报》（社会科学版）2012 年第 4 期。

张帅梁：《乡村振兴战略中的法治乡村建设》，《毛泽东邓小平理论研究》2018 年第 5 期。

张文显：《"三治融合"之理》，《治理研究》2020 年第 6 期。

张文显：《法治与国家治理现代化》，《中国法学》2014 年第 4 期。

张新文、张国磊：《社会主要矛盾转化、乡村治理转型与乡村振兴》，《西北农林科技大学学报》（社会科学版）2018 年第 3 期。

赵风暴：《准确把握人民法庭的职能定位》，《理论视野》2018 年第 12 期。

郑会霞：《乡村振兴背景下乡村治理能力提升的四个维度》，《学习论坛》2019 年第 12 期。

郑智航：《乡村司法与国家治理——以乡村微观权力的整合为线索》，《法学研究》2016 年第 1 期。

钟海、任育瑶：《"三治融合"乡村治理体系研究回顾与展望》，《西安财经大学学报》2020 年第 4 期。

周强：《坚持以人民为中心 更加注重强基导向 不断提升人民法庭建设水平和基层司法能力》，《法律适用》2021 年第 8 期。

朱晓阳：《"延伸个案"与一个农民社区的变迁》，载张曙光、邓正来主编《中国社科学评论》第 2 卷，法律出版社 2004 年版。

邹易材、张雪：《民族地区"法律明白人"参与法治社会建设的实践探索》，《中国司法》2021 年第 3 期。

左停、李卓：《自治、法治和德治"三治融合"：构建乡村有效治理的新格局》，《云南社会科学》2019 年第 3 期。

二　外文文献

Anita Indira Anand, "Governance Gone Wrong: Examining Self-regulation of the Legal Profession", *Legal Ethics*, Vol.21, No.2, 2018.

Calvin Morrill et al., "Conversations in Law and Society: Oral Histories of the Emergence and Transformation of the Movement", *Annual Review of Law and Social Science*, Vol.16, No.1, 2020.

David Howarth, "Trials of the State: Law and the Decline of Politics", *The Cambridge Law Journal*, Vol.79, No.1, 2020.

Edward Aspinall, Noor Rohman, "Village Head Elections in Java: Money Politics and Brokerage in the Remaking of Indonesia's Rural Elite", *Journal of Southeast Asian Studies*, Vol.48, No.1, 2017.

Edward Mussawir, Connal Parsley, "The law of Persons Today: at the Margins of Jurisprudence", *Law & Humanities*, Vol.11, No.1, 2017.

French Robert, "Judicial Review: Populism, the Rule of Law, Natural Justice and Judicial Independence", *Brief*, Vol.44, No.9, 2017.

Huawei Han, Qin Gao, "Community-based Welfare Targeting and Political Elite Capture: Evidence from Rural China", *World Development*, Vol. 115, 2019.

Kenny M, Fourie R. "Contrasting Classic, Straussian, and Constructionist Grounded Theory: Methodological and Philosophical Conflicts", *Qualitative Report*, Vol.20, No.8, 2015.

Mulcahy Sean, "Dances with Laws: From Metaphor to Methodology", *Law & Humanities*, Vol.15, No.1, 2021.

Thomas Woodcock, "The Habit of a Judge: A History of Court Dress in England and Wales, and Australia", *The Cambridge Law Journal*, Vol.78, No.3, 2019.

William Gummow, "Judging Equity: The Fusion of Unclean Hands in US Law", *The Cambridge Law Journal*, Vol.78, No.3, 2019.

后　记

　　全面推进依法治国，基础在基层，工作重点在基层。乡村社会既是推进基层法治建设的重要载体，也是透视法治力量与其他社会权力关系相互作用的重要窗口。2020 年 3 月，中央全面依法治国委员会办公室印发的《关于加强法治乡村建设意见》明确提出了法治乡村建设的阶段性任务目标和具体举措，这为深入研究法治乡村建设体制机制中深层性问题提供了基础指引。

　　当前，转型期乡村社会各种利益格局和矛盾形态发生了新的变化，推进法治乡村建设有助于回应乡村社会人民群众日益增长的利益关切和法治需求，促进乡村社会有效治理，保障乡村振兴战略的实施。然而，加强法治乡村建设离不开对转型期乡村社会法治建设的深度观察、实践探索与经验总结。笔者长期追踪乡村社会的法律运行情况，注重运用法律的机制分析方法分析乡村社会中的法律、人情、权力以及文化之间相互关系。自进入博士学习阶段以来，笔者按照华中村治研究传统的研究方法，坚持每年在乡镇和农村驻村调研 100 天左右。调研中，通过近距离观察乡村社会中基层群众的生产生活，了解不同人的生活关切和情感需要，体会和感悟基层社会法治建设的现实处境，对新时代背景下法治乡村建设的治理机制和路径构建有更为直接的经验积累和研究基础。

　　本书采用的大部分经验素材和案例资料来源于笔者过去 5 年来的调研经验，其中既有对矛盾纠纷化解的治理机制进行经验分析，也结合乡村振兴战略的法治保障要求对法治乡村建设中的实践路径问题进行理论构建；既在历史层面呈现乡村社会治理的政策话语演变，也结合现实经验分析了法治乡村建设的目标定位和实现路径。本书前期部分研究成果发表在《中国农村研究》《求实》《理论导刊》《中国社会科学报》《人民法院报》等核心期刊和国家级报刊上。在此，特别感谢国内一些核心期刊的编辑对本书部分研究成果的编辑和推送，正是他们的鼓励使得笔者始终坚持以实践问题为导向，持续关注法治乡村的治理机制和实践路径问题。

　　特别感谢恩师陈柏峰教授在博士期间的鼓励和指导，每次聆听他对田野调查学术问题的启发与点拨，总是一种享受和激励。感谢中南财经政法大学法学院刘磊副教授、印子副教授、刘杨副教授、于龙刚副教授以及中南财经政法大学基层法治研究所团队成员的其他同门，本书的构思及有些观点是建立与他们一起做田野调查以及相互讨论的基础上，每当回想起大家在一起集体调研、分组讨论、相互启发的时光，总是记忆犹新，也构成一种学术激励。同时也感谢为每次提供调研方便的乡镇干部和基层群众，与他们在一起交流，可以感受到书斋中难以体会到的人情世故、生活百态与法治处境，正是基于与他们的长期交流和与谈，促使作者坚定信心完成好本书。

　　法治乡村建设本身是一个动态的过程。实践和经验的发展要求研究者必须时刻关注法治乡村建设中的现实问题，对研究结论保持开放的心态，始终立足乡村治理需要和乡村振兴战略实施，不断在理论和实践中回应法治乡村建设的理论和实践问题。基于此，本书力图抛砖引玉，期待更多的学人围绕法治乡村建设的现实问题进行深入探讨，共同促进法治乡村建设，保障乡村振兴战略实施，不断推进基层治理体系和基层治理能力现代化。